무역시뮬레이션 종합설계

Trade Simulation Capstone Design

홍 승 린

형지사

머리말

지난해 초부터 우리나라에 영향을 미친 코로나19(COVID-19) 팬데믹은 전 세계 모든 분야에 지대한 영향을 끼치며, 우리 삶의 양태와 무역환경, 나아가 대학의 수업방식에도 많은 변화를 가져왔다. 이러한 어려움과는 반대로 국내외 물동량의 증가와 빅데이터, 인공지능 등으로 인한 기술적 변화와 함께 각종 플랫폼 기술이 결합한 사례가 늘어나는 등 무역 분야에서는 큰 전환을 맞이하게 되었다.

국가에서는 다각도로 우리나라 무역의 발전을 위하여 노력하고 있지만, 국제적인 통상 분쟁이나 마찰이 발생한 경우 신속하게 대응할 수 있는 인재가 부족하여 국제통상협상 과정 중에 불이익을 당하는 경우가 종종 있었다. 이렇듯 급변하는 무역환경 속에서 경쟁력 있는 '무역전문인의 양성'이 필요하다는 것에 있어서는 모두가 공감하고 있을 것이다.

그러나 무역전문인을 양성한다는 것이 현재의 수요에만 급급하여 미래에 발생될 문제해결을 위한 준비를 소홀히 한다면 더 큰 어려움에 직면하게 될 것이다. 더구나 전공과 관련한 커리큘럼의 많은 부분이 이론에 초점을 두고 있어, 창업을 한다거나 실무현장에서 활용하는 데에 어려움이 존재하는 것도 사실이다.

이러한 점을 인식하고 전공자가 사회에서 겪을 시행착오를 최소화하고자 본 '무역시뮬레이션 종합설계'*라는 교재를 저술하게 되었다.

본 교재를 통해 무역에 종사할 학생들에게 실무적인 경험과 무역업무 과정 중에서 발생할 수 있는 다양한 시나리오를 시뮬레이션 해봄으로써 현장의 감각을 간접적으로나마 경험할 수 있도록 기회를 제공하고자 한다.

본 교재의 구성은 무역거래 이행 절차에 맞추어 무역관리제도, 해외시장조사(세계시장 진출전략), 무역계약의 체결(인코텀즈 2020), 신용장, 수출화물의 준비, 수출검사와 수출포장, 국제운송, 국제무역보험, 통관과 관세, 화물의 선적과 양륙, 선적서류, 무역대금결제, 무역클레임과 중재 등에 관한 내용으로 이루어져 있다.

시대적 변화에 따른 무역 관련 규칙의 개정, 코로나19 이후인 포스트코로나 및 단계적 일상회복(위드코로나)의 상황도 반영한 교재의 필요성을 인식하여 개정된 자료를 수록하고, 달라진 무역환경에 부합되는 내용도 함께 담아 출간하였다.

그렇지만 짧은 시간동안 무역업무에 관한 전반적인 내용을 습득할 수 있게 한다는 것과 학문적으로 깊이 있는 책을 저술하는 데에는 적지않은 어려움이 있었음을 부인할 수 없다. 이러한 면을 부끄럽게 여기고 있기에 여러분들의 비판과 의견을 수렴하여 노력을 거듭함으로써 더욱 알찬 내용이 될 수 있도록 연구해나가고자 한다.

본 교재의 제3장에 인용된 KOTRA의 [세계시장 진출전략] 설명회 자료가 학생들과의 강의와 실습에 많은 도움이 되길 바라며, 끝으로 출판계의 어려운 실정을 감수하고 이 책을 출판하는데 적극 협조해 주신 형지사의 유성열 사장님과 직원 분들께 감사를 드린다.

2021. 9.

저 자 씀

* 본 연구는 한성대학교 학술연구비 지원과제임

차 례

제1장 무역거래의 개관

제1절 무역거래의 준비

1. 무역거래의 원칙

수출입거래는 물품의 수출입 및 이에 따른 대금의 영수 또는 그 지급은 대외무역법의 목적 범위 내에서 자유롭게 이루어져야 한다. 무역거래자는 대외신용도를 확보하고 자유무역질서의 유지를 위하여 자기책임 하에 당해 거래를 성실하게 이행해야 한다.[1)]

2. 무역거래의 대상

수출(Export)은 매매 · 교환 · 임대차 · 사용대차 · 증여 등을 원인으로 국내에서 외국으로 물품을 이동하는 것과 유상으로 외국에서 외국으로 물품을 인도하는 것으로서 산업통상자원부 장관이 정하여 고시하는 기준에 해당하는 것, 그리

1) 대외무역법 제13조 참조.

고 거주자가 비거주자에게 전자적 형태의 무체물을 정보통신망을 통한 기타 산업통상자원부 장관이 정하여 고시하는 방법으로 인도하는 것을 의미한다.

수입(Import)은 매매 · 교환 · 임대차 · 사용대차 · 증여 등을 원인으로 외국으로부터 국내로 물품을 이동하는 것과 유상으로 외국에서 외국으로 물품을 인수하는 것으로 산업통상자원부 장관이 정하여 고시하는 기준에 해당하는 것, 그리고 거주자가 비거주자로부터 전자적 형태의 무체물을 정보통신망을 통한 기타 산업통상자원부 장관이 정하여 고시하는 방법으로 인수하는 것을 의미한다.

3. 무역업자의 자격

1) 무역업

국가에 무역업을 영위하면서 세금을 납부하겠다는 의미로 관할세무서에 사업자등록을 신청, 사업자등록증을 취득하여야 한다. 또한, 2000년 1월 1일부터 무역업 신고제가 폐지되면서 무역업 신고번호를 기초로 한 각종 무역통계의 작성이 사실상 곤란하고, 기존 통계와 연속성이 없어지게 될 뿐 아니라 쿼터관리, 수출실적 확인 등과 같은 업체별 통계관리 및 서비스 제공이 불가능하다는 점과 업종별 · 산업별 무역통계가 작성되지 않으면 무역 및 산업정책의 수립에 애로가 발생할 가능성이 있다는 점을 고려하여 무역업 고유번호를 부여하고 있다.

한국무역협회는 무역업체 신청을 받아 무역업의 고유번호를 부여한다. 고유번호의 신청과 부여는 우편 · 팩스 · E-Mail · EDI 등의 방법으로 할 수 있다. 무역거래자가 이러한 통신수단을 이용하여 별지 서식을 통해 고유번호의 신청을 한 경우에 한국무역협회는 즉시 신청자에게 고유번호를 부여하도록 하고 있다. 한국무역협회는 무역업고유번호를 관리하며, 회원가입은 강제되지 않는다.

또한 고유번호를 부여받은 무역업자가 상호 · 대표자 · 주소 · 전화번호 등의 변동이 있는 경우에는 별지의 서식으로 변동 사실을 신속히 한국무역협회장에게 통보하여야 하며, 한국무역협회장은 고유번호를 부여한 경우나 변동 사실을 통보 받은 경우에는 무역업 고유번호 관리대장에 이를 기록하고 계속 관리하여야 한다.

무역거래자는 과거에 수출(입)신고를 할 때 무역업 신고번호를 기재하던 것과 같이 무역업 고유번호를 필히 기재하여야 하며, 기존업체는 무역업 신고번호를 그대로 쓰고, 신규업체만 무역업 고유번호를 신청받고 있다.

2) 무역대리업

무역대리업도 무역업과 같이 완전자유화가 되어 갑(甲)류, 을(乙)류의 구분도 없어졌다. 따라서 이제는 제조업자가 수출시장의 판로를 개척하는 경우에는 해당 국가의 목적시장에 지점이나 출장소를 설치하거나 판매대리점을 설치하여 판매를 확장시키는 방법 또한 사용되고 있다.

▶ 수출 및 수입물품 선정

▶ 법규 확인　① 대외무역법(수출입공고/전략물자수출입고시)
　　　　　　② HS Code 번호
　　　　　　③ 통합공고 등

▶ 수출입 관련 정보 검색

▶ 관세율 검색

[별지 제1호 서식]

무역업고유번호신청서
APPLICATION FOR TRADE BUSINESS CODE

처리기간 (Handling Time)
즉시(Immediately)

<table>
<tr><td colspan="2">① 상 호
(Name of Company)</td><td colspan="3"></td></tr>
<tr><td colspan="2">② 주 소
(Address)</td><td colspan="3"></td></tr>
<tr><td rowspan="2">③</td><td>전화번호
(Phone Number)</td><td></td><td>④ 이메일주소
(E-mail Address)</td><td></td></tr>
<tr><td>팩스번호
(Fax Number)</td><td></td><td>⑤ 사업자등록번호
(Business Registry Number)</td><td></td></tr>
<tr><td colspan="2">⑥ 대표자 성명
(Name of Rep.)</td><td colspan="3"></td></tr>
</table>

「대외무역법 시행령」 제21조 제1항 및 대외무역관리규정 제24조에 따라 무역업고유번호를 위와 같이 신청합니다.

I hereby apply for the above-mentioned trade business code in accordance with Article 24 of the Foreign Trade Management Regulation.

신청일 : 년 월 일
Date of Application Year Month Day

신청인 : (서명)
Applicant Signature

사단법인 한국무역협회 회장
Chairman of Korea International Trade Association

유의사항 : 상호, 대표자, 주소, 전화번호 등 변동사항이 발생하는 경우 변동 일로부터 20일 이내에 통보하거나 무역업데이타베이스에 수정 입력하여야 함.

▶ 산업통상자원부 - 산업, 무역, 외국인투자, 에너지 자원, 기술표준 정책, 우정사업 등

http://www.motie.go.kr/www/main.do

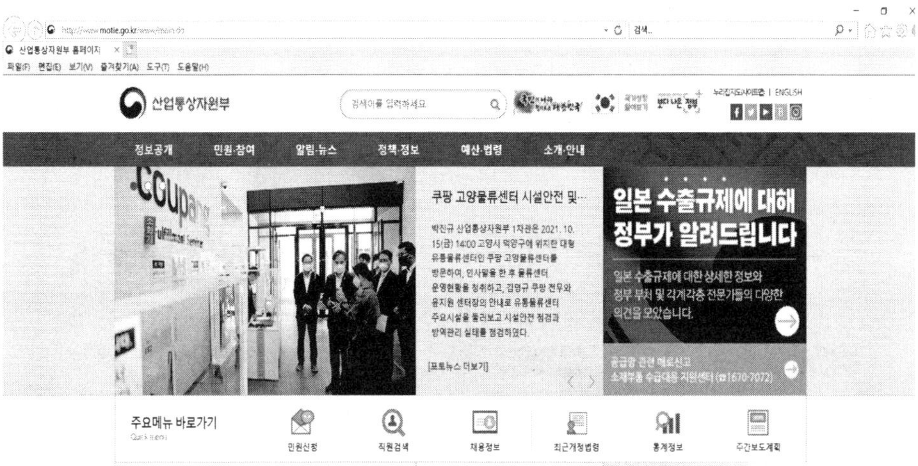

▶ 관세청 - UNI-PASS, 고시환율, 부정무역 신고, FTA, AEO, 수입, 수출, 품목분류 등

https://www.customs.go.kr/kcs/main.do

▶ 전략물자관리시스템 - 무역정보센터 운영, 제도소개, 판정, 허가 민원서비스 등

https://www.yestrade.go.kr/user/main.do?method=main

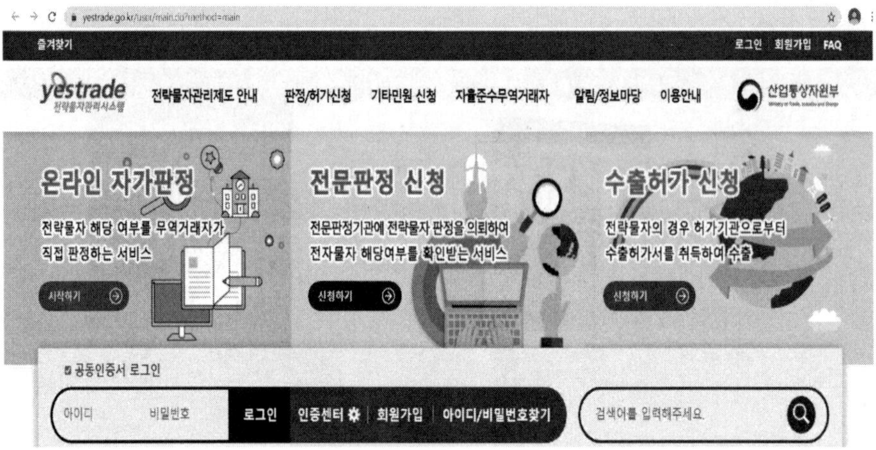

▶ 특허정보검색서비스 - 국내외 특허정보검색, 선행 기술조사 분석, 상표, 번역, 특허서비스 등

http://www.kipris.or.kr/khome/main.jsp

▶ 관세법령정보포털 - 세계 HS 정보, 세계 관세율표, 품목분류 정보, 국제분쟁신고센터 운영 등

https://unipass.customs.go.kr/clip/index.do

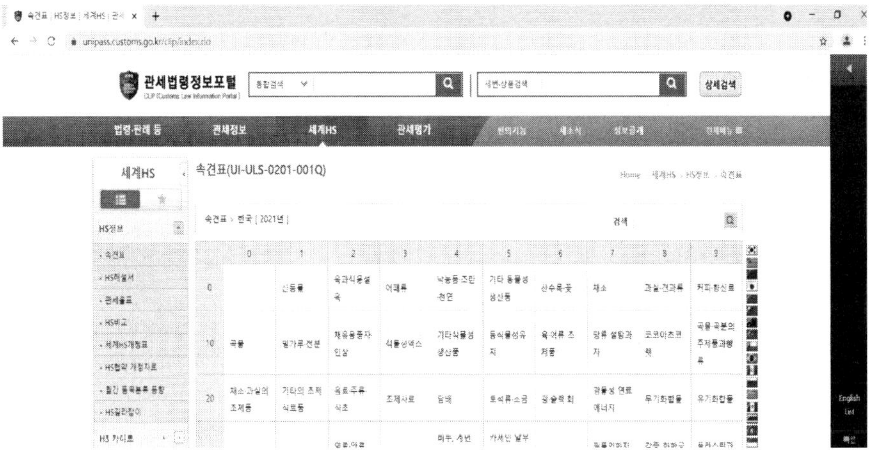

▶ 부산항만공사 - 소개, 항만 물류, 시설, 운영정보 제공 등

https://www.busanpa.com/kor/Main.do

▶ 인천항만공사 - 인천항 소개, 항만이용, 용어, 코드, 법령 자료 수록, 커뮤니티 제공 등

https://www.icpa.or.kr/index.do

▶ 한국공항공사 – 운항정보, 공항별 안내, 자료센터 소개 등

https://www.airport.co.kr/www/index.do

▶ 인천국제공항공사 – 국제공항의 효율적인 관리 운영 등

https://www.airport.kr/ap/ko/index.do

▶ 한국무역보험공사 - 수출입지원 사업, 수출보험 소식 제공 등

https://www.ksure.or.kr/index.do

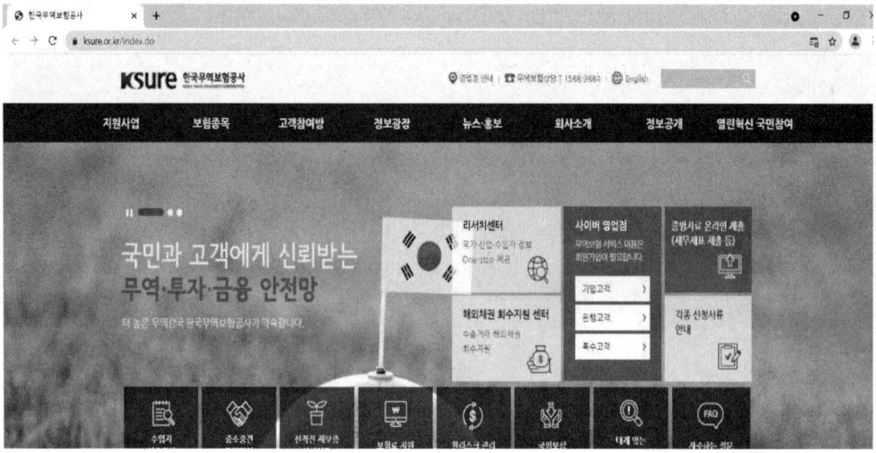

▶ 한국무역협회 - 바이어 발굴, 해외시장개척, 무역정보 제공 등

https://www.kita.net/main2/main.do

▶ 대한무역투자진흥공사 - 해외시장, 지역별 국가정보, 국제통상, 무역정보 제공 등

https://www.kotra.or.kr/biz/

COMMERCIAL INVOICE

① Shipper/Seller	⑦ Invoice No. and date
	⑧ L/C No. and date
② Consignee (or For account & risk of Messrs)	⑨ Buyer(if other than consignee)
	⑩ Other references
③ Departure date	
④ Vessel/flight ⑤ From	Terms of delivery and payment
⑥ To	

⑫ Shipping Marks	⑬ No.&kind of packages	⑭ Goods description	⑮ Quantity	⑯ Unit price	⑰ Amount

Signed by
⑱

From:

Ref. NO : (DATE)

Tel:

Fax:

E-mail:

To:

PROFORMA INVOICE

We as Seller confirm having sold you as Buyer the follwing goods on the terms and conditions as stated below:

COMMODITY:

QUALITY:

QUANTITY:

PACKING & MARKING:

UNIT PRICE & TERMS OF DELIVERY:

AMOUNT:

PAYMENT:

TIME OF SHIPMENT:

PORT OF SHIPMENT:

DESTINATION:

INSURANCE:

INSPECTION:

SPECIAL TERMS & CONDITIONS:

(회사명) ________________

(대표자명 & 직위)

Bill of Lading

<table>
<tr><td colspan="3">① Shipper/Exporter</td><td colspan="3">⑪ B/L No. ;</td></tr>
<tr><td colspan="3">② Consignee</td><td colspan="3"></td></tr>
<tr><td colspan="3">③ Notify Party</td><td colspan="3"></td></tr>
<tr><td>Pre-Carrage by</td><td colspan="2">⑥ Place of Receipt</td><td colspan="3"></td></tr>
<tr><td>④ Ocean Vessel</td><td colspan="2">⑦ Voyage No.</td><td colspan="3">⑫ Flag</td></tr>
<tr><td colspan="6">⑤ Port of Loading ⑧ Port of Discharge ⑨ Place of Delivery ⑩ Final Destination(For the Merchant Ref.)</td></tr>
<tr><td colspan="2">⑬ Container No.
⑭ Seal No.
Marks & No

Total No. of Containers or Packages(in words)</td><td>⑮ No. & Kinds of Containers or Packages</td><td>⑯ Description of Goods</td><td>⑰ Gross Weight</td><td>Measurement</td></tr>
<tr><td>⑱ Freight and Charges</td><td>⑲ Revenue tons</td><td>⑳ Rate</td><td>㉑ Per</td><td>㉒ Prepaid</td><td>㉒-1 Collect</td></tr>
<tr><td>㉓ Freight prepaid at</td><td colspan="2">㉔ Freight payable at</td><td colspan="3" rowspan="2">㉖ Place and Date of Issue
Signature</td></tr>
<tr><td>Total prepaid in</td><td colspan="2">㉕ No. of original B/L</td></tr>
<tr><td colspan="3">㉗ Laden on board vessel
Date Signature</td><td colspan="3">㉘ OOO Shipping Co. Ltd.</td></tr>
</table>

Shipper's Name and Address | Shipper's Account Number

Not negotiable
Air Waybill
issued by
KOREAN AIR

Copies 1, 2 and 3 of this Air Waybil are originals and have the same validity.

Consignee's Name and Address | Consignee's Account Number

Telephone :

It is agreed that the goods described herein are accepted in apparent good order and condition (except as noted) for carrlage SUBJECT TO THE CONDITIONS OF CONTRACT ON THE REVERSE HEREOF. THE SHIPPER'S ATTENTION IS DRAWN TO THE NOTICE CONCERNING CARRIER'S LIMITATION OF LIABILITY. Shipper may increase such limitation of liability by declaring a higher value for carriage and paying a supplemental charge if required.

Issuing Carrier's Agent Name and City

Accounting Information

Agent's IATA Code | Account No.

Airport of Departure(Addr. of First Carrier) and Requested Routing

TO	By First Carrier	Routing and Destination	to	by	to	by	Currency	CHGS Code	WT/VAL PPD COLL	Other PPD COLL	Declared Value for Carriage	Declared Value for Customs

Airport of Destination | Fllght/Date | For Carrier Use Only | Fllght/Date | Amount of Insurance

INSURANCE-If Carrier offers Insurance, and such insurance is requested in accordance with conditions on reverse hereof, indicate amount to be insured in figures in box marked 'amount of Insurance'.

Handling Information

No. of Pieces RCP	Gross Weight	kg lb	Rate Class / Commodity item No.	Chargeable Weight	Rate / Charge	Total	Nature and Quantity of Goods (incl. Dimensions or Volume)

Prepaid | Weight Charge | Collect

Other Charges

Valuation Charge

Tax

Total Other Charges Due Agent

Shipper certifies that the particulars on the face hereof are correct and that insofar as any part of the consignment contalns dangerous goods, such part is properly described by name and is in proper condition for carriage by air according to the applicable Dangerous Goods Regulations.

Total Other Charges Due Carrier

Signature of Shipper or his Agent

Total Prepaid | Total Collect

Currency Conversion Rates | CC Charges In Dest. Currency

Executed on(date) at(place) Signature of Issuing Carrier or its Agent

For Carrier's Use Only at Destination | Charges at Destination | Total Collect Charges

ORIGINAL 3(FOR SHIPPER)

PACKING LIST

<table>
<tr><td colspan="3">① Seller</td><td colspan="3">⑧ Invoice No. and date</td></tr>
<tr><td colspan="3" rowspan="2">② Consignee(or For account & risk of Messrs.)

③ Notify Party</td><td colspan="3">⑨ Buyer(if other than consignee)</td></tr>
<tr><td colspan="3" rowspan="4">⑩ Other references
Country of Origin:</td></tr>
<tr><td colspan="3">④ Departure date</td></tr>
<tr><td colspan="3">⑤ Vessel/flight ⑥ From</td></tr>
<tr><td colspan="3">⑦ To</td></tr>
<tr><td>⑪ Shipping Marks</td><td>⑫ No.&kind of packages</td><td>⑬ Goods description</td><td>⑭ Quantity or net weight</td><td>⑮ Gross Weight</td><td>⑰ Measurement</td></tr>
<tr><td colspan="6">///</td></tr>
<tr><td colspan="3"></td><td colspan="3">Signed by
⑱</td></tr>
</table>

○○ Insurance Co., Ltd.
CERTIFICATE OF MARINE CARGO INSURANCE

<table>
<tr><td colspan="3">Assured(s), etc ②</td></tr>
<tr><td colspan="2">Certificate No.
①</td><td>Ref. No. ③ Invoice No.
L/C No.</td></tr>
<tr><td colspan="2">Claim, if any, payable at : ⑥

Claims are payable in</td><td>Amount insured ④</td></tr>
<tr><td colspan="2">Survey should be approved by ⑦</td><td rowspan="6">Conditions ⑤
* INSTITUTE CARGO CLAUSE(A) 1982
* CLAIMS ARE PAYABLE IN AMERICA
IN THE CURRENCY OF THE DRAFT.</td></tr>
<tr><td>⑧ Local Vessel or Conveyance</td><td>⑨ From(interior port or place of loading)</td></tr>
<tr><td>Ship or Vessel called the
⑩</td><td>Sailing on or abount
⑪</td></tr>
<tr><td>at and from
⑫</td><td>⑬ transshipped at</td></tr>
<tr><td>arrived at
⑭</td><td>⑮ thence to</td></tr>
<tr><td colspan="2">Goods and Merchandiese ⑯</td></tr>
<tr><td colspan="2"></td><td>Subject to the following Clauses as per back hereof institute Cargo Clauses
Institute War Clauses(Cargo) Institute War Cancellation Clauses(Cargo)
Institute Strikes Riots and Civil Commotions Clauses
Institute Air Cargo Clauses(All Risks)
Institute Classification Clauses
Special Replacement Clause(applying to machinery)
Institute Radioactive Contamination Exclusion Clauses
Co-Inssurance Clause Marks and Numbers as</td></tr>
<tr><td colspan="3">Place and Date signed in ⑰ No. of Certificates issued.
⑱
⑳ This Certificate represents and takes the place of the Policy and conveys all rights of the original policyholder
(for the purpose of collecting any loss or claim) as fully as if the property was covered by a Open Policy direct to the holder of this Certificate.
This Company agrees lossed, if any, shall be payable to the order of Assured on surrender of this Certificate.
Settlement under one copy shall render all otehrs null and viod.
Contrary to the wording of this form, this insurance is governed by the standard from of English Marine Insurance Policy.
In the event of loss or damage arising under this insurance, no claims will be admitted unless a survey has been held with the approval of this Company's office or Agents specified in this Certificate.

SEE IMPORTANT INSTRUCTIONS ON REVERSE
⑲ OO Insurance Co., Ltd.

AUTHORIZED SIGNATORY

This Certificate is not valid unless the Declaration be signed by an authorized representative of the Assued.</td></tr>
</table>

제2절 무역거래의 기본절차

1. 수출거래 절차

1) 수출거래의 준비단계

(1) 수출가능성의 점검

2000년부터는 무역업 또는 무역대리업 고유번호를 부여받은 자는 누구나 수출을 할 수 있게 되었으며, 만약에 고유번호를 부여받지 않은 자는 이러한 법적 자격을 구비한 자인 수출입대행업자에 수출대행을 의뢰할 수 있다.

수출하려는 상품은 법적으로 제한 또는 금지 대상이 되지 않는 것이어야 하며, 수출거래 지역도 법적으로 제한되지 않은 장소이어야 한다. 우리나라에서는 몇 개의 특정 국가를 수출입제한 지역으로 규정하고 있다.

(2) 해외시장조사

무역업자는 수출가능성이 확인되면 해외시장조사를 한다. 해외시장조사는 수출업자로서 상품에 대한 시장성을 파악한다는 관점에서 중요하다.

해외시장조사의 결과 타당성이 인정되면 거래처를 선정하여 신용조사를 실시한다. 신용조사는 거래처에 대한 주거래자의 성격, 자본, 능력 등에 관한 종합적 조사가 된다. 신용조사 후에 무역거래에 대한 확신이 있으면 거래를 제의하게 된다.

(3) 무역계약의 체결

거래처가 선정되면 상호의사 파악을 한 후 매매계약을 체결하게 된다. 무역계약은 낙성불요식계약, 쌍무계약, 유상계약이라는 특성을 갖는다. 무역계약이 낙성불요식계약이라는 특성을 갖지만 매매계약을 이행하는 과정 중에 발생하는 여러 가지 문제를 해결하는 기준을 설정하기 위하여 무역계약서를 작성하게 된다.

2) 수출거래의 본 단계

(1) 수출신용장의 수령

무역계약을 어떻게 체결하느냐에 따라 다양한 무역결제방식이 있을 수 있으나, 일반적으로는 신용장(L/C)방식으로 이루어진다. 따라서 수출업자는 매매계약체결에 따른 무역거래상의 대금결제를 보장받기 위하여 수입업자에게 신용장의 개설을 요구하게 된다. 이에 따라 수입업자는 거래은행에 신용장의 개설을 의뢰하여 발행받은 신용장을 수출업자에게 송부하게 된다. 신용장을 수령한 수출업자는 이때부터 수출에 대한 적극적 활동에 들어간다.

(2) 수출추천 및 특별법에 의한 사전허가

무역업자가 수출하는 상품은 대외무역법 및 기타의 법규에 의하여 일정한 관리를 받게 된다. 이에 따라 해당 조합에서 수출추천을 받거나 특별법에 의한 사전허가를 받아야 한다.

(3) 수출승인

수출승인은 수출절차의 기초로서 수출을 하고자 하는 자의 물품이 대외무역법 등에서 예외적으로 제한하는 품목에 대한 승인절차이다. 수출승인이 필요하다고 인정한 품목인 경우에는 승인을 받아야 한다. 그런데 수출추천을 받아 일정한 요건을 갖춘 경우라면 수출승인을 받지 않아도 된다. 또한 수출승인이 면제된 물품의 수출인 경우에도 수출승인을 필요로 하지 않는다.

(4) 수출금융

수출금융은 수출물품의 확보를 위하여 생산자금, 원자재 구매자금, 원자재 수입자금 등을 지원받는 행위를 의미한다. 따라서 수출허가 또는 승인을 받은 후에 완제품 또는 원자재의 확보를 위한 자금이 부족한 경우에는 내국신용장, 구매승인서, 수입원자재 구매승인서 등을 활용하여야 한다.

(5) 수출물품 확보

수출물품은 완제품, 반제품, 원자재 등의 구매 및 수출용 원자재 또는 기재를 수입하여 확보하게 된다. 반제품이나 원자재 등은 그 자체로 무역물품이 되기도 하지만 제조과정을 거쳐 완성품을 만들게 된다.

(6) 수출검사

수입업자가 무역계약을 체결할 때 합의하였던 상품을 수령함으로써 수출업자의 신뢰를 구축하고 대외성과를 유지하기 위하여 수출검사를 하게 된다.

(7) 무역운송계약 및 무역보험계약 체결

수출통관절차를 이행하기 이전에 수출업자는 매매계약 이행조건에 따라 운송계약과 보험계약을 체결해야 한다. 즉 수출신고를 하고 물품의 특성과 수량 그리고 계약기간 등을 고려하여 운송할 수단을 선택한 후 운송회사와 운송계약을 체결한다.

그리고 가격조건에 따라서는 물품에 대한 운송 중의 위험을 대비하기 위하여 적화보험계약을 체결해야 하는 경우도 있다. 이와 관련한 가격조건으로는 CIF 조건이 있다. CIF조건이 아닌 경우에는 무역업자 당사자중 한 사람이 보험계약을 체결하게 된다.

(8) 수출통관

수출통관은 물품을 외국으로 수출하기 위하여 거치는 세관절차이다.. 수출통관 신청을 하게 되면 서류에 대한 심사가 이루어진다. 서류에 결격사유가 없으면 수출에 관련한 서류와 실제의 상품간에 대한 물품검사를 이행한다. 물품검사가 종료되면 수출신고를 수리되어 선적에 착수하게 된다.

(9) 화물의 선적

수출통관절차를 마친 물품은 외국물품이다. 수출업자는 사전에 체결해 놓은 운송계약에 따라 물품을 선적하게 된다. 물품의 선적 후 이에 대한 증명으로 선적서류를 수령한다. 해상운송의 경우에는 물품의 선적 후 선박회사로부터 선화증권을 교부받는다.

〈그림 1-1〉 신용장방식에 의한 수출절차

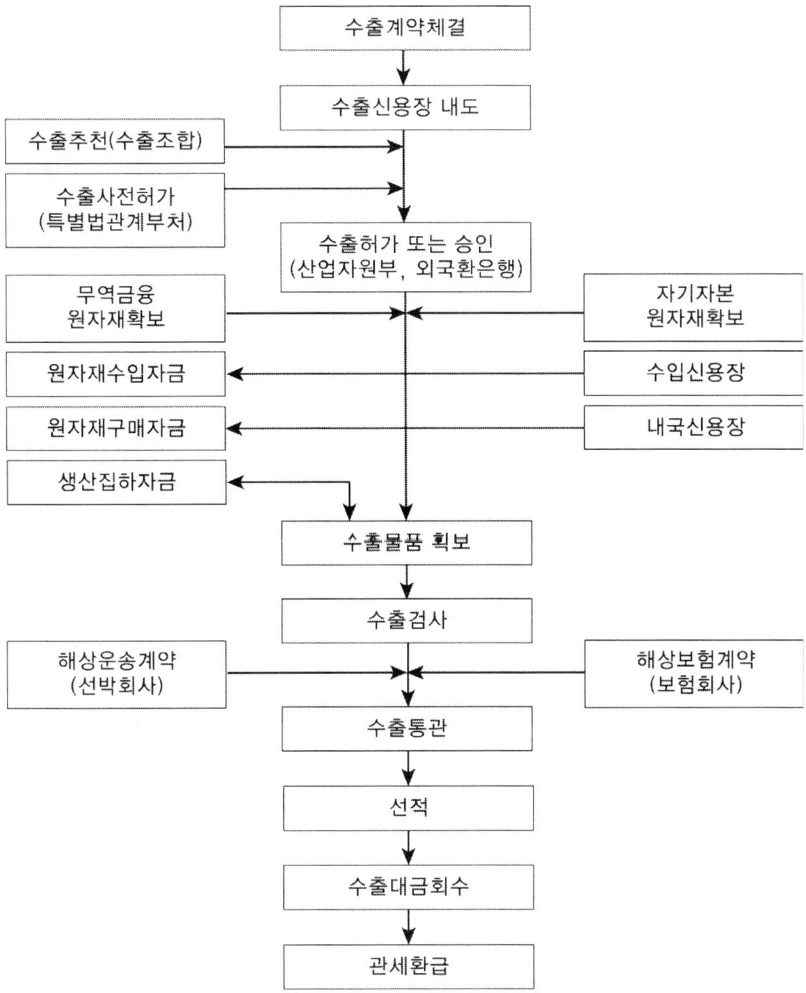

(10) 수출대금결제

수출업자가 선적을 한 후에는 신용장의 조건에 일치하는 선적서류를 구비하여 외국환은행에 화환어음의 매입을 의뢰하게 된다. 외국환은행은 수출업자가 매입을 의뢰한 서류를 심사하여 화환어음의 매입여부를 결정하게 된다. 선적서류에 하자가 없다면 매입이 이루어짐으로써 수출대금결제가 종료된다. 이후 은행은 결제은행 간의 추심을 거쳐 수입업자에게 환어음에 대한 추심을 하여 수출업자에게 상환하게 되는 것이다. 이런 경우는 신용장에 의한 대금결제이기 때문에 수입업자의 대금결제 불능상태에서도 신용장 발행은행에서 대금에 대한 결제를 보장하고 있어서 문제가 없다.

(11) 관세환급

관세환급은 수입을 할 때에 납부한 관세를 환급받는 제도이다. 수출업자가 수출물품의 확보를 위하여 외화획득용 원료·기재를 수입할 때 납부한 관세 및 내국소비세 등에 대하여 수출이행 확인절차를 거쳐 환급받게 된다. 따라서 외화획득용원료·기재의 수입이 없는 거래에서는 생략되는 절차이다.

2. 수입거래 절차

1) 수입거래의 준비단계

(1) 수입가능성의 점검

수입을 하려면 수출가능성을 점검할 때와 마찬가지로 무역업자의 자격, 거래대상 물품의 적법성, 거래 지역의 법적 제한여부 등을 점검하여야 한다.

(2) 해외시장조사

수입과 관련한 제 법적 조건에 하자가 없으면 무역업자는 해외시장조사를 하게 된다. 해외시장조사의 방법이나 절차는 수출을 할 때와 거의 유사하다. 수입을 위한 해외시장조사는 국내시장의 시장동향을 중요하게 여긴다는 점에서 수출을 할 때의 해외시장조사와는 다르다.

(3) 무역계약의 체결

거래처가 선정되면 상호의사 파악을 한 후 매매계약을 체결하게 되는데 무역계약이 낙성·불요식계약이지만 매매계약의 철저한 이행을 촉구하고 분쟁이 발생하였을 때 그 해결의 기준으로 활용하기 위하여 무역계약서를 작성하게 된다.

2) 수입거래의 본 단계

(1) 수입추천 및 특별법에 의한 사전허가

수입상품에 대해서도 법의 일정한 관리를 받게 된다. 이에 따라 필요한 경우에는 해당 관련 조합에서 수입추천을 받거나 특별법에 의한 사전허가를 받아야 한다.

(2) 수입승인

수입승인의 관리체계는 Ngative System(원칙허용·예외규제)이다. 따라서 수출입공고, 수출입별도공고 및 수입선다변화품목공고 대상품목에 해당하는 물품과 외화획득용 원료·기재의 수입 및 산업설비수출물품에 대해서만 수입승인 대상으로 한다. 그리고 수입하고자 하는 물품이 대외무역법 등의 규정에 의하여 수입승인을 받도록 되어 있는 경우에는 해당기관의 승인을 받아야 한다.

(3) 수입신용장의 개설

수입업자는 매매계약 체결 후 무역거래의 확정을 통하여 매매계약에 일치하는 물품의 확보를 위하여 신용장을 개설하게 된다. 이때 수입업자는 거래은행에 신용장의 개설을 요청하여 절차를 거친 후 발부받아 신용장을 수출업자에게 송부하게 된다.

(4) 선적서류의 입수 및 대금지급

무역업자는 은행으로부터 추심되어 온 대금을 결제한 후 선적서류를 입수하게 된다. 이 선적서류를 해상운송회사에 제시하고 도착한 물품을 양륙하게 된다. 수입업자가 결제대금이 확보되어 있으면 직접 결제가 가능하고, 결제대금이 부족하거나 서류가 도착되지 않은 경우에는 수입화물대도나 수입화물선취보증서 제도를 활용한다.

〈그림 1-2〉 신용장방식에 의한 수입거래절차

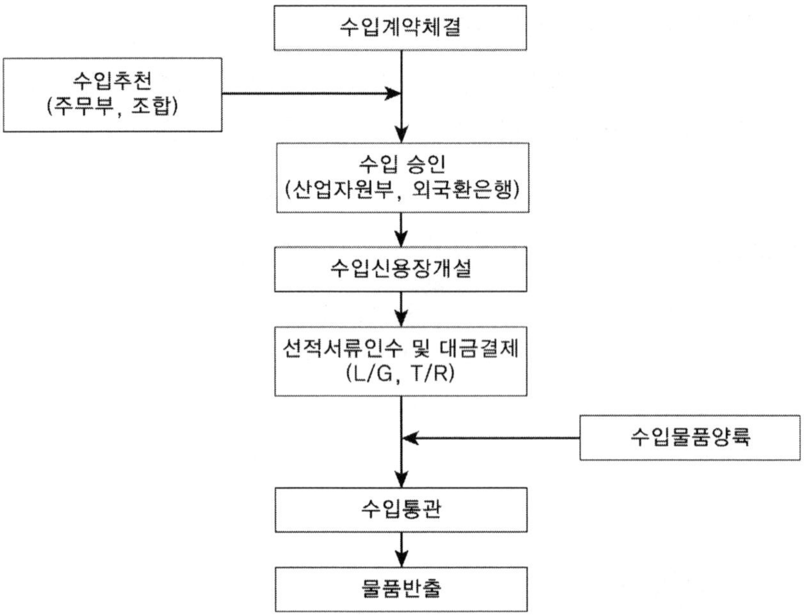

(5) 수입통관

무역업자는 선박에서 하역한 물품을 보세구역에 반입한 후에 세관에 수입신고를 해야 한다. 세관은 수입신고를 위하여 제출된 서류에 대한 법적 요건 및 적법성 등을 심사한 후의 수입물품과 대조하게 된다. 물품검사가 완료되면 세관은 수입을 허용하게 된다. 이에 의하여 무역업자는 관세를 납부하고 물품을 반출하게 된다.

(6) 물품의 반출

수입통관절차를 마친 상품은 국내상품이 되어 수입업자가 임의 처분할 수 있게 된다.

제 2 장 무역관리제도

제1절 무역관리의 의의와 목적

1. 무역관리의 의의

무역관리(Trade Control)는 무역과 관련한 제반사항을 국가가 간섭, 규제, 제한, 통제하는 것이다. 이에 따라 무역업자의 자격, 거래 상품, 거래 상대국 등에 관하여 일정한 규제나 제한을 가하게 된다.

2. 무역관리의 목적

무역을 관리하는 목적은 대외무역을 진흥하고 공정한 무역거래질서를 확립하여 국제수지의 균형과 통상의 확대를 도모함으로써 국민경제의 발전에 이바지하는 데 있다.[2] 이를 위하여 무역업자의 자격이나 거래 상품, 거래 상대국 등에 제한이나 규제를 가하게 되는 것이다.

---

2) 대외무역법 제1조 참조.

우리나라는 헌법에 의하여 체결 공포된 무역에 관한 조약과 승인된 국제법규가 정하는 바에 따라 자유롭게 무역을 이행할 수 있도록 무역환경을 조성하고 있다. 이에 따라 무역진흥을 위하여 필요하다고 인정하는 경우에는 자문 · 지도 · 대외홍보 · 전시 · 연수 · 상담 · 알선 등을 하고 무역전시장 · 무역연수원 등과 같은 무역관련 시설을 설치 · 운영하고 있다.

무역은 공정한 질서 속에서 이루어질 때 경쟁력을 확보할 수 있는 것이다. 무역업자의 자격 등을 규제하는 것도 이러한 의도에서이다. 그리고 무역을 이행하되 국제수지의 균형을 도모함으로써 국제경제의 발전에 이바지하는 것도 과제이다. 그러므로 통상진흥정책의 수립, 국제통상 여건의 분석과 전망, 무역관계 협상 추진과 대외산업협력 추진, 해외시장 개척, 통상관련 정보수집 · 분석 및 활용 등과 같은 조치는 궁극적으로 국민경제의 발전을 추구하는 데에 목적이 있다고 할 수 있다.

제2절 무역관계법규 및 무역관리기구

1. 무역관계법규

1) 대외무역법

대외무역법은 무역전반에 대한 정부의 조정, 간섭 및 규제 등 무역을 규율하는 기본법이다. 대외무역법의 목적은 대외무역을 진흥하고 공정한 무역거래질서를 확립하여 국제수지의 균형과 통상의 확대를 도모함으로써 국민경제의 발전에 이바지하는 데 있다. 대외무역법의 시행을 위하여 대외무역법 시행령과 대외무역법 관리규정이 제정되어 있다.

2) 관세법

관세법은 관세의 부과 · 징수 및 수출입 물품의 통관을 적정하게 하여 국민경제의 발전에 기여하고 관세수입의 확보를 기함을 목적으로 한다.

관세법은 조세법과 같은 특성을 가지고 있다. 관세의 부과 · 징수 · 감면에 관하여 규정하고, 징수의 확보를 위하여 보세제도 · 운수기관에 대한 규제 · 처벌 등을 규정하고 있다.

관세법은 통관법과 같은 특성을 가지고 있다. 통관은 관세징수와 구별된다. 수입의 경우는 징수와 동시에 통관이 이루어진다. 그러나 수출의 경우에는 관세의 징수가 없으므로 통관만이 이루어진다. 통관은 수출입하는 물품의 통로를 개항이라는 특정 통로에만 허용하여 놓고 이 개항에 세관이 주재하여 서면으로 된 대외무역법상의 수출입 승인사항을 수출입 되는 실물에 의거 확인하는 것이다. 즉 무역관리에 관한 정부의 규제와 의도를 현장에서 집행하는 것이다.

관세법은 형사법과 같은 특성을 가지고 있다. 즉 벌칙과 조사 및 처분에 관한 방대한 규정을 두고 있어 관세형법이라고도 한다. 관세형법은 관세징수와 통관의 적정을 확보하기 위한 수단으로서의 규정으로 내국세분야의 처벌법규인 조세범처벌법이나 일빈 형사법규인 형법 · 형시소송법과는 별도의 처벌관계 규정을 두고 있다.

관세법에서는 관세부과와 징수 그리고 수출입 통관 에 관련된 모든 사항을 포괄적으로 규정하고 있다. 이에 따라 수출입 물품에 관한 관리는 관세법의 적용을 받게 된다.

3) 외국환거래법

외국환거래법은 외국환과 그 거래 기타 대외거래를 합리적으로 조정 또는 관리함으로써 대외거래의 원활화를 기하고 국제수지의 균형과 통화가치의 안정을 도모하여 국민경제의 건전한 발전에 이바지하는 것을 목적으로 하고 있다.

무역거래대금은 대부분 외화로 결제되기 때문에 국민경제 및 국제수지에 미치는 영향이 크다. 그러므로 외화자금의 효율적인 운영을 위하여 외환관리가 필요하게 된다. 이에 따라 무역과 관련된 국내 · 외간의 지급 또는 영수는 외국환관리법을 적용하게 된다.

4) 기타의 무역관련 법규

대외무역법에서 규정하고 있는 무역진흥을 위한 조치, 통상의 진흥을 위한 사항, 수출입거래에 관한 사항, 수입에 의한 산업피해에 관한 조사, 수출입의 질서유지에 관한 사항, 수출입관련조합 등과 같은 사항 등은 산업통상자원부의 단독적인 관리만으로 그 성과를 기대할 수는 없다. 이에 따라 각종의 제반 법규가 대외무역법의 시행을 지원하게 된다. 이에 따라 대외무역법, 관세법, 외국환거래법 이외에 수출품 품질향상에 관한 법, 수출보험법, 중재법, 수출자유지역 설치법 등 50여개의 특별법을 통하여 관리를 하고 있다.

2. 무역관리기구

1) 주무기관

산업통상자원부는 무역관리를 주업무로 하는 관청이며, 산업통상자원부장관은 통상을 담당하는 주무 장관이 된다. 산업통상자원부장관은 모든 수출입에 관한 사항을 관장, 통괄하도록 하고 있다. 이에 의하여 산업통상자원부장관은 무역관리에 관한 권한의 일부를 위임하여 수출입을 관리한다.

2) 협조기관

산업통상자원부 이외의 중앙행정관청들은 소관 업무에 관한 법에 의하여 산업통상자원부의 수출입관리를 협조하고 있다.

외자도입, 외환관리를 보조하는 중앙행정관청으로는 기획재정부장관이 있다. 해외통상과 관련한 사항은 외교부장관, 총포 도검 화약류의 무역과 관련한 사항은 행정안전부장관, 양곡 · 비료 · 농약의 무역과 관련한 사항은 농림축산식품부장관, 독극물 · 마약의 무역과 관련한 사항은 보건복지부장관, 건설장비 등의 무역과 관련한 사항은 국토교통부장관, 영화 · 출판물 · 음반 · 문화재 등의 무역과 관련한 사항은 문화체육관광부장관 등이 있다.

3) 무역위원회

무역위원회는 특정한 물품의 수입증가, 무역 · 유통서비스의 공급증가 또는 불공정한 수입으로 인한 국내산업의 피해를 구제하는데 필요한 각종 조사 · 판정 및 구제조치의 건의 등을 수행하기 위하여 설치하는 기관이다.[3] 무역위원회는 위원장 1인을 포함한 위원 9인으로 구성한다.

무역위원회는 산업피해조사의 개시여부의 결정 및 산업피해의 유무를 판정, 산업피해와 관련한 구제조치 건의, 시정조치 명령 또는 과징금의 부과 건의 등을 한다.

4) 권한의 위임 또는 위탁

(1) 위임 · 위탁 대상

산업통상자원부장관은 대외무역의 신속하고 능률적인 운영을 도모하기 위하여 무역에 관한 권한의 일부를 위임 또는 위탁하고 있다. 산업통상자원부장관은 위임 또는 위탁한 사무에 관하여 그 위임 또는 위탁을 받은 자를 지휘 또는 감독할 수 있다. 또한 산업통상자원부장관은 위임 또는 위탁한 사무에 관하여 그 위임 또는 위탁을 받은 자에게 보고를 명할 수 있다.

산업통상자원부장관이 무역관리에 관한 권한의 일부를 위임할 수 있는 기관들은 소속기관의 장, 시 · 도지사 등이다. 무역관리에 관한 권한의 일부를 위탁할 수 있는 기관들은 관계 행정기관의 장, 세관장, 한국은행총재, 한국수출입은행장, 외국환은행의 장, 기타 대통령령으로 정하는 법인 또는 단체 등이다.

(2) 주요 위탁 내용

① 세관장

산업통상자원부장관은 세관장에게 다음과 같은 권한을 위탁한다. 첫째, 수출입 이행사항의 확인에 관한 권한을 위탁한다. 둘째, 수입물품의 원산지표시 및 원산지의 확인에 대한 검사에 관한 권한을 위탁한다. 셋째, 원산지증명서의 제

3) 대외무역법 제32조.

출명령에 관한 권한을 위탁한다. 넷째, 조치명령 또는 과징금 부과에 관한 권한을 위탁한다. 다섯째, 과태료의 부과와 징수, 이의제기의 접수 및 통보에 관한 권한을 위탁한다.

② 관세청장

산업통상자원부장관은 관세청장에게 다음과 같은 권한을 위탁한다. 첫째, 원산지 표시의 사전 판정 및 이의제기의 처리에 관한 권한을 위탁한다. 둘째, 세관장에게 위탁된 사무에 대한 지휘와 감독 및 보고에 관한 권한을 위탁한다. 셋째, 원산지 표시방법의 범위 안에서 동 표시방법에 관한 세부적인 사항을 정하는 권한을 위탁한다.

③ 한국무역협회

한국무역협회는 무역업고유번호를 관리한다. 이에 따라 한국무역협회는 무역업체의 신청을 받아 무역업의 고유번호를 부여한다.

④ 대한상사중재원

산업통상자원부장관은 대한상사중재원에 다음과 같은 권한을 위탁한다. 첫째, 무역분쟁에 대한 의견조정 또는 알선에 관한 권한을 위탁한다. 둘째, 조정위원회의 구성, 운영 등에 관한 권한을 위탁한다.

제3절 무역관리의 방법

1. 수출입관리

1) 수출입의 제한

산업통상자원부장관은 헌법에 의하여 체결되고 공포된 조약과 일반적으로 승인된 국제법규에 의한 의무의 이행, 생물자원의 보호 등을 위하여 필요하다고 인정하는 경우에는 수출 또는 수입을 제한할 수 있다.

그리고 산업통상자원부장관은 승인 대상물품의 품목별 수량과 금액 그리고 규격 등을 제한할 수 있다. 또한 수출 및 수입지역을 제한할 수 있다. 수출 또는 수입지역을 제한하는 경우에는 이를 공고해야 한다.

2) 수출입의 승인 등

(1) 수출입의 승인

① 수출입 승인기관

수출입 승인기관은 산업통상자원부장관이 지정하여 고시하는 관계 행정기관 또는 단체의 장이다. 이는 수출입공고, 수출입별도공고, 수입선 다변화 품목공고에 산업통상자원부장관이 각 품목별로 지정 · 고시한 기관이나 협회 · 조합 등의 단체의 장을 말한다.

② 수출입의 승인절차

물품의 수출 또는 수입의 승인을 신청하고자 하는 자는 신청서에 산업통상자원부장관이 정하는 서류를 첨부하여 산업통상자원부장관에게 제출하여야 한다. 수출 또는 수입 승인의 유효기간은 1년으로 한다. 다만 거래상 특성에 따라 특별한 경우에는 달리 정한다.

③ 수출입 승인물품

산업통상자원부장관은 헌법에 의하여 체결되고 공포된 조약과 일반적으로 승인된 국제법규에 의한 의무의 이행, 생물자원의 보호 등을 위하여 지정하는 물품 등을 수출 또는 수입하고자 하는 경우에는 산업통상자원부장관의 승인을 얻어야 한다. 다만 긴급을 요하는 물품 등 기타 수출 또는 수입절차를 간소화하기 위한 물품으로서 대통령령이 정하는 기준에 해당하는 물품의 수입 또는 수출에 대해서는 그러하지 아니하다.

④ 수출입 승인의 면제

무역규제를 완화하고 자유무역원칙을 수용하여 거래의 성질상 수출입을 규제할 필요가 없는 경우에는 수출입 승인을 면제하여 수출입할 수 있도록 하고 있다. 수출입 면제에 해당하는 품목인지는 세관장이 확인하여야 한다.

(2) 수출입 승인사항의 변경

수출입 승인사항의 변경은 당초 승인한 기관의 장이 승인한다. 수출입 승인사항의 변경승인기관의 장은 수출·수입 승인사항을 변경하고자 하는 경우 이를 확인하고 신고를 수리하여야 한다. 수출입 승인사항의 변경 신고의 내용은 원산지, 도착항, 규격, 수출입 물품의 용도, 승인조건 등에 관한 사항이다.

(3) 수출·수입실적

① 수출·수입실적의 인정범위

수출실적은 산업통상자원부장관이 정하여 고시하는 기준에 해당하는 수출통관액·입금액, 가득액과 수출에 제공되는 외화획득용 원료·기재의 국내공급액이다. 이와 관련한 수출중 유상으로 거래되는 수출 및 대 북한유상반출실적, 이와 관련한 수출품이 현지에서 매각된 것, 외화획득용 원료 또는 물품의 공급 중 수출에 공하여지는 것 등을 포함한다.

수입실적은 산업통상자원부장관이 정하여 고시하는 기준에 해당하는 수입통관액 및 그 지급액이다. 이와 관련한 수입중 유상으로 거래되는 수입, 외국인으로부터 외화를 영수하고 외화획득용 시설·기재를 외국인과 임대차계약을 맺은 국내업체에 인도하는 것, 소프트웨어나 시스템을 외국에 판매하거나 인터넷을 통하여 전자적으로 인도하고 그 대금을 국내로 영수하는 것 등을 포함한다.

② 수출 · 수입실적의 인정금액

대외무역법에서 규정한 수출 · 수입실적에서 수출실적으로 인정하는 금액은 수출통관액(FOB가격기준)으로 한다.

수입실적으로 인정하는 금액은 수입통관액(CIF가격기준)으로 한다. 다만 외국인수수입의 경우에는 외국환은행의 지급액으로 한다.

(4) 외화획득용원료 · 기재의 수입

외화획득용 원료 · 기재는 외화획득용원료 · 외화획득용 시설기재 및 외화획득용 제품이다. 외화획득용 원료는 외회획득에 제공되는 물품을 생산하는데 필요한 원자재 · 부자재 · 부품 및 구성품 등이다. 생산이란 물품의 제조 · 가공 · 조립 · 수리 · 재생 또는 개조하는 것을 의미한다. 외화획득용 시설기재는 외화획득에 제공되는 물품을 생산하는데 사용되는 시설 · 기계 · 장치 · 부품 및 구성품 등이다. 외화획득용 제품은 수입한 후 생산과정을 거치지 아니하는 상태로 외화획득에 제공되는 물품이다.

(5) 전략물자의 수출입

산업통상자원부장관은 국제평화유지 및 안전유지, 국가안보를 위하여 필요하다고 인정한 경우에는 산업통상자원부장관이 정하여 공고하는 물품을 수출하고자 하는 자에게 관계 행정기관의 장의 수출허가를 받게 하는 등의 제한을 하거나 전략물자를 수입하고자 하는 자가 수입증명서의 신청을 하는 경우에는 이를 발급할 수 있다.

(6) 산업설비 수출

산업통상자원부장관은 산업설비 수출을 하고자 하는 자의 신청이 있는 경우에는 이를 승인할 수 있다. 산업설비 수출의 승인을 얻고자 하는 자는 산업설비 수출신청서에 산업통상자원부장관이 정하는 서류 및 통합공고에 의하여 허가, 추천 등을 필요로 하는 경우에는 그 허가 등을 받은 사실을 증명하는 서류를 첨부하여 일괄수주 방식인 경우에는 산업통상자원부장관에게 제출하여야 한다. 승인한 사항을 변경하는 경우에도 마찬가지이다. 만약 연불지원 금융거래인 경우에는 한국수출입은행장, 기타의 경우에는 한국기계공업진흥회의 장에게 제출하여야 한다.

(7) 원산지 표시 등

산업통상자원부장관이 공정한 무역질서의 확립을 도모하기 위하여 원산지를 표시하여야 하는 대상으로 공고한 물품을 수출 또는 수입하고자 하는 자는 그 물품에 대하여 원산지 표시를 하여야 한다.[4)]

산업통상자원부장관은 필요하다고 인정하는 경우에는 수출 또는 수입물품의 원산지 판정을 할 수 있다. 원산지 판정의 기준은 대통령령이 정하는 바에 따라 산업통상자원부장관이 지정한다.

2) 수출입공고 등

(1) 수출입공고

① 수출입공고의 의의

수출입공고는 산업통상자원부장관이 승인대상물품의 품목별 수량 · 금액 · 규격 및 수출 또는 수입지역 등의 한정 등 물품의 수출 또는 수입의 제한 및 절차 등을 정하여 공고하는 것인데, 수출입품목관리를 위한 기본공고이다.

수출입계약을 체결한 자가 물품을 수출입하기 위해서는 우선적으로 수출입하고자 하는 품목이 수출입공고 등과 통합공고에서 수출입이 제한되는 품목인지의 여부를 파악해야 한다. 여기에서 수출입공고 등은 수출입공고, 수출입별도공고를 말한다. 그리고 수출입품목관리의 공고체계는 대외무역법에 근거한 수출입공고, 수출입별도공고와 50개 개별법에 의한 제한내용을 취합해서 공고하는 통합공고로 이루어진다.

② 수출입공고의 공고 물품

수출입공고에는 첫째, 헌법에 의하여 체결 · 공포된 조약이나 일반적으로 승인

---

4) 대외무역법 제23조 참조.

된 국제법규상의 의무이행을 위하여 산업통상자원부장관이 지정 · 고시하는 물품, 둘째 생물자원보호를 위하여 산업통상자원부장관이 지정 · 고시하는 물품, 셋째 교역상대국과의 경제협력증진을 위하여 산업통상자원부장관이 지정 · 고시하는 물품, 넷째 방위산업용원료 · 기재, 항공기 및 동 부품 기타 원활한 물자수급 · 과학기술발전 및 통상 · 산업정책상 필요하다고 인정하여 장관이 당해 품목을 관장하는 행정기관의 장과 협의하여 지정 · 고시하는 물품이 포함된다.

③ 수출입공고의 표시체계

우리나라는 1967년 7월 25일부터 수출 또는 수입이 허용되는 품목만을 표시하던 Positive List System에서 수출 또는 수입의 제한 내지 금지되는 품목만을 나열하는 Negative List System으로 수출 · 수입품목에 대한 관리방식을 개편하여 현재에 이르고 있다.

④ 수출입공고의 상품분류체계

㉠ SITC

표준국제무역분류(Standard International Trade Classification ; SITC)는 무역상품을 분류하는 방법의 하나로 경제분석과 상품별 무역자료의 국제적 비교를 용이하게 하는데 필요한 무역통계를 제시하는 것을 목적으로 하고 있다.

㉡ CCCN

관세협력이사회 상품분류표(Customs Cooperation Council Nomenclature ; CCCN)는 세계 각국의 관세행정을 개선하고 통일화를 도모하고자 1952년에 설립된 국제기구인 관세협력 이사회(CCC)가 상품 분류의 국제적 통일을 기하기 위하여 쥬네브 관세품목표를 기초로 하여 1955년 7월에 작성한 모든 상품의 분류리스트이다.

〈표 2-1〉 SITC와 CCCN 및 HS 분류체계

SITC 분류	CCCN분류	HS분류
10 section	21 section	21 section
56 division		
177 group	99 chapter	97 chapter
1,312 basic item	1,011 heading	1,241 heading
약 45,000개 품목	약 60,000개 품목	5,019 sub-heading

㉢ HS

상품분류체계인 SITC, CCCN과 기타 주요국의 관세율표 및 수출입통계표 등을 통일적으로 적용하기 위하여 CCCN 을 골격으로 한 새로운 국제통일 상품 분류체계인 국제통일 상품명 및 코딩시스템(The Harmonized Commodity Description and Coding System ; HCDCS)을 만들었는데, 이를 통상적으로 조화제도(Harmonized System ; HS)라고 한다.

HS는 CCC 가 1971년부터 1983년까지 12년간에 걸쳐 CCCN 을 골격으로 보완하여 1983년 6월 CCC 총회에서 정식 협약으로 채택된 것이기 때문에 New CCCN 이라고도 한다. 우리나라가 사용하는 10단위는 HSK (Harmonized System Korea)라고 한다.

(2) 수출입 별도공고

수출입 별도공고는 수출입공고와 통합공고에도 불구하고 통상정책상의 필요에 의하여 산업통상자원부장관이 수출입요령 및 절차 등을 따로 정하는 공고로서, 특정 사안별로 수출입요령을 정하고 있다.

현행 대외무역법 시행령은 수출입별도공고의 내용으로서 중고품의 수출입, 방위산업용 원료·기재의 수입 등 모두 6가지 사항을 규정하고 있으며, 전략물자의 수출에 대하여는 전략물자 수출입고시가 있다.

(3) 통합공고와 전략물자 수출입고시

통합공고는 산업통상자원부장관이 수출·수입요령의 제정 또는 개정내용을 관계행정기관의 장으로부터 제출 받아 그 수출·수입요령을 통합하여 공고하는 것이다.

통합공고의 목적은 대외무역법외의 다른 법령에 해당물품에 대한 수출입의 요건 및 절차 등을 정하고 있는 경우에 수출입요건 확인 및 통관업무의 간소화와 무역질서유지를 위하여 다른 법령이 정한 물품의 수출이나 수입의 요건 및 절차에 관한 사항을 조정하고 이를 통합하기 위함이다.

(4) 전략물자 수출입고시

산업통상자원부장관은 국제평화 및 안전유지, 국가안보를 위하여 필요하다고 인정하는 때에는 산업통상자원부장관이 정하여 공고하는 전략물자를 수출하고자 하는 자에게 관계 행정기관의 장이 수출허가를 받게 하는 등의 제한을 하거나, 전략물자를 수입하고자 하는 자가 그 수입증명서의 신청을 하는 경우에 이를 발급할 수 있다. 전략물자의 수출제한 및 수입증명서 발급에 관하여 필요한 사항은 산업통상자원부장관이 이를 정하여 공고하여야 한다. 이를 전략물자 수출입고시라고 한다.

(5) 수입선 다변화 품목공고

수입선 다변화 품목공고는 무역균형화의 촉진, 즉 국가별로 수출 · 수입의 균형을 유지하기 위하여 산업통상자원부장관이 당해 품목을 관장하는 관계행정기관의 장과 협의하여 수출 또는 수입 승인대상으로 지정 · 고시한 물품을 공고하는 것인데 1999년 6월 30일 자로 자동차, 카메라 등 16개 품목이 해제되어 완전폐지되었다.

2. 수입에 의한 산업피해조사

1) 산업피해조사 신청과 조사

(1) 산업피해 당사자

특정물품의 수입증가로 인한 또는 무역 및 유통서비스의 수입으로 인하여 동종 산업이나 경쟁산업에 피해를 받거나 받을 우려있는 경우에는 당해 국내산업에 이해관계가 있는 자 및 당해 산업을 관장하는 관계 행정기관의 장은 무역위원회에 당해 물품의 수입 또는 무역 및 유통서비스의 공급이 국내산업에 미치는 영향을 조사해 줄 것을 신청할 수 있다.

(2) 수입에 의한 산업피해조사 절차

① 산업피해조사의 신청

산업피해조사의 신청은 특정한 물품의 수입이 국내산업에 미치는 피해조사를 신청인이 신청서를 작성하여 이에 필요한 증빙서류를 첨부하여 무역위원회에 제출함으로써 이루어진다.

② 산업피해조사의 개시결정

무역위원회는 산업피해조사의 개시여부를 결정한다. 무역위원회는 산업피해조사의 개시여부를 결정한 때에는 그 사실을 관보에 게재하여야 한다.

③ 산업피해조사단의 구성

무역위원회는 산업피해조사를 위하여 필요한 경우에는 산업피해조사단을 구성한다.

④ 산업피해의 조사

무역위원회는 산업피해조사를 위하여 필요한 경우에는 관계 행정기관의 장·관련기관 또는 단체의 장 기타 산업피해조사와 관계있는 자에게 자료의 제출을 요청할 수 있다. 산업피해조사를 위하여 필요한 경우에는 조사단을 교역상대국에 파견하여 국내로의 수출증대 가능성을 조사하게 할 수 있다.

⑤ 산업피해조사의 종결

무역위원회에서는 조사를 종결한 경우 그 사실을 관보에 게재하고 신청인에게 통보하여야 한다. 산업피해조사 신청인과 이해관계인 간에 화해가 이루어졌을 경우에는 산업피해조사를 종결한다.

⑥ 산업피해 유무의 판정

산업피해의 유무를 판정할 때는 다음과 같은 점을 고려한다. 첫째 국내산업에 미치는 피해의 유무를 고려한다. 둘째, 판매·생산·생산성·가동률·이윤·손실·고용·재고·시장점유율 등의 변화를 고려하여 국내산업이 중대하고 전반적인 피해를 받고 있는지의 여부를 평가한다. 셋째, 둘째 사항으로 명시한 피해가 명백하게 급박한가의 여부를 평가한다. 넷째, 무역위원회는 둘째 및 셋째 사항으로 명시한 내용에 관하여 농림수산업의 특성을 고려하여 관계 행정기관의 장과의 협의를 거쳐 세부 검토사항을 정할 수 있다.

⑦ 산업피해 유무판정의 통지

무역위원회는 산업피해에 대한 유무 판정한 경우에는 그 내용을 관보에 게재하고 신청인 및 이해관계인에게 통지한다.

⑧ 재조사 신청

산업피해가 없다는 통보를 받은 경우 신청인은 재조사사유를 기재한 신청서에 증빙서류를 첨부하여 무역위원회에 재조사를 신청할 수 있다.

2) 구제조치의 건의 및 조치이행

무역위원회는 국내산업에 대한 피해조사 결과, 국내산업에 미치는 피해가 있다고 판정한 경우에는 그 판정일로부터 45일 이내에 관계기관의 장에게 일정한 기간을 정하여 구제조치를 건의할 수 있다. 무역위원회는 구제조치를 건의할 경우에는 당해 국내 산업을 관장하는 관계 행정기관의 장, 당해 국내산업과 관련이 있는 협회·조합 등의 의견을 종합적으로 검토한다.

무역위원회로부터 구제조치의 건의를 받은 관계 행정기관의 장은 45일 이내에 구제조치 여부를 결정하고 무역위원회에 이를 통보해야 한다. 다만 주요 이해당사국과의 협의, 법령의 개정 등 구제조치의 시행을 위한 준비조치가 필요한 경우에는 그에 소요되는 기간은 포함하지 않는다.

3. 수출입의 질서유지

1) 불공정한 수출입 행위의 금지

무역거래자는 수출입 질서를 저해할 우려가 있는 행위로서 대통령령으로 정하는 행위, 대외무역법에서 규정한 명령이나 처분에 위반하는 행위를 해서는 안되며, 이에 지적재산권, 원산지 표시, 수출 또는 수입물품의 인도, 대금결제, 선적서류 등과 관련한 업무 및 무역이행과 관련하여 위법행위를 금지하고 있다.

2) 수출입 물품가격의 조작금지

무역거래자는 외화를 포탈할 목적으로 물품의 수출 또는 수입의 가격을 조작하여서는 안되며, 이러한 행위는 수출입 거래질서를 문란하게 하는 것이고 무역통계의 정확한 집계에도 영향을 주기 때문에 금지하고 있는 것이다.

3) 무역분쟁의 신속 해결

무역거래자는 무역상대국의 무역거래자와 물품의 수출·수입과 관련하여 분쟁이 발생한 때에는 정당한 사유없이 그 분쟁의 해결을 지연시켜서는 안된다.[5)] 산업통상자원부장관은 무역분쟁의 신속한 해결을 위해서 필요한 경우 무역거래자에게 중재계약의 체결을 권고할 수 있다. 무역분쟁의 신속한 해결을 위하여 대외무역법에서는 대한상사중재원에 수출입에 관한 업무를 위임하는 내용을 규정하고 있다.

4) 선적전 검사와 관련한 분쟁조정

선적전 검사기관의 선적전 검사가 무역장벽으로 작용하는 행위는 세계무역기구 선적전 검사협정을 위반하기 때문에 수출이행에 장애를 초래할 수 있다. 그러므로 선적전 검사가 무역거래에 악용되어서는 안된다.

5) 조정명령

산업통상자원부장관은 수출입질서 유지를 위하여 무역업자에게 수출 또는 수입하는 물품의 가격·품질 기타 거래조건 또는 그 대상지역 등에 관하여 필요한 조정을 명할 수 있다.

5) 대외무역법 제41조.

4. 수출입진흥 및 지원

1) 전산관리체제의 개발 및 운영

산업통상자원부장관은 첫째 무역거래자의 수출입통계작성을 위한 무역거래자별 고유번호부여에 관한 전산관리체제, 둘째 수출입통계데이터베이스의 구성 및 운영을 위한 전산관리체제 수출입통계 데이터베이스 등 무역정책수립을 위한 전산관리체제, 셋째 부문별 무역전산관리체제의 유기적 연계를 위한 전산관리체제, 관계행정기관의 장과 산업통상자원부장관이 협의하여 정한 해당 소관기관 무역관련 전산관리체제, 넷째, 기타 산업통상자원부장관이 필요하다고 인정하는 전산관리체제 등을 개발 운영하여야 한다.

이에 따라 이와 관련하여 무역전산체제 개발 및 운영을 위하여 필요하다고 인정하는 경우에는 그 경비의 일부를 해당 전산관리체제의 개발 운영에 필요한 정보를 제공하는 기관에 지원할 수 있도록 하고 있다.

2) 수출입조합

동종 또는 유사한 물품의 수출 · 수입의 질서유지와 조합원의 공동이익을 증진하기 위하여 무역거래자는 산업통상자원부장관의 인가를 받아 수출조합 · 수입조합 또는 수출입 조합을 설립한 경우에는 사단법인으로 본다.

제 3 장 해외시장조사와 거래처 선정

제1절 해외시장조사

1. 해외시장조사의 필요성

해외시장조사(foreign market research)는 무역상대국 시장에서의 상품에 대한 매매가능성을 조사하는 것을 의미한다. 무역업자는 해외시장에서 기존 상품의 판로를 유지하거나 확대시키기 위하여 많은 노력을 하게 된다.

특히 신상품을 개발하여 판로를 개척하는 경우에는 개발한 신상품에 대한 기호에 대하여 어떠한 정보도 없기 때문에 판매시기 등을 결정하는데 어려움을 겪게 된다. 이에 따라 해외시장조사를 통하여 해외시장진출에 대한 타당성을 판단하게 된다. 그러므로 해외시장조사는 이러한 기업의 의사결정을 돕기 위한 활동이라고 할 수 있다.

2. 해외시장조사의 방법

첫째, 수출입 동향의 분석을 통한 거래물품의 수요예측을 위하여 각종 수출입통계자료를 활용한다.

둘째, 국내외 경제단체 및 유관기관을 활용하거나 국내에 주재하고 있는 외국 공관의 상무관실 및 자료실에 비치된 각종 자료를 활용하여 또는 상무관과의 상담을 통할 수도 있다.

셋째, 해당 국가의 현지의 출장을 통해 조사를 하는 방법이 있다.

3. 해외시장조사의 단계

1) 해외시장조사의 계획수립 단계

해외시장조사의 계획수립 단계에서는 다음과 같은 사항에 유의해야 한다.

첫째, 무엇을 위하여 해외시장조사를 하는 것인가에 대한 방향이 제시되어야 한다.

둘째, 어떠한 방법을 활용하여 해외시장조사를 할 것인가를 결정해야 한다.

셋째, 언제 해외시장조사를 실행할 것인가를 결정해야 한다.

넷째, 해외시장조사의 결과를 활용할 방법을 강구해야 한다.

2) 해외시장조사의 실시 단계

해외시장조사는 광범위한 자료의 수집조사에서 목적에 맞는 내용으로 압축하여 가는 방향이 되어야 한다. 이렇게 할 때 인력이나 비용 면에서 효율성을 유지할 수 있다.

실제 조사는 단기적인 시야를 벗어나 장기적인 관점에서 조사를 하고 분석을 하여야 한다. 해외시장조사는 직접적인 조사가 가장 정확하다. 그러나 시간적인 문제와 경비적인 측면을 고려한다면 직접적인 방법보다는 간접적인 방법을 택하는 것도 바람직하다.

3) 해외시장조사의 사후관리 단계

해외시장조사의 결과자료는 무역거래의 계속성이라는 특성 때문에 계속 관리하여야 한다. 즉, 이후에 같은 자료가 필요한 경우에 신속하게 이용할 수 있는 준비를 해 놓아야 한다.

제2절 거래처의 선정과 신용조사

1. 거래처의 선정

1) 직접 선정

(1) 현지 선정

현지 선정은 직접 현지에 가서 거래처를 선정하는 것이다. 현지 선정은 지점이나 현지에 지점이나 사무소가 개설되어 있는 경우, 이를 활용하여 거래처를 선정하면 된다. 그러나 현지에 지점이나 사무소가 없는 경우에는 현지 출장을 통해 거래처를 선정해야 한다.

(2) 국내외의 견본시장 및 상설전시장 이용

국내외의 견본시장 및 상설전시장 이용은 무역업자가 국내외의 견본시나 상설전시장, 해외전시회 등에 참가하여 거래처를 선정하는 방법이다. 혹은 무역사절단의 일원으로 국내외의 견본시장 및 상설전시장 등에 참가하여 거래처를 선정할 수도 있다.

(3) 모회사와 계열회사의 소개

모회사와 계열회사의 소개 등을 받아 위탁조사를 한 후에 거래처를 선정하는 방법을 선택할 수 있다. 또한 기존 거래처와 동업자 또는 친지 등의 소개를 받아 거래처를 선정할 수도 있다.

2) 간접 선정

(1) 무역알선기관 이용

무역알선기관은 한국무역협회, 대한무역투자진흥공사, 재외공관, 해외무역관, 상공회의소 등을 의미한다. 따라서 국내의 기관을 통하여 거래처를 선정하는 경우에는 주한대사관, 영사관 및 각국의 공관, 대한상공회의소, 한국무역협회, 대한무역투자진흥공사 등으로 부터 시장정보를 확보한 후에 거래처를 선정하는 것이다. 해외의 기관을 이용하는 경우에는 각국의 상공회의소, 각국의 수출입관련 기관을 통하여 선정할 수도 있다.

(2) 상공인명록 활용

상공인명록(directory)을 활용하여 거래처를 선정할 수 있다. 상공인명록은 각국의 무역업자, 해운업자, 해상보험업자, 은행 등에 관한 상호명, 주소, 취급 영업종목 등을 수록한 것이기 때문에 활용이 가능하다.

(3) 홍보매체 활용

국내외에서 발간되는 홍보매체를 이용하여 거래처를 선정할 수 있다. 즉 해외의 광고지와 업계지 그리고 광고대리점을 통하여 거래처를 선정하는 것이다. 국내에서 발간되는 홍보매체로는 Korea Export, Korea Trading Post, Korea Exhibition, Korea Trading & Business, Korea Trade 등이 있으며, 인터넷을 통하여 거래처를 선정할 수 있는 환경 또한 충분히 조성되어 있다.

2. 신용조사

1) 신용조사의 필요성

무역업자는 거래처를 선정한 후 상대방에 대한 신용조사를 해야 한다. 거래처를 선정한다는 것이 거래처에 대한 신용조사까지 포함한 것은 아니다. 신용조사가 제대로 되지 못하면 예기치 못한 손해를 보는 경우가 많다. 따라서 상대방에 대한 신용조사를 한 후에 거래제의를 하여 만약의 사태에 대비하는 것이 바람직하다.

2) 신용조사의 내용

신용조사의 내용은 거래처의 성격, 자본, 거래능력 등에 관한 것이다. 신용조사의 자료는 상업흥신소, 외환은행, 해외지사나 출장소 및 판매대리점의 보고, 동업자 조회처 등을 통하여 입수한다.

거래처의 성격(character)을 조사하는 것은 거래처의 성실성, 업무태도, 업계의 평판 등에 대한 조사이다. 이러한 내용을 근거로 채무이행이나 무역거래의 이행을 성실하게 수행할 수 있는 상대인지를 판가름하는 것이다.

거래처의 자본(capital)을 조사한다는 것은 거래처의 재정상태를 알아보는 것이다. 이를 근거로 거래처의 지급능력 등을 파악할 수 있기 때문이다.

거래처의 능력(capacity)을 조사하는 것은 거래처의 영업상태를 파악하는 것이다. 거래실적, 취급상품, 주거래처 등을 조사하여 거래처의 영업능력과 영업내용을 판단하는 것이다.

3) 신용조사의 방법

(1) 신용조회처의 활용

신용조회처를 활용한 조사는 자사의 단골 거래처에게 신용조사를 의뢰하는 방법이다. 그런데 단골 거래처에 의뢰하여 조사하는 경우에는 신용조사를 전문으로 하는 업체가 아니기 때문에 정확한 조사를 기대하기 어렵다. 조사내용의 분석도 자의적인 분석이 있을 수 있다.

(2) 환거래은행의 활용

환거래은행을 활용한 조사는 환거래 계약은행에게 신용조사를 의뢰하는 방법이다. 그런데 환거래계약은행은 신용조사를 전문으로 하는 업체가 아니기 때문에 정확한 조사를 기대하기 어렵다. 만약 거래상대자가 환거래계약은행을 이용하고 있다면 은행 측의 객관적인 분석을 기대하기 어렵게 된다.

(3) 상업흥신소의 활용

상업흥신소를 활용한 조사는 신용조사를 전문으로 하는 업체에 조사를 의뢰하는 방법이다. 신규 거래처의 신용조사를 하는 경우에는 상업흥신소를 이용하는 것이 바람직하다. 세계적으로 유명한 상업흥신소로는 Dun and Bradstreet, Bradstreet British, Auskunft W. Schimmel pfung, Tokyo Mercantile Agency 등을 들 수 있다.

우리나라에서는 신용보증기금이 세계적 상업흥신소인 Dun and Bradstreet를 비롯한 31개국 71개 회사와 신용조사를 제휴하고 있어 이를 활용하는 것도 한 방법이다. 또한 K-Sure를 통하여 신용조사를 하는 것도 한 방법이다.

제3절 거래의 제의

1. 거래제의장의 의의

해외시장조사 후, 거래처를 선정하여 신용조사가 종료되면 거래제의를 하게 된다. 거래제의를 할 때는 거래제의장을 발송하는 것이 일반적이다. 거래제의장은 상대방에게 처음 시도하는 서신이 된다. 그러므로 거래제의장은 신중을 기하여 성의있게 작성하되 계속적인 거래제의가 필요할 수도 있으므로 항상 정중한 태도를 보여야 한다.

거래제의장을 작성할 때는 명료성(clearness), 정확성(correctness), 간결성(conciseness), 구체성(concreteness), 정보의 완전성(completeness)을 유지하여야 한다.

2. 거래제의장의 내용

거래제의장의 내용은 계약체결에 중요한 영향을 주게 된다. 그러므로 거래제의장을 작성할 때에는 다음과 같은 내용으로 구성하는 것이 바람직하다.

첫째, 상대방을 알게 된 경로 및 동기를 밝힌다.

둘째, 거래의사를 제의하면서 매매희망 상품과 자사의 취급상품 등을 알려 준다.

셋째, 상대방이 신뢰할 수 있는 내용으로 자사의 소개를 한다.

넷째, 거래조건 및 거래형태의 개요를 제시한다.

다섯째, 자사의 영업상태를 알리고 자사의 신용조회처도 제시한다.

여섯째, 끝맺을 때에는 일정한 거래관행상 사용하는 용어가 있으므로 이를 사용하는 것이 바람직하다. 필요한 경우에는 거래제의장에 상품과 관련한 상품목록과 가격표, 회사에 관한 광고내용 등을 첨부하는 것도 바람직하다.

제4절 세계시장 진출전략

본 절에 인용된 [2021 세계시장 진출 설명회][6] 자료는 KOTRA 국외의 각 지역본부에서 작성된 내용이며, 이중 현재 우리나라와의 무역거래에서 중요한 교역상대국이자 큰 비중을 차지하고 있는 북미와 중국, 나아가 그 비중이 커져 가고 있는 동남아·대양주의 3개 지역을 중점적으로 살펴보고자 한다.

6) KOTRA 국외 10개 지역본부에서 작성한 내용 중 일부 발췌 인용

1. 북미지역

2/0/2/1 세계시장 진출전략 설명회
Come Back to 美!
새 시대, 新 북미시장, DIET에서 해법을 찾아라
Digitalization, Infrastructure, Environment, Telecommunication
KOTRA 북미지역본부 | kotra

Come Back to 美!
새 시대, 新 북미시장,
DIET에서 해법을 찾아라
CONTENTS
I 2021년 전망 및 전략적 가치
II 코로나19 이후 시장변화 양상
III 2021년 기회요인과 진출전략
IV 2021년 시장진출 유망 품목 및 서비스

Ⅰ
2021년 전망 및 전략적 가치

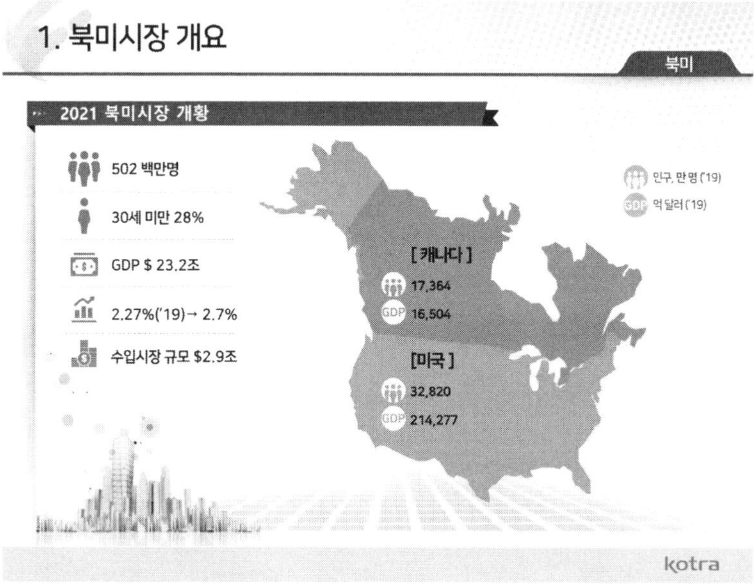
1. 북미시장 개요
북미
2021 북미시장 개황
502 백만명
30세 미만 28%
GDP $ 23.2조
2.27%('19)→ 2.7%
수입시장 규모 $2.9조
인구, 만명('19)
GDP 억달러('19)
[캐나다]
17,364
GDP 16,504
[미국]
32,820
GDP 214,277
kotra

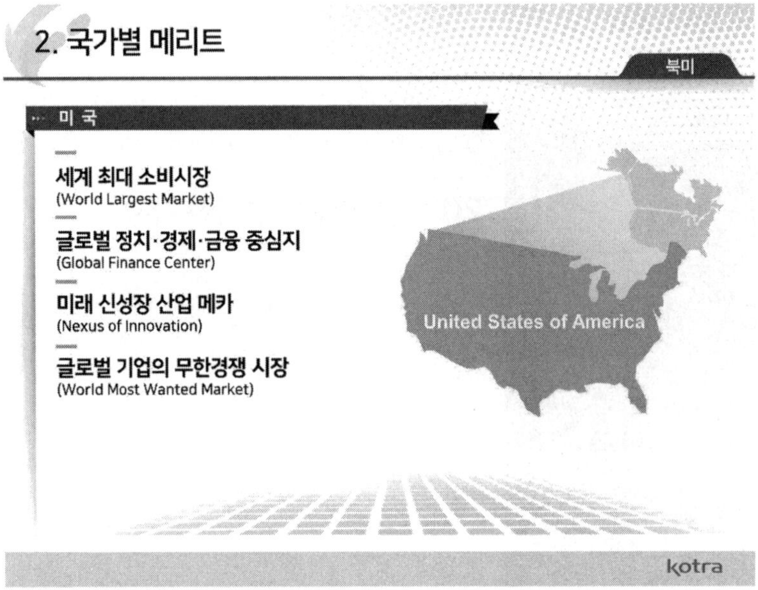
2. 국가별 메리트
북미
미 국
세계 최대 소비시장
(World Largest Market)
글로벌 정치·경제·금융 중심지
(Global Finance Center)
미래 신성장 산업 메카
(Nexus of Innovation)
글로벌 기업의 무한경쟁 시장
(World Most Wanted Market)
United States of America
kotra

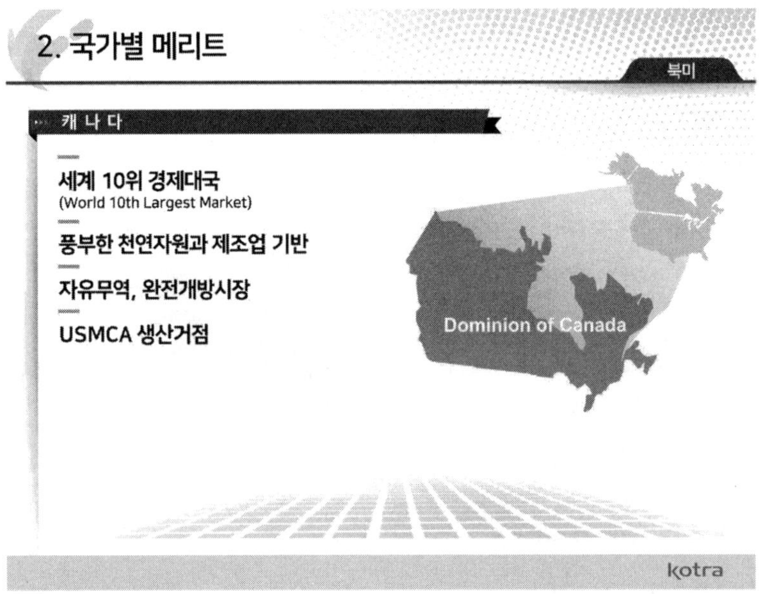
2. 국가별 메리트
북미
캐 나 다
세계 10위 경제대국
(World 10th Largest Market)
풍부한 천연자원과 제조업 기반
자유무역, 완전개방시장
USMCA 생산거점
Dominion of Canada
kotra

3. 2020 시장현황

북미

미 국

- 코로나19 최대 확진자 발생 및 2차 웨이브 시작
  → 11월 일평균 확진자 10만명 초과, 연말 누적 확진자 1,300만명 돌파 예상
- 1930년 대공황 이후 최악의 경제상황
  → 2020 GDP 성장률 -4.6%, 내수 -4.3%, 실업률 8.5%, 산업생산 -8.0%
- 인종 및 계층 간 갈등 심화
  → (인종) George Floyd 사건 외 다수, (계층) 소득 불균형, 개발 불균형 등
- 미·중 갈등 첨단기술, 지식재산권 등으로 확대
  → (미국) 휴스턴 중국 총영사관 폐쇄, 중국기업 제재, (중국) 충칭 미 영사관 폐쇄
- 46대 대선, 민주당 바이든 전 부통령 당선
  → (대선) 바이든 승리, 트럼프 불복 및 일부 스윙 스테이트 州정부 소송 추진

2019~2020 분기별 미국 GDP 현황

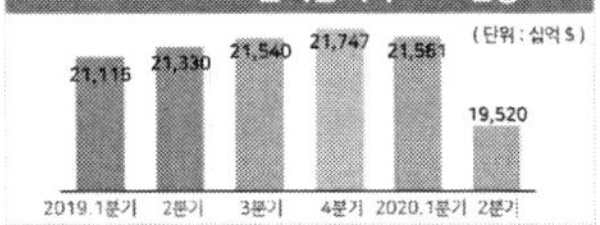

2019~2020 분기별 미국 산업생산량 및 실업률 추이

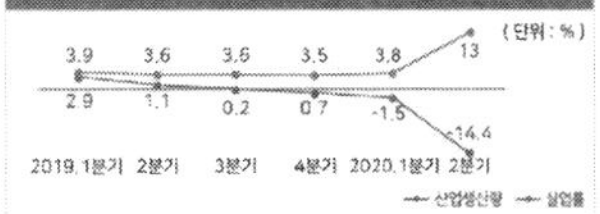

미국 코로나19 확산 추이

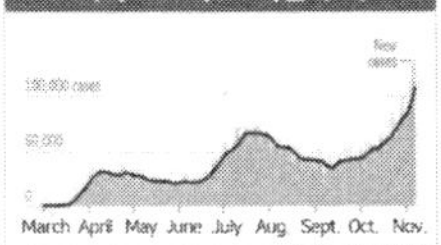

미국 주별 코로나19 누적 확진자

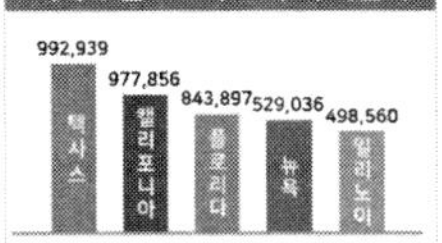

2020 미국 제조업 구매자 선행지수(PMI)

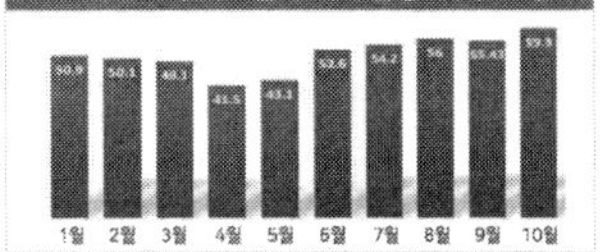

3. 2020 시장현황

북미

캐 나 다

- 하반기 코로나19 확진자 급증세
  → 퀘벡, 토론토, 밴쿠버 등 경제 중심지역 10월 일일 확진자 최대 5천명 기록
- 원자재 의존적 경제 구조의 취약성 개선 필요성 대두
  → 국제유가 하락세 장기화 전망, 연간 수출 52% 감소, 新성장동력 필요성 대두
- 중국과의 갈등 이슈 증가, 加 무역투자 여건 악화
  → (화웨이) 창업자 2세 체포, (투자제한) 중국 광산매입 금지, (홍콩) 加 망명 허용
- USMCA 발효, 북미 3개국 RVC 구축 주도권 확보
  → 멕시코 대비 경쟁력 우위 확보, GVC 조정을 통한 기준 충족 및 對美 수출 확대
- 對中, 對美 의존도 완화를 위한 다자 간 협력 강화
  → 대중 수출여건 악화에 따른 대체시장 발굴, 아시아, 중남미, EU 등 교류 다변화

2019~2020 분기별 캐나다 GDP 현황

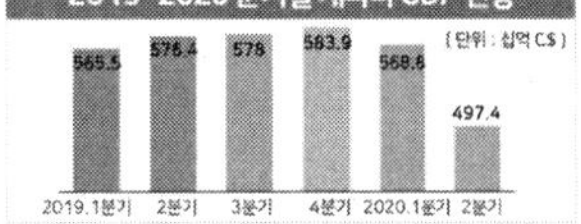

2019~2020 분기별 캐나다 산업생산량 및 실업률 추이

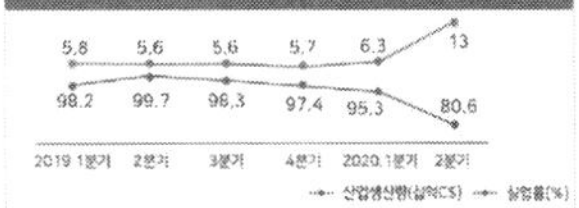

캐나다 코로나19 확산 추이

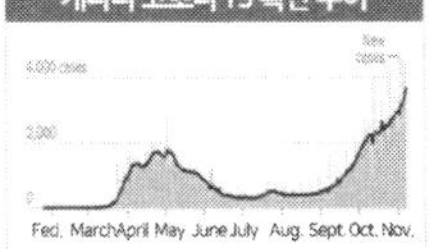

캐나다 지역별 코로나19 누적 확진자

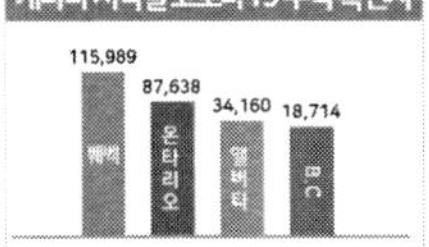

2020 캐나다 산업 생산 현황

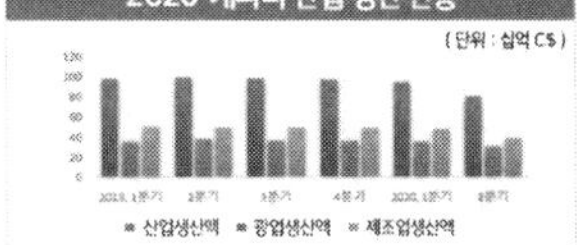

4. 2021 경제 전망

북미

미 국

[GDP] 2021년 4.0% 성장 전망
[실 업] 연간 실업률 6%代 하락
[C-19] 백신개발 및 접종 개시

2021 시장전망

- (코로나19) 2021년 코로나 백신 개발 및 투약 개시
  → 美 보건부, 2021년 4월까지 백신 접종 완료 추진
- (경기부양책) 바이든 정부, 2차 패키지 신속 추진
  → 저소득층, 실업지원, 기업지원 등 포괄적 지원
- (내수) 단기 내수진작 및 중장기 경제체질 개선정책
  → (단기) 재난지원금 지급, (중장기) 내수의존 완화
- (산업) "Build Back Better" "Buy American" 정책추진
  → 미국우선주의, 리쇼어링 우대제도 강화 예상
- (미중분쟁) 1:1 대응에서 1:多 관계로 전환 전망
  → 우방국과 다자간 대응 및 국제무대 선도국 재등극

캐 나 다

[GDP] 2021년 4% 성장 전망
[실 업] 연간 실업률 7.7%
[C-19] 확산세 심화 및 경기둔화

2021 시장전망

- (코로나19) 국내 확산세 억제에 총력 전망
  → 2021년 상반기 안정 및 백신 유통 전망
- (국제유가) 대체산업 육성 및 패러다임 전환 추진
  → 트뤼도 총리, 2021년 친환경 인프라 구축 선언
- (USMCA) 최대 무역대상국인 對美 수출여건 개선
  → 협정 활용 및 이행을 위한 요건 충족작업 본격 개시
- (캐중갈등) 교역 중단 상황 지속, 5G 중국산 배제
  → 한국 등 대중 교역수요 대체국가로 부상 가능
- (다자관계) 對美, 對中 의존도 완화 필요성 증가
  → CPTPP(환태평양경제동반자협정), MERCOSUR 등

kotra

5. 2021년 주요 이슈

북미

2021 북미시장 Key Points

미국 46대 대통령 취임 ('21.1.20)

- 민주당 조 바이든 (Joe Biden) 전 부통령 46대 대통령 취임
- 코로나19 대응, 인종·계층간 차별, 경제이슈 등 해결과제 산재
- 민주당 집권에 따라 미국 대내외 정책의 대대적 수정 예상
- 미국의 다자간 협력정책, 대북 정책 및 동북아 정책 변화

코로나19, 對中관계, 경기회복, 다자간 협력 등

- (코로나19) 하반기 2차 웨이브 본격화, 양국 모두 연중 일일 확진자 최다 기록
- (대중관계) (美) 對中정책, 국제공조 강화 예상, (加) 화웨이 이슈 등으로 긴장관계 지속
- (경기회복) (美) 2차 경기부양책 및 재정투자 확대 (加) 산업구조 전환, 다자간 협력 필요성 대두
- (국제협력) (美) WHO 재가입, WTO 영향력 강화, (加) 유럽, 중남미, 아시아 등 협력 다변화

USMCA 발효에 따른 북미 경제통상여건 변화

- 미국-캐나다-멕시코 3개국 간 북미 Super RVC 구축 가능성 부상
- 코로나19 여파, USMCA 활용 미국기업의 GVC 전환 수요 자극
- 자동차, 철강 등 우리기업 대미 수출산업 일부 영향 불가피

kotra

6. 2021 시장의 전략적 가치

북미

▸▸▸ 바이든 당선자 주요 공약

공약	주요내용	▸▸▸ 2021 전략적 가치 변화
01 Build Back Better	SOC 분야 및 환경, 산업육성 등 핵심 분야 정부투자확대	[기회] 프로젝트 증가 및 국내기업 진출기회 확대 [위기] 자국기업 우선 및 미국산 자재 사용 등 요건 강화
02 Buy American	리쇼어링 인센티브 / 차등과세 미국기업 GVC 재편 가속	[기회] 우리기업 對미 투자진출 여건 개선 및 기회 증가 [위기] 美-아시아 GVC 재편에 따른 비즈니스 수요 감소
03 Climate Change	환경기준 강화 / 탄소국경세 부과 친환경 에너지 적용 확대	[기회] 친환경 에너지시장 확대, 첨단기술 수요 증가 [위기] 자동차, 철강, 석유화학 등 수출여건 악화
04 Foreign Policy	다자간 협력체제 강화 우방국 중심 외교통상정책 對中, 對北 정책 변화	[기회] 우방국 상계관세 및 세이프가드 철회 가능성 [위기] 동북아 정책 변화, 중국-미국 택일 압박 증가

kotra

Ⅱ 코로나19 이후 시장변화 양상

1. 코로나19 확산현황 및 경제여파

북미

북미지역 코로나19 확산 현황

- 누적 확진자 : 10,517,967명 (11.10)
- 누적 사망자 : 250,311명 (11.10)
- 주요지역 누적 확진자

Texas 1,009,031명	Quebec 117,151명
California 988,879명	Ontario 90,227명
Florida 852,174명	Alberta 34,873명

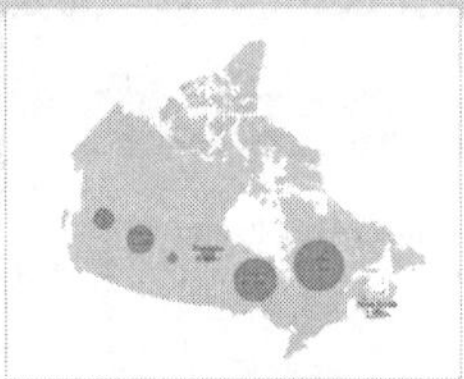

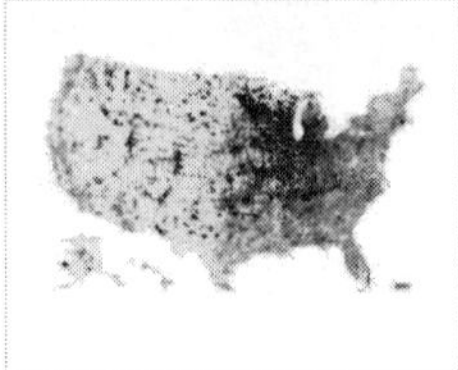

kotra

2. 미국 주별 경제재개 현황

북미

미국 주별 경제재개 현황 (11.11)

Reopened / Reopening / Pausing / Reversing

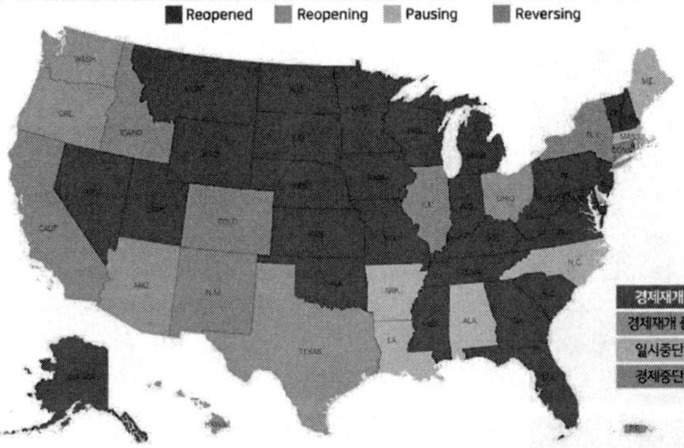

경제재개	29개주
경제재개 중	6개주
일시중단	8개주
경제중단	7개주

kotra

3. 코로나19 관련 경기부양책 현황

북미

미 국

- 1차 부양책 자금 대부분 소진
- 2차 경기부양책을 추진 중이나, 민주당과 공화당 간의 의견 차이로 추진 보류 상태

1차 경기부양책 주요 내용

지원분야	투입규모(달러)
개인현금지원	2,500억
학자금 대출 상환유예	-
실업급여 증액	2,600억
기업대출 프로그램	5,000억
항공사 및 공항지원	320억
병원 자금지원	1,170억
자영업/소상공인 지원	-
주택담보 압류 유예	-
식료품 지원	4.5억
해외체류 미국인 귀국지원	3.24억
국제원조	11.15억

2차 경기부양책 주요 내용

지원분야	Heroes Act (민주당(안) 5월) *부결	투입규모(달러) (공화당(안) 7월) *추진중
예산규모	3조 달러	1조 달러
재난지원금	성인 1인당 1,200달러 (미성년자 부양가족 1인당 500달러)	좌동
부양가족 지원금	최대 3명까지 인당 1,200달러	연령제한 없이 인당 500달러
실업자 혜택	주당 600불 특별급여 지급	주당 200달러로 시작 주정부 지원금을 합산해 직전 급여의 70% 보전을 위해 주당 최대 500달러 지급
실업자 혜택기간	~2021.1.31	주당 200달러(~9월), 직전급여 70% 보전(~12월)
급여보호 프로그램	신청기한 12.31로 연장	1,900억 달러 추가배정
노동자 세금 감면	급여 15,000불 이하 80% 세금 감면	급여 30,000불 이하, 65% 세금 감면
교육재개 지원	초중고교 지원 580억 달러 대학교 등 지원 420억 달러	수업재개 초중고교 700억 달러, 대학교 등 290억 달러, 인디언 교육청 10억 달러, 주정부 지원 50억 달러
코로나19 감염 법적책임 보호	N/A	5년간 학교, 기업, 병원 등을 대상으로 한 코로나19 관련 소송 금지
코로나19 진단지원	N/A	160억 달러 배정

- 캐나다는 중소기업 및 개인지원, 코로나19 확진자 및 확진자 가족 지원 중심 총 C$ 820억 규모의 자금 투입 이후 별도 추가 부양책 시행계획은 없으며, 현재 C$ 75억 규모 친환경 에너지 인프라 프로젝트 자금 배정을 위한 검토 작업 중

kotra

4. 시장 변화 동향 - GVC

북미

Global Value Chain (GVC)

변화 계기	주요 이슈
 코로나19	중국發 공급차질 위기 의료장비 및 PPE 수급 불안
 미중 통상분쟁	중국 인건비 상승 및 규제 심화 對中 관세인상, 지재권 침해, 기술탈취
 국내산업 및 일자리	국내 제조업 이탈 및 일자리 감소 서비스업 중심 고용시장 취약성
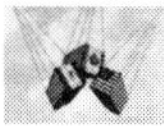 USMCA	USMCA 발효에 따른 RVC 기회 증가 물류 및 공급망 관리 등 이점 증가

해결방안

- 핵심 제조업 국내이전
- 공급선 전환 해외거점 이전
- RVC 구축

kotra

4. 시장 변화 동향 - GVC

북미

Global Value Chain (GVC)

01. 핵심 제조업 국내이전

- 해외 공급망에 의존하고 있는 24개 주요 산업 중 첨단장비, 반도체 등 12개 산업이 공급망 이전을 단행했거나 단행할 계획
- 특히, 12개 산업 중 반도체, 소프트웨어, 자동차, 원부자재 등 10개 산업이 현재 공급망을 북미로 이전하겠다고 응답

2021 Key Point

- 바이든 대통령당선자의 Made in All of America Plan은 트럼프 대통령과 오바마 전 대통령의 산업정책 혼합형태
- 첨단산업, 미래 신성장산업 중심 리쇼어링 정책 강화와 자국기업 해외 생산제품 수입 관세 상향 조정 등 추진 예상

중국, 아시아진출 미국기업 국내이전 가능성 증가

< 북미기업 리쇼어링 희망지역 >

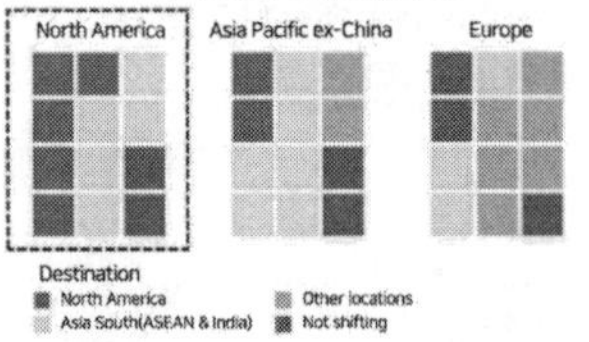

< 산업별 북미기업 리쇼어링 의사 유무여부 >

산업	유무여부	산업	유무여부
첨단장비	●	자본재	●
반도체	●	원부자재	●
소프트웨어	●	의료바이오	●
가전/의류	●	식품	X
유통	●	가정용품	X
자동차/자동차부품	●	식품/생필품 유통	●

* 자료원: Bank of America

kotra

4. 시장 변화 동향 - GVC

북미

Global Value Chain (GVC)

02. 공급선 전환 및 해외거점 이전

- 미중 통상분쟁으로 인한 비즈니스 여건 악화도 핵심 사유이나, 중국정부정책 변화, 인건비 상승, 각종 규제증가 등이 근본적 원인
- 생산제품의 최종 소비국가 또는 인접지역 이전을 통해 물류비용 절감과 안정적 생산·공급체계 구축을 희망하는 것으로 분석

2021 Key Point

- 바이든 대통령당선자의 대 중국 정책은 강도차이는 있으나, 공정한 시장경제체제 및 인권이슈 등으로 압박 강화 예상
- 동맹국 연대 및 공조강화 기조에 따라, 脫중국 수요 국내 흡수 기회 확대 및 국내기업의 미국진출 여건 개선 전망

對中 견제 지속으로 우리기업 기회와 위기 공존

< 북미기업 리쇼어링 희망지역 >

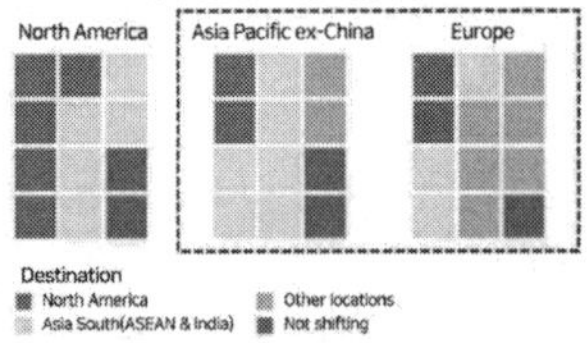

< 산업별 북미기업 脫중국 의사 유무여부 >

산업	유무여부	산업	유무여부
첨단장비	●	자본재	X
반도체	●	원부자재	●
소프트웨어	X	의료바이오	●
가전/의류	●	식품	●
유통	●	가정용품	X
자동차/자동차부품	●	식품/생필품 유통	X

* 자료원: Bank of America

kotra

4. 시장 변화 동향 - GVC

북미

Global Value Chain (GVC)

03. USMCA 활용 북미 RVC 구축

- ☑ 자동차, 철강 등 미국 제조업의 경쟁력 강화가 예상되며, 회원국 간 수출장벽 완화로 대체 공급선 활용가치 상승
- ☑ 제도적 RVC 구축 여건 조성 및 물류, 공급기일 단축 등의 이점으로 아시아 GVC 대비 일부 강점을 보유한 것으로 분석

2021 Key Point

- USMCA를 통해 미국을 생산거점으로 한 미-캐-멕 3개국 협력 강화 및 Super RVC 구축 가능성도 배제 불가
- 한미, 한캐 FTA 활용 확대를 통한 대기업 주도의 대중소 동반 투자진출 등을 통해 북미 RVC 참여 확대 필요

USMCA 발효로 미국, 캐나다 진출여건 개선

< 철강분야 USMCA에 따른 여건 변화 >

우리기업 영향

- ✓ 철강관련 규정은 7년 후 발효
- ✓ 232조 철강규제로 수출량이 제한적임에 따라, 영향은 미미
- ✓ 노동규정으로 인한 현지생산 비용 증가 등은 악재
- ✓ USMCA 역내 미생산 제품 및 제재대상 외 품목 발굴 필요

< 북미시장 진출 사유 및 USMCA 대응 전략 >

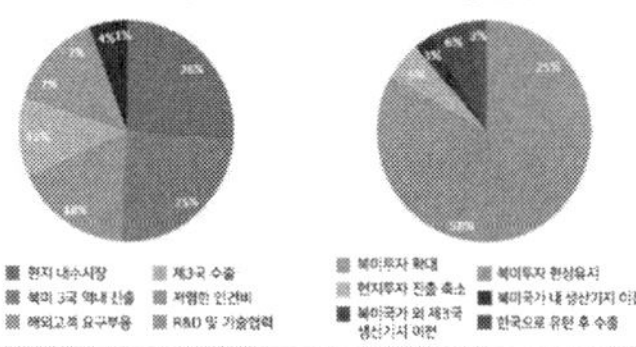

kotra

5. 시장 변화 동향 - 소비시장

북미

Consumer Market

Keyword : Post Covid-19, The Next Normal

Trend	Consumer Behavior	업계 대응
Value & Essential	절약, 필수품 중심 구입	식품, 생활용품, 가정용품 등 생필품 중심 마케팅 강화
Digital & Omnichannel	온라인 쇼핑 득세	온라인 서비스, 온오프라인 융복합서비스 확대
Shock to Loyalty	브랜드 충성도 감소	PL 브랜드 비중 확대
Caring Economy	위생관념 강화	친환경, 항균 마케팅
Homebody Economy	집콕생활	DIY, 홈엔터테인먼트 강화

kotra

5. 시장 변화 동향 - 소비시장

북미

Consumer Market

01. 생필품 마케팅 강화

- 가용소득 감소 및 미래 불확실성으로 소비심리가 위축되면서 소비자들은 식료품, 가정용품, 홈엔터테인먼트 外 지출 축소
- 특히 외식, 가전제품 등에 대한 지출 의향이 대폭 감소한 것으로 나타났으며, 화장품 등에도 소비 감소동향 감지

2021 Key Point

- 소비시장 위축이 지속되면서 품목별 부익부 빈익빈 현상이 이어지고 있으며, 가격이 구매결정에 핵심 기준
- 주요 유통망도 인기제품 外 신규 주문 감소, 신제품 시판 보류 재고상품 우선 판매 등으로 제조업체 진입여건 악화

특정품목 수요집중, 제품별 진출여건 차이 확대

< 미국 소비재 제품별 구매 의사 조사결과 (McKinsey) >

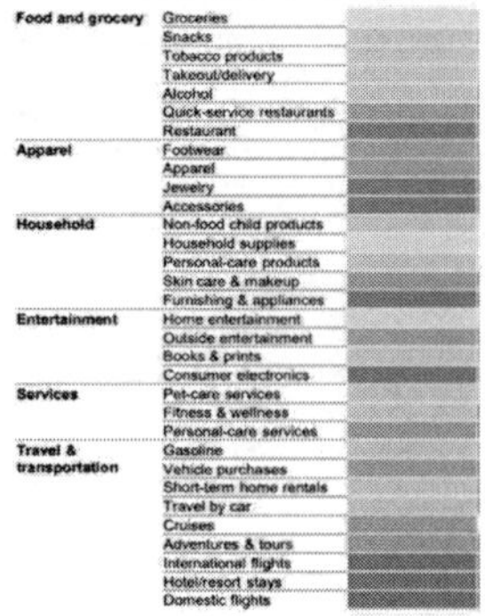

kotra

5. 시장 변화 동향 - 소비시장

북미

Consumer Market

02. 온라인, 온오프라인 융복합 서비스

- 아마존 등 온라인 유통 매출이 31.8% 이상 증가함에 따라, 기존 오프라인 유통망도 온라인 마케팅 비중 확대
- BOPIS (Buy Online, Pick up in Store), 구매대행 서비스 보편화, 오프라인 매장은 온라인 유통 물류센터로 전환

2021 Key Point

- 중국형 Live Commerce 등 신개념 온라인 마케팅 기법 경쟁적 도입 (Amazon, Google, Facebook 등)
- AR, VR 도입, 오프라인과 유사한 소비자 경험 제공
- Physital, Omni-Channel 등 융복합 서비스 확산

온오프라인 모두를 갖춘 기업이 생존하는 시대

< 미국 주요 유통 리테일러 온라인 전환 사례 >

기업	온라인 매출	사례
Target	195%	공산품 외 신선/냉동식품 BOPIS 서비스 확대
BestBuy	242%	오프라인 매장을 도시 내 물류거점으로 활용
Walmart	97%	미국 내 5,000개 매장 BOPIS 서비스 제공
Starbucks	N/A	400개 매장 폐쇄, BOPIS 거점으로 재편

< 미국 소비자 품목군별 온라인 서비스 이용현황 >

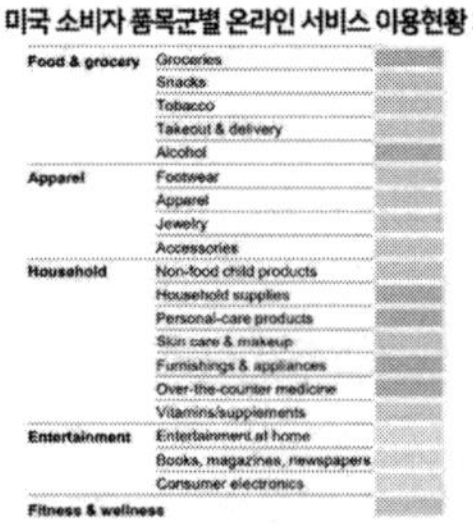

kotra

5. 시장 변화 동향 - 소비시장

북미

Consumer Market

03. PL브랜드 수요 증가

- 코로나19 이후 원부자재 수급 불안 및 완제품 품귀현상 등이 지속되면서, 브랜드 중심 소비에서 Availability 중심 소비로 전환
- 대형 온오프라인 유통망의 PL제품이 품질과 가격 경쟁력을 갖추면서 수요증가 및 세부 품목 다양화 진행 중

2021 Key Point

- 가격경쟁력 중심의 PL 시장이 코로나19 이후, 미국 유통망의 핫이슈로 부상하면서, 브랜드 이미지 구축과 고급화 진행
- PL제품에 대한 소비자들의 인식도 긍정적으로 변화하는 추세이며, 대형유통망과 중소 브랜드 간의 PL브랜드 협업도 증가

PL 브랜드 수요증가, 취급상품 다변화 진행 중

< 코로나19 이후 새로운 매장 이용 및 새로운 브랜드 구입 이유 >

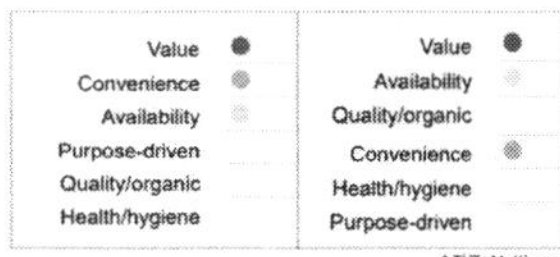

* 자료: McKinsey

< 코로나19 이후 소비 패턴을 바꾼 소비자 비중 >

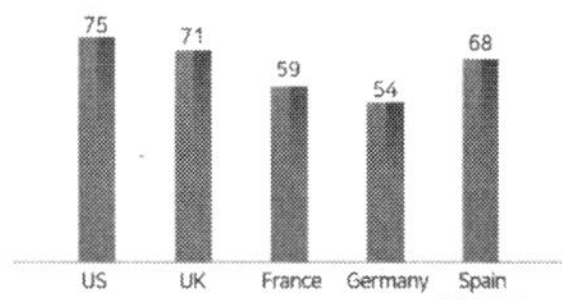

* 자료: McKinsey

kotra

5. 시장 변화 동향 - 소비시장

북미

Consumer Market

04. Caring Marketing

- 미국 소비자들의 소매점 방문 시 가장 중요하게 생각하는 요소는 매장의 청결과 고객 접점의 위생관리
- 또한 판매제품의 위생 수준과 포장재 등도 구매결정의 핵심 요소로 부상하였으며, Sustainability에 대한 인식도 강화

2021 Key Point

- 개인 위생용품, 살균용품 및 오프라인 매장 비접촉 결제방식 선호도 증가에 따라 관련 용품 수요 대폭 증가
- 기업의 종업원 위생관리 및 감염방지를 위한 장치 마련 등도 코로나19 시대 고객들의 구매결정요소로 등장

위생관리 체계가 고객 유지의 관건으로 부상

< 미국 및 유럽 주요국 소비자의 외부 소비활동 시 매장선택 기준 >

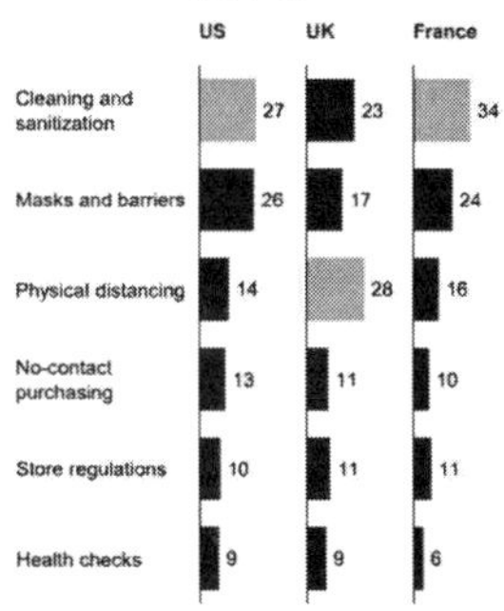

* 자료: McKinsey

kotra

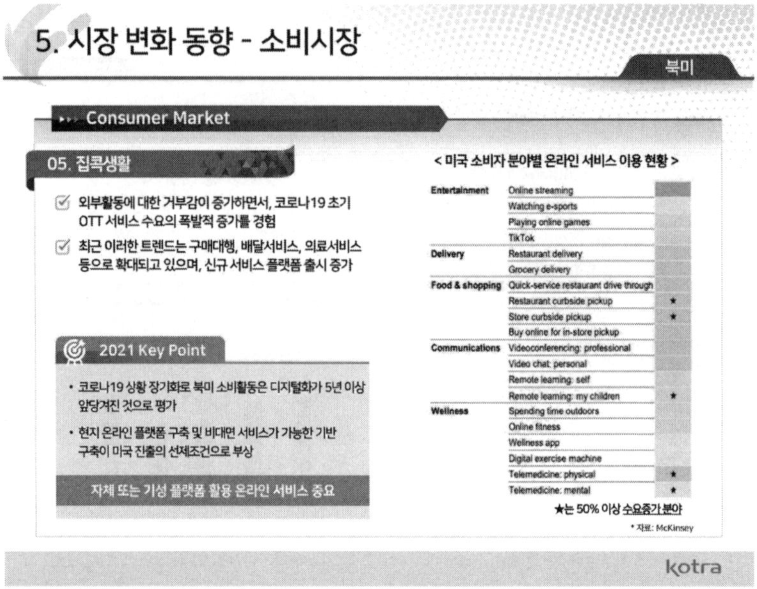
5. 시장 변화 동향 - 소비시장
북미
Consumer Market
05. 집콕생활
외부활동에 대한 거부감이 증가하면서, 코로나19 초기 OTT 서비스 수요의 폭발적 증가를 경험
최근 이러한 트렌드는 구매대행, 배달서비스, 의료서비스 등으로 확대되고 있으며, 신규 서비스 플랫폼 출시 증가
2021 Key Point
• 코로나19 상황 장기화로 북미 소비활동은 디지털화가 5년 이상 앞당겨진 것으로 평가
• 현지 온라인 플랫폼 구축 및 비대면 서비스가 가능한 기반 구축이 미국 진출의 선제조건으로 부상
자체 또는 기성 플랫폼 활용 온라인 서비스 중요
< 미국 소비자 분야별 온라인 서비스 이용 현황 >
Entertainment
Online streaming
Watching e-sports
Playing online games
TikTok
Delivery
Restaurant delivery
Grocery delivery
Food & shopping
Quick-service restaurant drive through
Restaurant curbside pickup ★
Store curbside pickup ★
Buy online for in-store pickup
Communications
Videoconferencing: professional
Video chat: personal
Remote learning: self
Remote learning: my children ★
Wellness
Spending time outdoors
Online fitness
Wellness app
Digital exercise machine
Telemedicine: physical ★
Telemedicine: mental ★
★는 50% 이상 수요증가 분야
* 자료: McKinsey
kotra

III
2021년 기회요인과 진출전략

1. 코로나19 이후 북미시장 SWOT 분석

북미

강점(Strength)

- 세계 최대 경제 블록
- 경제, 산업 트렌드 선도
- 풍부한 천연자원
- 첨단기술 및 산업의 메카

약점(Weakness)

- 성장세 둔화 및 수요 감소
- 정치적 불확실성 증가
- 높은 노동비용
- 시장 진입장벽 상승

기회(Opportunity)

- (신정부)인프라 투자확대
- 정보통신 서비스 시장 성장세
- 의료바이오, 환경산업 각광
- Sustainability 인식 강화

위협(Threat)

- 자국산 우대정책
- 환경규제 강화
- 로컬 메이드 선호도 증가
- 마케팅 채널 감소

kotra

2. 코로나19 이후 북미시장 진출 전략

북미

S – O 정보통신, 의료바이오, 친환경 등 미래 성장산업 공략 확대

▸▸▸ 북미지역 5G 기술 혁신과 투자 강화

☑ (트럼프 대통령) 차세대 통신망 5G 이니셔티브 발표 및 관련 규제 철폐, 5G 펀드 조성 등을 통해 향후 글로벌 통신시장에서 주도권 쟁취 의지 발표

- 향후 10년간 약 204억 달러의 예산을 5G 무선통신망 구축에 투자 전망

▸▸▸ 신재생에너지 및 기타 친환경 산업 중심 진출 확대

☑ (바이든 당선자) 그린 뉴딜에 준하는 차세대 환경-경제 융합 정책을 공약으로 제시하고 2050년까지 탄소배출 제로 목표 제시

- 10년간 연방 예산 1.7조 달러 투입 및 주정부, 민간기업으로부터 총 5조 달러 투자유치

[바이든 당선자 공약 관련사항]

kotra

2. 코로나19 이후 북미시장 진출 전략

북미

S-T 디지털 플랫폼 기반 소비재 마케팅 확대 및 온라인 활용 확대

▸▸▸ 비대면 시대, 디지털 마케팅으로 승부

☑ 온라인 쇼핑 수요의 폭발적 증가에 따라, 대형 오프라인 유통망에 의존한 북미진출 구조를 현지플랫폼과 자체 플랫폼을 활용한 온라인 중심으로 전환

- 對북미 소비재 진출방식을 B2B 중심에서 B2C로 전환하고 온라인을 매개로 한 viral 마케팅 강화 필요

▸▸▸ Clean, Green, Sustainability 등 로컬 시장 트렌드 활용 강화

☑ 코로나19 확산으로 기존 Sustainability 트렌드가 일부 계층에서 시장 전체로 확산됨에 따라, 주력 수출 소비재인 화장품, 식품 등 생활소비재 마케팅 전략 수정

- 지방정부의 환경규제 강화에 따라, 제품성분, 포장재 등에 대한 기준도 상향 조정되는 추세로 전략적 대응 필요

kotra

2. 코로나19 이후 북미시장 진출 전략

북미

W-O 정부조달 시장을 활용한 안정적 진출 기반 확보

▸▸▸ (신정부) 우방국 연대강화 정책 및 정부조달 확대 정책 활용 추진

☑ 바이든 당선자 첫 임기 4년 간, 연방조달 및 R&D 투자에 총 7천억 달러를 투입하여, 미국 연방정부 조달시장은 1.3조 달러로 확대 전망

- 전기차, 친환경 에너지, 5G, 초경량 소재, 인공지능 등 차세대 첨단기술에 투자가 집중될 예정

▸▸▸ (신정부) 연방정부 주도 SOC 신규투자 프로젝트 참여

☑ 교육시설 현대화, 도로, 농어촌 통신망, 대중교통 시스템에 1,800억 달러 투입 예정

- 2025년까지, 미국 인프라 현대화 및 노후시설 정비를 위해 최대 4.5조 달러 소요 전망

[바이든 당선자 공약 관련사항]

kotra

2. 코로나19 이후 북미시장 진출 전략

북미

W – T

투자진출 및 로컬기업 전략적 제휴 등 현지화 추진

▸▸▸ (신정부) 미국 공급체인 재건 정책 활용 기업간 투자 및 제휴 강화

☑ 집권 후 100일 내 미국 제조업 서플라이체인 검토 및 공급체인의 문제점과 구조적 한계를 점검하고 국내 산업 성장 기반 마련을 위한 세부 정책 추진 예정

- 미국 내 제조업 활성화를 위한 세제혜택 및 보조금 지급, 주요국 무역협정 이행점검 강화 등 추진 예정

▸▸▸ (신정부) 우방국과의 협력확대 기조 활용, 한-미 산업 협력 모멘텀 마련

☑ 연방정부의 니즈가 집중된 첨단산업 중심 교류를 확대하고, 양국 협력 분야를 반도체, 소프트웨어, 의료바이오, 환경산업 등으로 업그레이드 할 수 있는 기회 확보

- 미국이 필요로 하고 우리가 적정 수준의 기술을 보유한 산업 위주의 협력 채널 구축 필요

[바이든 당선자 공약 관련사항]

kotra

Ⅳ 2021 시장진출 유망품목

2021 시장진출 유망품목

북미

유망분야	세부품목	선정사유
무선통신장비 자율주행 전장부품	5G 통신망 장비 공공 와이파이 장비 차량용 센서, 디스플레이 반도체	미연방정부 5G 투자확대 지자체 스마트시티 조성 프로젝트 증가 자율주행차 보편화 IT기기, 데이터센터 구축 수요 증가
의료바이오	바이오시밀러 복제의약품 디지털 헬스케어	바이든 신정부 의료체계 개선추진 미 정부 바이오시밀러 도입확대 코로나19로 원격진료 및 자가진단 수요 증가
클린뷰티 친환경 소비재	천연 화장품 식물성, 유기농 식품 친환경 용기	Clean, Green 키워드가 소비시장의 핵심 가공식품 지양, Vegan, Gluten Free 인기지속 친환경 규제법안 발효로 플라스틱 사용 불가
화장품	스킨케어 기능성 화장품 기타 소품	온라인 플랫폼에서 가장 인기있는 제품으로, 온라인 유통망은 물론 SNS를 활용한 D2C 마케팅으로 안정적 매출 유지 가능

kotra

2021 시장진출 유망품목

북미

유망분야	세부품목	선정사유
의료	원격진료 플랫폼 원격진료 장비	코로나19 확산 이후 보건네트워크 기능 약화 정부 주도의 원격진료 활성화 및 보급 확대
생활	홈트레이닝 플랫폼	비대면 서비스 선호도 확대로 기존 오프라인 피트니스 센터 및 퍼스널 트레이너 수요가 온라인 기반으로 이전되면서 시장 70% 성장
교육	이러닝, 교육콘텐츠	국공립, 사립 교육기관의 온라인 수업 비중이 확대되면서, 이러닝 콘텐츠 수요 증가 집콕 장기화로 유아아동용 교육 플랫폼 인기
보안	시큐리티 서비스	재택기업 증가, 공공시설 인력 최소화 등으로 방범 등 보안네트워크 현대화 수요 대폭 증가
제조업	3D 프린팅	산업용 3D 프린팅 수요가 증가하면서 2019년 시장규모 45억달러, 전년대비 24% 성장 제품설계 자동화, 소재다변화 추세로 인기 지속

kotra

2. 중국지역

2/0/2/1 세계시장 진출전략 설명회
"달라지는 중국시장, 코트라와 함께"
2021 중국 경제와 진출 전략 :
시장 환경과 유망분야
KOTRA 중국지역본부 | kotra

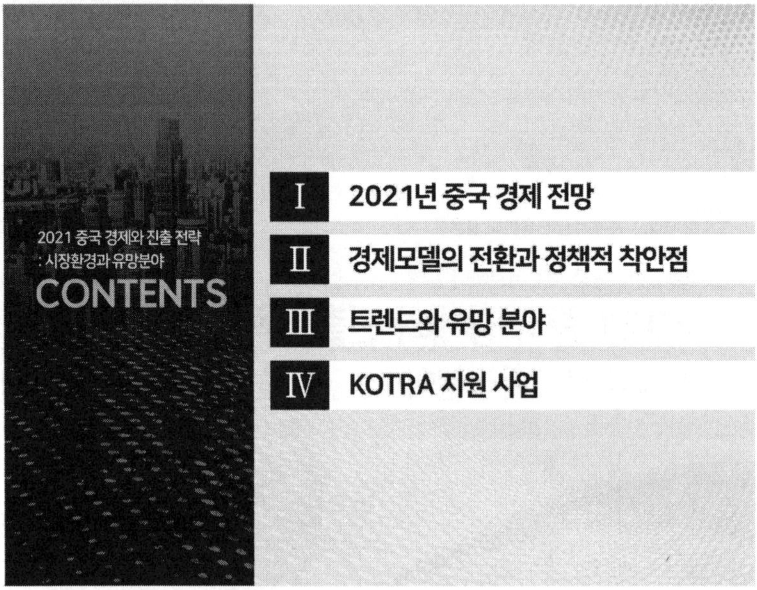
2021 중국 경제와 진출 전략
: 시장환경과 유망분야
CONTENTS
Ⅰ 2021년 중국 경제 전망
Ⅱ 경제모델의 전환과 정책적 착안점
Ⅲ 트렌드와 유망 분야
Ⅳ KOTRA 지원 사업

Ⅰ 2021년 중국 경제 전망

1. 추세 : 거시경제 환경 전망

중국

01 [글로벌 경제 인식] 신중 낙관

✓ 중국의 2021년 글로벌 경제 판단은 신중 낙관이며 14.5 규획('21~'25) 개혁개방에 초점

미국	EU	일본	신흥국
바이든 정부 코로나 통제 기대감 상승 회복 추세 계속되나 정상화 시기 불투명	2차 코로나 충격 영향 정책 공간 제한적 회복 여부 불확실	코로나 소비 타격 호전되나 회복 난관 재정지출 확대 필요	코로나 충격에 민감 국별 내부분화 심화 세계 수요회복에 의존

kotra

1. 추세 : 거시경제 환경 전망

중국

01 [글로벌 경제 인식] 신중 낙관

✓ 코로나 이후 中 경제 회복 두각,
동아시아 국가와의 협력 강조

- 48개 국가·지역에서 中 유일하게 Q2 GDP '19년 말 수준 상회
- 8월 이후 中 거시·실물경제(생산·소비·투자, 대중소기업) 동반 회복
- 순환경제전략으로 대응(내순환 → 외순환 → 내·외 쌍순환)
- 한-중 경제교류협력 모델 전환 호기, 제2차 중국시장 붐 기대

✓ 美 대선 결과에 따른 득실 계산
(단기 : 불확실성, 이후 : 대응)

- 바이든 對中 정책 "같은 진단, 다른 처방" 인식
  … 구조조정, 개혁개방 속 관망
- 국제협력, 관세·무역, 제조업, 시장경제, 정치, 디커플링 측면에서 대중 강경책 지속 가능성 대비
- 예측 가능성·협상 공간 측면은 트럼프보다 바이든 당선자 다소 유리 판단 다자주의 틀 속에서 타협점 모색

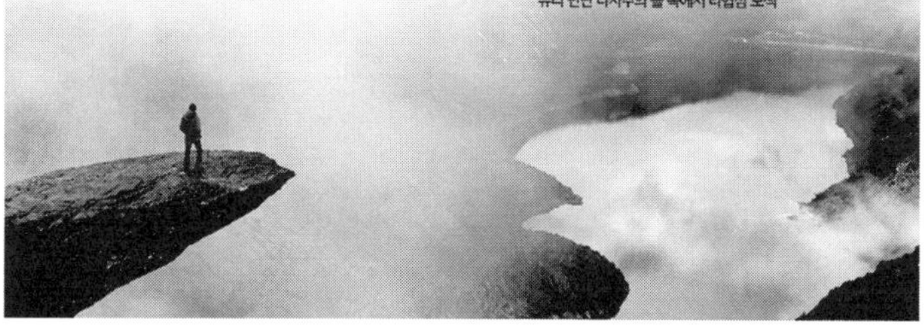

kotra

1. 추세 : 거시경제 환경 전망

중국

02 [미중 관계] 탐색과 절충

단기 전망

- 美대선 후 미중 관계 '카드' 효력 약화 추세
- 미중 제1단계 무역협정 이행 과정
- 美 신행정부 초기 탐색 모드 가능성
- 리스크 : 미국의 코로나 상황과 反中 여론

중장기 전망

- '17년부터 시작된 美 중국전략* 불변
  * 전방위적인 전략적 경쟁자로 인식
- 中 '투키디데스' 회피하며 국내경제 치중
- 대형 직접 충돌 피하려 양국간 절충 노력
- 과거 회귀(우호무드) 가능성은 극히 미미

kotra

1. 추세 : 거시경제 환경 전망

중국

03 [경제성장] 전고후저

- [GDP] 前高後低, '21 연말 잠재성장률 수준 회복 예상
  - '20년 예상 상회하며 V자 회복 후 '21년 Q1. 20% 내외(기저효과), 연간 5%대 성장
  - 실질성장률 : 11.3%(11.5규획, '06~'10) → 8%(12.5규획, '11~'15) → 6.5%(13.5 규획, '16~'20)

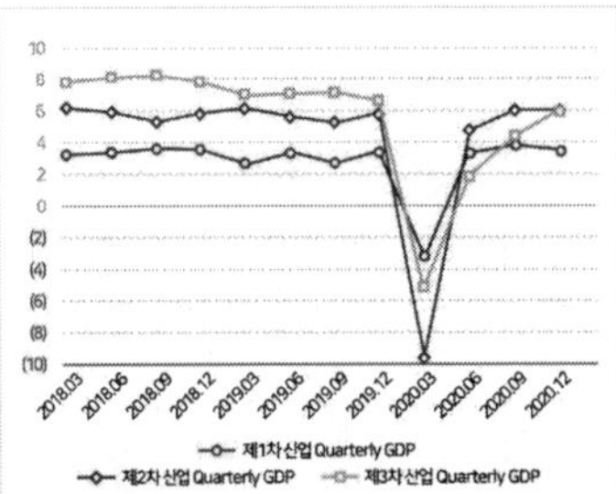

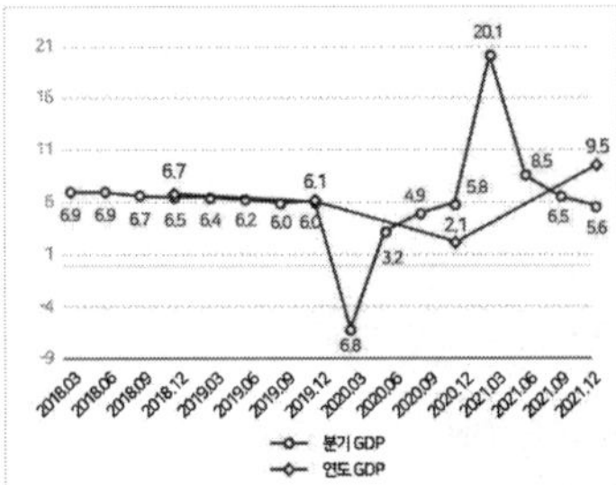

* 자료원 : Wind, CHINA SECURITIES

kotra

1. 추세 : 거시경제 환경 전망

중국

04 [투자] 안정 유지

- [제조업] '20년 대비 8~10% 증가 확정적, 기업투자심리 최소 '21년 상반기 상승세
- [부동산] '20년 대비 5% 내외 증가 예상, 정부 과열방지 노력하나 '21년 시장 충격조치 없을 듯
- [SOC] 소폭 증가(2%), 특별국채-지방채 발행 공간 크지 않고 기 추진 프로젝트 관리에 무게 중심

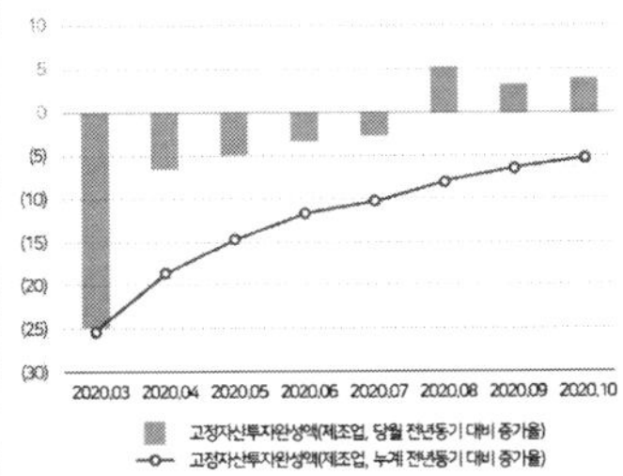

▶ 공업생산이용률

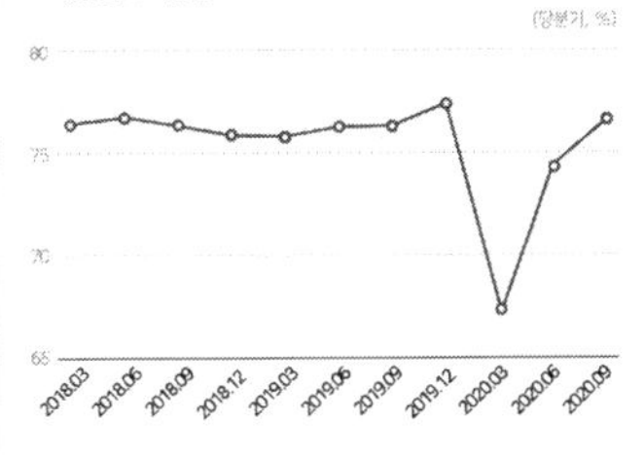

* 자료원 : Wind, CHINA SECURITIES

kotra

1. 추세 : 거시경제 환경 전망

중국

05 [소비] 안정 성장

- '20년 소득 감소분 < 지출 감소분이나, V자형 회복으로 '21년 소비재소매총액 15% 증가 예상
  '21년은 14.5 규획 첫 해이자 전면적 경제 정상화 시기, 소비 제고 정책 다수 예상

▶ 중국의 개인소득과 소비지출 증가율(%)

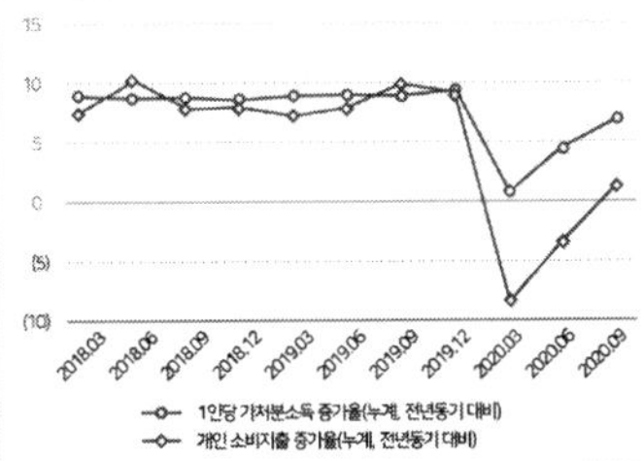

▶ 중국의 부문별 개입 소비지출 증가율(%)

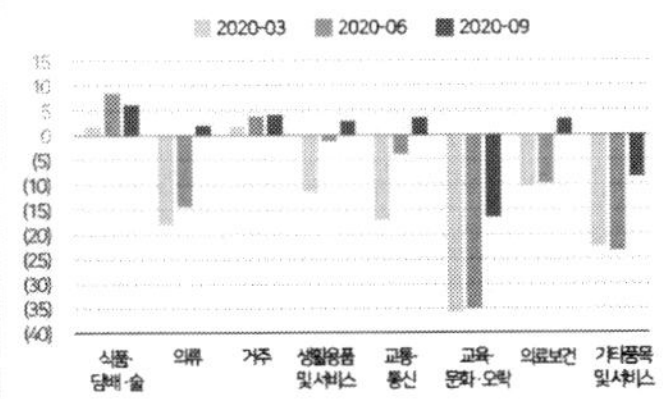

* 자료원 : Wind, CHINA SECURITIES

kotra

1. 추세 : 거시경제 환경 전망

중국

06 [수출] 전고후저

☑ 해외 각국의 공급망 회복에 시일 소요돼 '21년 당장 중국산 대체 가능성 크지 않음
상반기 높은 성장률 후 위안화 평가절상 효과로 하반기 일시적 마이너스 가능성(年 2% 예상)

▶ 중국의 수출입과 무역수지(%)

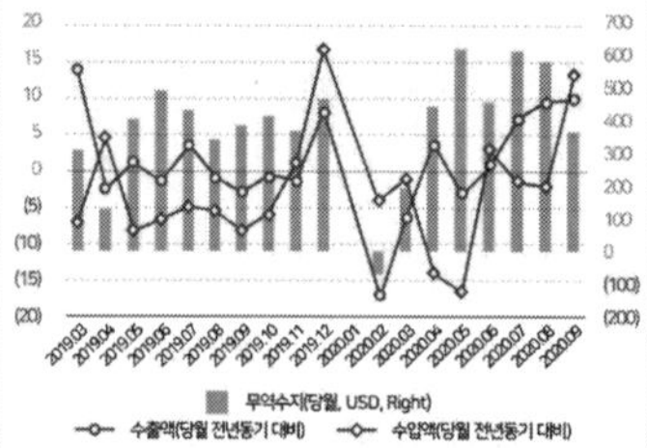

▶ 중국의 부문별 수출 증가율(%)

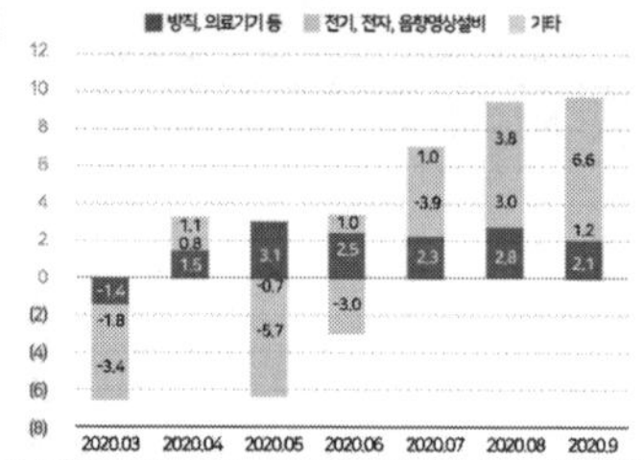

* 자료원 : Wind, CHINA SECURITIES

kotra

1. 추세 : 거시경제 환경 전망

중국

07 [정책] 정상회귀

☑ **[재정정책]** 융자(13% → 10%), 총통화(M2, 10% → 7.5%) '20년 대비 하락, 레버리지 관리
[통화정책] 경제 전반 정상화 추세, 환율 관리 고려 안정적 유지(통화당국 수시 '안정' 강조)

08 [개혁개방] 더 넓게 더 깊게

☑ 질적 성장 추진, 선진국 중간단계 진입(2035 장기 규획) 위해 개방형 내수위주 경제 전방위 추진 총요소 생산성(TFP, 토지·데이터·기술·자본·노동력 수준 및 유연성 제고) 향상 위한 개혁조치 심화

09 [산업] 모델 전환

☑ 14.5 규획의 산업발전 전략 : 인터넷 강국, 디지털 차이나, 산업기초 고도화, 산업사슬 현대화 대외의존도 경감, 국내 밸류체인, 아시아 역내 공급망 및 산업망 육성 박차(RCEP 적극 활용)

* 자료원 : Wind, CHINA SECURITIES

kotra

2. 2021년 주요 지표 추세 예측

중국

'20년 코로나 충격 → '21년 정상화, 질적 도약

주요지표	단위	2014년	2015년	2016년	2017년	2018년	2019년	2020년	2021년E
실질성장률	%	7.4	7.0	6.8	6.9	6.7	6.1	2.1	9.5 *주
실업률	%	4.1	4.1	4.0	3.9	3.8	3.6	3.9	3.8
소비자물가상승률	%	2.0	1.4	2.0	1.6	2.1	2.9	2.6	2.2
재정수지(GDP대비)	%	-1.1	-2.4	-2.8	-3.7	-4.1	-5.5	-5.8	-
총수출	백만 달러	2342293	2273468	2097631	2263345	2486682	2499482	2474255	2649928
총수입	〃	1959235	1679565	1587926	1843793	2135734	2078409	1973449	2251705
무역수지	백만 달러	383058	593904	509705	419552	350948	421073	500806	398223
경상수지	〃	184653	-129982	-214211	304562	197600	178800	-	-
환율(연평균)	현지국/US$	6.12	6.45	6.92	6.59	6.89	7.01	6.85	6.50~6.75
해외직접투자	억 달러	1231	1457	1961	1583	1430	1171	1080	960
외국인직접투자	억 달러	1285	1358	1337	1363	1383	1412	1416	1450

* 주 : 9.5%는 중국 주요 증권사 전망치의 중간 수준(World Bank 등에선 7%대 전망)
* 자료원 : WIND, 中国国家统计局, KOTRA

kotra

Ⅱ 경제모델의 전환과 정책적 착안점

1. 경제 추세와 전망
중국
내-외순환의 단계
1949~1976
1977~2019
2020 이후
제1단계
내순환
제2단계
외순환
제3단계
쌍순환
미중 경쟁심화, GVC 변화,
글로벌 쇼크(팬데믹)
전반기
외순환 효과 확대
1977~2009
후반기
외순환 효과 약화
2010~2019
* 자료원 : FT中文網
kotra

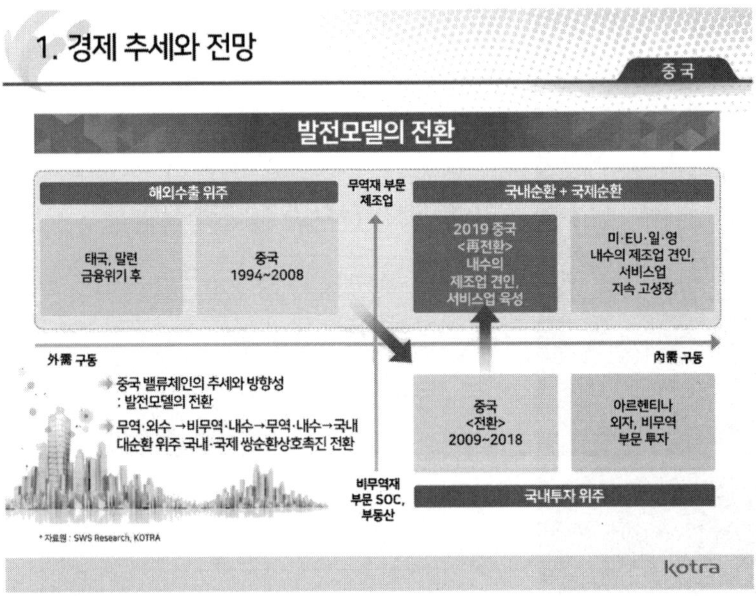
1. 경제 추세와 전망
중국
발전모델의 전환
해외수출 위주
무역재 부문 제조업
국내순환 + 국제순환
태국, 말련 금융위기 후
중국 1994~2008
2019 중국 <再전환> 내수의 제조업 견인, 서비스업 육성
미·EU·일·영 내수의 제조업 견인, 서비스업 지속 고성장
外需 구동
內需 구동
중국 밸류체인의 추세와 방향성 : 발전모델의 전환
무역·외수 →비무역·내수→무역·내수→국내 대순환 위주 국내·국제 쌍순환상호촉진 전환
중국 <전환> 2009~2018
아르헨티나 외자, 비무역 부문 투자
비무역재 부문 SOC, 부동산
국내투자 위주
* 자료원 : SWS Research, KOTRA
kotra

1. 경제 추세와 전망

중국

쌍순환 전략의 가치사슬

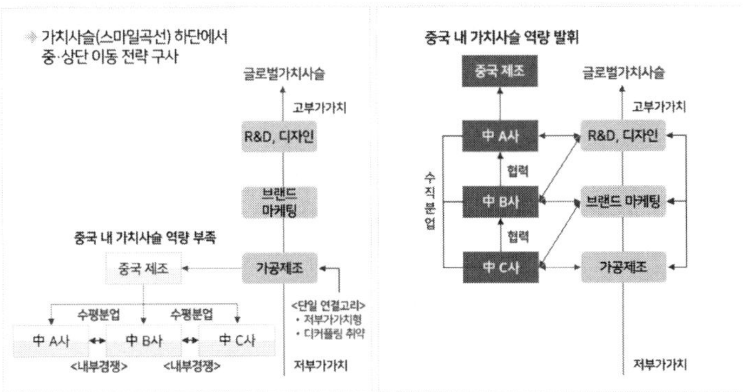

* 자료원 : ICBC, KOTRA

kotra

1. 경제 추세와 전망

중국

RCEP 이후 중국경제의 기대효과

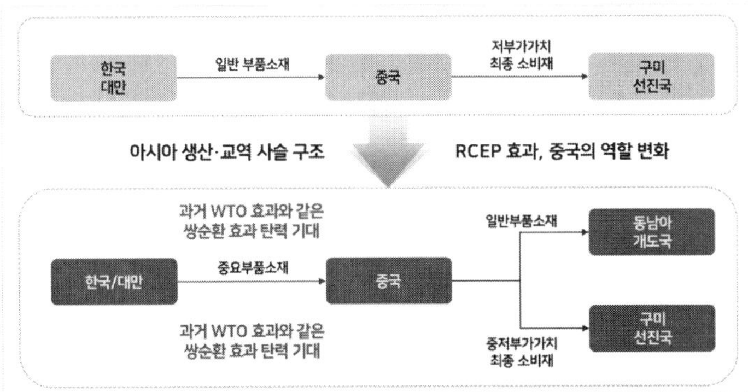

* 자료원 : SWS Research, KOTRA

kotra

1. 경제 추세와 전망

중국

미국 중심의 세계화와 多峰分布의 新세계화 (Multi-modal distribution)

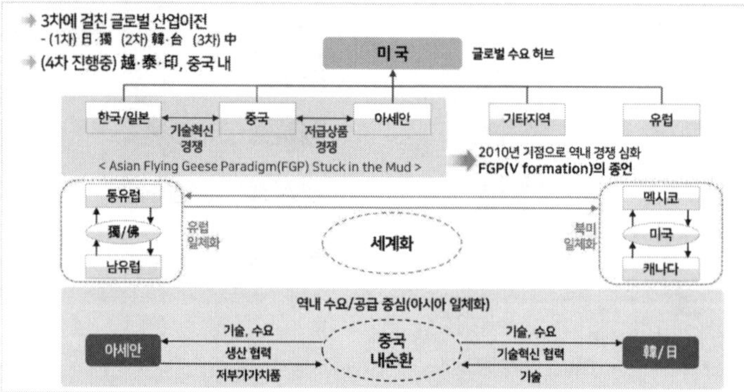

* 자료원 : ICBC, KOTRA

kotra

2. 정책적 방향과 수요, 기대 분야

중국

포스트 코로나 주요 기회 요인과 경기 부양책

정책적 방향과 신규 수요

☑ 경기부양 + 소비진작 + 新인프라 확충 정책
- 소비 바우처·보조금, '언택트·스마트 소비' 확대
- 수혜분야 : 홈코노미, 新SOC*, 스마트시티, 의료바이오

* 新SOC 7대 분야 : ❶ 5G ❷ 특고압송전설비 ❸ 고속철 ❹ 전기차 충전 ❺ 데이터센터 ❻ AI설비 ❼ 산업 인터넷망

경기 부양책과 기대 분야

☑ 경기부양책
- [인프라] 新SOC 7(미래형SOC) + 공공위생(민생SOC) 지방 정부별 산업육성 정책·프로젝트 확대
- [소비진작] 온라인소매·자동차·가전, 의약·경공업 설비

☑ 기대분야

※ 선택적 소비재 + 미래산업 + 의료위생
- [인프라] 홈코노미·생활가전*, 화장품, 가공식품** 등
  * 노트북, 프린터, 홈쿡 아이템, 살균기능 공기청정기, 살균세척기, 정수기 등
  ** 인스턴트면, 가정간편식, 조미김, 햇반, 컵밥 등
- [의료용품] 비접촉식 체온계, 인공호흡기, 스마트헬멧(열화상 발열체크), 열감지 카메라·모니터
- [비대면서비스] 원격의료, 이러닝, 스마트회의기기 등
- [로봇 산업] 병원용·서비스·AI 로봇 등
- [新SOC] 관련 소재·부품·설비, 스마트시티 등

kotra

3. 소비활성화 정책

중국

2020년 상반기 집중 발표된 소비시장 활성화 정책

내 용	출 처 (발표시기)
• 상무부, 코로나19 대응 자동차 소비 진작책 및 수출지원책 강구	상무부(2.20)
• 23개 부처 공동 '소비확대를 통한 국내시장 강화 실시 의견' 공포	국무원(2.28)
• 23조 위안 규모 9개 대형 프로젝트 발표 - 인프라, 공공보건위생시설 및 유통망 구축에 집중	21세기경제보도(3.5)
• 중국 방역기간 침체된 소비수요 발굴, 新소비 관련 산업육성	중국정부망(3.6)
• 자동차·가구·가전 소비 진작책 검토	상무부(3.20)
• 新소비 육성, 양로·육아서비스 공급확대, 3~4선 도시 및 농촌 소비수요 발굴 조치	발개위(3.20)
• 리커창 총리, 소비 新업태 육성 발표 - 중소기업, 개인사업자 지원, 해외주문 위축 대응 온라인 상담·전시 강화	국무원(3.25)
• 저장, 랴오닝, 장시, 허베이 등 중국 10여 개 성시 소비쿠폰 발급 계획(총 10억 元)	차이징자오찬(3.30)
• 국무원 상무회의, 자동차 소비촉진 3개 조치 결정	중국정부망(3.31)
• 상무부 소비촉진 8대 지원 방안 (1) 조업재개 추진 (2) 도시소비 촉진(쇼핑거리 개선, 브랜드 편의점 육성 (3) 농촌소비 제고(농산품 전자상거래 판매) (4) 상품소비 확대(중고차 교체 등) (5) 서비스소비 촉진 (6) 신형소비 육성(온라인, 디지털·플랫폼, 신업종 등) (7) 소비활성화(지방 소비쿠폰 등) (8) 소비환경 개선	상무부(4.2)
• 상무부, 코로나19 대응 자동차 소비 진작책 및 수출지원책 강구	상무부(2.20)
• 23개 부처 공동 '소비확대를 통한 국내시장 강화 실시 의견' 공포	국무원(2.28)

kotra

III 트렌드와 유망 분야

1. 코로나 이후 중국의 新경제

중국

유효수요 자극 모색 : 新SOC-新소비-新제조

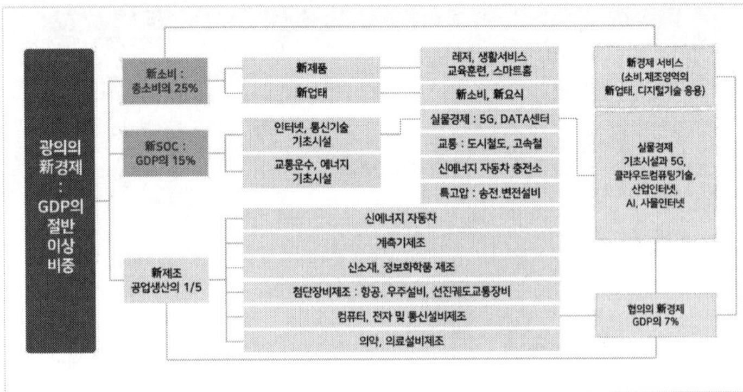

* 자료원 : WIND, 国泰君安证券研究

kotra

2. 트렌드별 유망 분야

중국

포스트 코로나 유망 분야 : 홈(H.O.M.E.)

트렌드	특징
헬스케어 Healthcare	◈ 헬스케어 분야 소비자 관심 증대 및 지출 증가, 정부 차원의 의료분야 투자 확대 • (제약 R&D) 중국정부, 질병 치료 및 백신 개발 위한 기술개발 및 의료인력 육성에 박차 • (건강환경) 사무실 방역장비, 가정용 공기정화기, 공기소독기 등 시장 확대 전망 • (방역용품) 마스크, 방호복, 소독액 등 가정 상비용품 및 정부 전략적 비축물량 수요 증대 전망
온라인 Online	◈ 쇼핑, 교육 및 연수, 업무, 의료진료 등 오프라인 → 온라인으로 빠르게 대체 • (온라인 쇼핑) 모바일 쇼핑 성장. 신선식품 온라인 구매 및 배송 폭발적인 성장세 • (온라인 교육) 각급 학교 개학 연기로 다양한 온라인 교육 플랫폼 부상 • (원격근무) 재택근무, 화상회의 관련 소프트웨어 및 하드웨어 보급 활성화 • (원격진료) 코로나19 상황 안정 후에도 원격진료를 응급관리시스템 일환으로 활용 예상 • (온라인 엔터테인먼트) 게임, 동영상, 온라인 방송 및 관련 콘텐츠 제작 수요 확대
무인화 Manless	◈ 무인 배달, 무인택배 등 무인 물류시스템 유망 • 무인 물류화는 생산설비 업그레이드, 사물인터넷(IoT), 인공지능(AI) 등 기술혁신이 전제 ◈ 무인편의점, 무인식당 등 각종 무인 서비스와 로봇산업 유망
홈코노미 Economy at Home	◈ 코로나19 이후 외출 곤란, 홈코노미 산업 주목받기 시작, 향후 다양한 비즈니스 모델로 파생 예상 • 간편식 제품, 신선식품, 스마트 회의기기 등 재택근무 시 필요한 전자기기, 홈뷰티케어 제품 각광 • O2O 배송서비스, 온라인 교육, OTT, 애플리케이션 등 서비스 유망

kotra

3. 기회요인과 불확실성

중국

SWOT 결합, 시장 패러다임 전환-산업 생태계 변화를 고려한
정책 및 수요 기반형/한중 공존형 진출전략 필요

Strength

- 한국제품 이미지, 선호도 지속
- K-방역 등 의료보건위생 수요
- 기술력 우위(첨단, 콘텐츠)
- 서비스, 프로젝트 경쟁력

Weaknesses

- 중국 산업기술 경쟁력 강화
- 한국 중간재 중심 수출구조
- 제조, 가공무역형 진출구조
- 디지털경제 분야 중국 경쟁력

Opportunities

- 중국 디지털 전환 수요
- 지방정부 산업육성, 소비진작
- 대외개방, 대내개혁 심화 (RCEP 체결 등 다자협력 구도)
- 미래 신성장 산업 적극 육성

Threats

- 글로벌 통상분쟁, 수요 감소
- 중국시장 내 경쟁 심화
- 법제화 심화, 경영 난이도 상승
- 자국산업 보호정책 강화 (경영리스크 확대)

kotra

4. SWOT 분석 및 진출전략

중국

SWOT 분석에 따른 방향 설정

전략방향	세부전략	진출전략
SO 전략 (역량 확대)	프리미엄 소비재 통한 내수시장 공략 中 지방정부 프로젝트 협력 서비스 시장 개방에 능동적 대응	新밸류체인 진입 위한 글로벌 파트너링 고도화
ST 전략 (강점 활용)	내륙지역 미개척시장 소비재 수출 GVC 재편에 따른 공급선 다변화 수요	지방정부, 프로젝트 협력 수요 발굴·활용
WO 전략 (기회 포착)	중간재 → 고부가가치재 수출 전환 가속화 역내 경제협력 활용한 서비스시장 진출	고부가가치 서비스시장 진출
WT 전략 (위협 대응)	디지털경제 전환 협력 수요 적극 대응 미래 유망산업, 혁신산업 분야 협력	혁신 산업 생태계 협력 체계 구축

kotra

5. 유망 품목

중국

주방용 살균소독기(HS 85167990)

- 코로나 19 이후 안전성, 위생 강조 경향으로 필수 가전제품 부상 중
- '20년 춘제 기간 온라인 플랫폼별로 200~300% 판매 증가, 화남지역 주목
- 감각적·실용적 디자인과 스마트 기능 접목 제품 등으로 차별화 필요

피부의료기기(HS 901320)

- 점 제거기, 피부과와 미용원 수요 꾸준히 성장(매년 두자리수 성장세)
- 외국 브랜드 강세이나 한국은 K-뷰티로 인지도, 신뢰도 제고 시 유망
- 수입관세율(2%), 중소형 진료병원 등은 사후 서비스 중시 경향

재활의료기기(HS 95069119)

- 소득수준 향상과 건강인식 제고로 향후 5년 3배 이상 시장확대 전망
- 한국산은 수입제품 중 7위이나 '19년 80% 대폭 증가하는 등 성장 중
- 미인증 기업의 경우 인증보유 중국 기업과 협력(CKD) 통한 우회진출 필요

kotra

5. 유망 품목

중국

인스턴트라면(HS 190230)

- 코로나 19 이후 재택 시간 증가로 인스턴트 라면 수요 급증
- 한국산은 중국 인스턴트라면 수입시장 점유율1위(전체의 54%)
- 다양한 재료 활용 및 중국 트렌드 변화에 대한 지속적 연구 필요

반려동물용품(HS 230910)

- 소(小)가족화와 딩크족, 고령화 증가로 연간 복합성장률 20% 내외
- 2019년 중국 반려동물 양육인 6,120만 명으로 탄탄한 고객군
- 아이디어 상품, 팬시 제품 온라인 마케팅에 집중할 필요

색조화장품(HS 330499)

- 프리미엄급 색조화장품 급성장 추세(연평균 20% 증가)
- 특히 페이셜 메이크업, 립 제품군이 폭발적 성장
- 신규 브랜드는 온라인 생방송, 숏클립 통한 브랜드 포지셔닝 수립 중요

kotra

6. 유망 서비스

중국

온라인 교육서비스

- 코로나19 이후 ICT와 교육 콘텐츠 결합 e러닝 서비스 수요 급증
- '20년 중국 e러닝 교육 서비스 가입자 수는 4억 5000만 명
- 중국 교육기관과의 운영.관리 협력 파트너십, 지방 소비자 개척 등 중요

VA/AR 콘텐츠

- 5G 상용화 추세로 교육, 게임, 의료, 공연영상 등 다방면 응용
- 시장 규모 '19년 150억 위안에서 '21년 544억 위안으로 급증 전망
- 중국 유력 파트너와의 협력과 분업을 통한 진출 필요

홈트레이닝 서비스

- 코로나 19 이후 오프라인 피트니스 대신 헬스영상을 찾는 소비자 급증
- 가정용 헬스 바이크, 러닝머신에 온라인 콘텐츠 결합한 서비스 각광
- 고객층 세분화(학생, 직장인, 노인층, 환자) 통한 맞춤형 서비스 제공 중요

kotra

3. 동남아·대양주

2/0/2/1 세계시장 진출전략 설명회
포스트 코로나 미래시장의 중심
동남아대양주 진출전략
KOTRA 동남아대양주지역본부 | kotra

포스트 코로나 미래시장의 중심지
동남아대양주 진출전략

CONTENTS

Ⅰ 동남아대양주의 전략적 중요성

1. 성장동력

동남아대양주

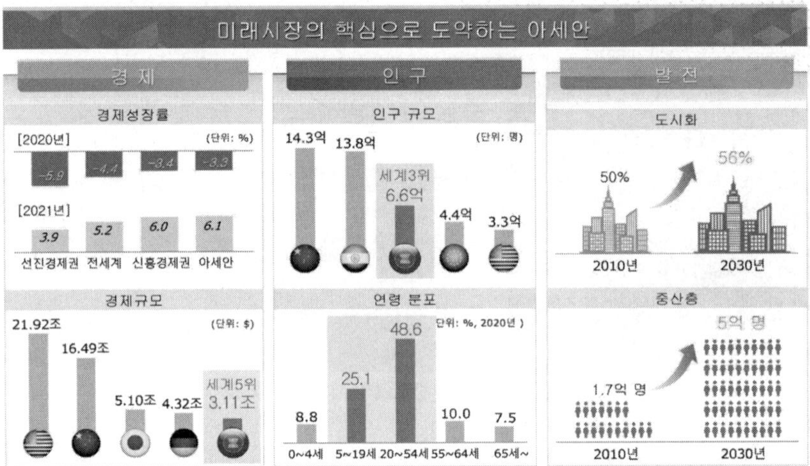

* 자료원 : IMF 경제전망 리포트('20.10월)

2. 교역과 투자유치

동남아대양주

아세안의 교역 현황 (2019 기준)

- 교역규모 총 2.82조 달러
- 역내 교역을 제외한 아세안의 최대 교역 파트너는 중국
- 한국은 5대 교역 상대국으로 전체 교역액의 5.6% 차지

아세안의 투자 유치 현황 (2019 기준)

- 총 FDI 투자유치 1,605억 달러
- 對아세안 최대 투자국은 미국
- 아세안 최대 투자 유치국은 싱가포르, 인도네시아, 베트남, 태국, 필리핀 순임

아세안의 주요 교역 상대국 (2019 기준)

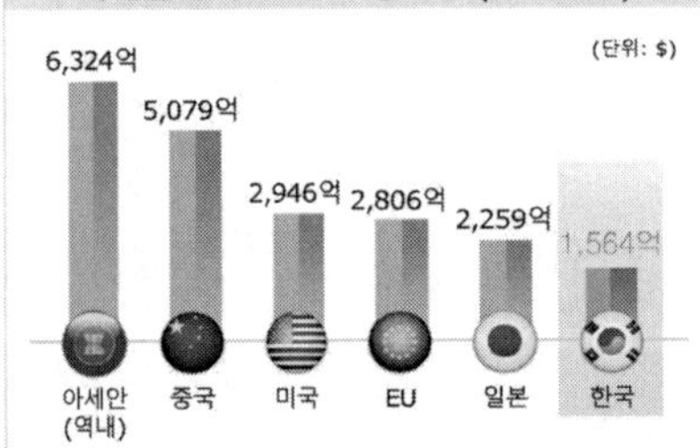

對아세안 주요 투자국 (2019 기준)

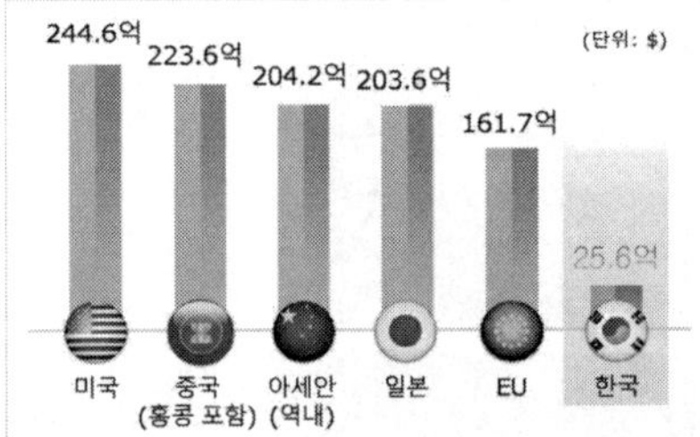

* 자료원 : ASEAN Stats ** 주 : 한국 통계수치(교역, 투자)의 경우, 아세안 사무국의 집계방식의 차이에 따라 한국수출입은행 및 한국무역협회의 통계치와 상이할 수 있음

3. 시장특성

동남아대양주

아세안은 주요 문명간 해상·육상 무역의 관문으로 다양한 문화의 영향을 받음

문화

아세안의 기층 문화

동남아시아의 기층문화

- 일본 문화 : 식민통치
- 화인(華人) 문화 : 경제적 지배
- 유럽 문화 : 식민지배를 통한 사회·경제 제반 제도 전파
- 이슬람 문화 : 말레이시아, 이슬람 왕국 건설
- 인더스·황하 문명의 영향과 중국의 침략
- 아세안 지역별 토착 문화

기원 전후13세기 말 16세기 19세기 20세기 중20세기 말

소득수준

아세안의 소득격차

['20년 아세안의 1인당 GDP]

1,300달러 (미얀마) — 50배 격차 — 65,230달러 (싱가포르)

* 자료원 : IMF 경제전망 리포트('20. 10월)

종교

아세안의 다양한 종교

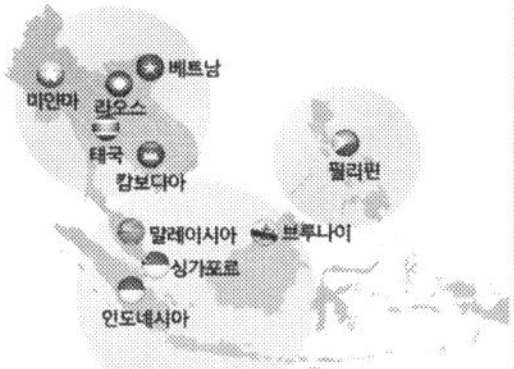

[불교권]
→ 불교 종주국인 인도와 중국 사이에 위치

[이슬람권]
→ 이슬람 상인들의 주요 해상 교역로인 말라카 해협에 위치

[가톨릭권]
→ 제국주의 시대에 스페인의 식민지배를 받으며 전파

글로벌 테스트베드

- 아세안은 중국, 인도, 중동과 유럽 문화의 교집합으로 문화 차이 파악 및 시장 가능성 확인 가능
- 국가별 발전 정도에 따른 차이 파악 및 시장 가능성 확인 가능

→ 다양한 상품, 서비스 개발 가능

4. 아세안 경제의 기회와 강점은?

동남아대양주

기회 아세안 중심의 밸류체인 개편

고부가가치 산업 신규 유입

<혁신산업에 대한 정부지원 확대>

- 싱가포르: 산업기술 관련 보조금, 지적 재산 개발 인센티브 등 다양한 인센티브 제도를 통한 혁신 도모
- 태국: 5억 바트 이상 투자 시, 5년간 추가로 법인세 50% 감면

투자유치 정책 활성화

<국가 경쟁력 재고 위한 인프라 투자>

- 캄보디아: 고속철도, 고속도로 및 항만 등 교통 인프라 개선을 통한 국가경쟁력 도모
- 베트남: 생산성 경제 특구 및 산업단지 개발
- 태국: 동부경제회랑 및 스마트 산업단지 조성

강점 아세안의 탄탄한 기초체력

기업환경 개선

<기업환경평가 순위(세계순위)>

- 싱가포르 2위, 말레이시아 12위
- 태국 21위, 중국 31위
- 인도 63위, 베트남 70위

<급여대비 생산성 평가(7에 가까울수록 고득점)>

- 싱가포르 5.47, 말레이시아 5.22
- 필리핀 4.90, 중국 4.63
- 인도네시아 4.62, 태국 4.61

내수시장 확대

<'30년 연 7,500불 이상 소득자 전망>

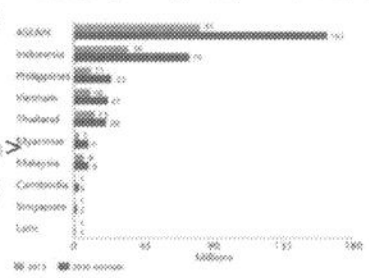

아세안 RVC 재편에 따른 기회

고부가가치 혁신기술 중심

- R&D, 전기차, 4차 산업혁명 등 차세대 산업, 기술 허브로 도약 움직임
  - 싱가포르: R&D 산업에 향후 5년간 148억 달러 이상 투자 계획
  - 태국: 2025년까지 아세안 지역 전기차 허브로의 발전을 목표
  - 말레이시아: 차세대자동차, Mobility as a Service, 4차 산업혁명 분야 육성

포스트차이나 생산기지

- 시장성장성, 생산효율성을 활용한 중국 대체 대규모 생산라인 확대
  - 베트남: 부품소재 기업들에 각종 투자유치 인센티브 제공
  - 인도네시아: 옴니버스법 통과 등을 통해 노동부분 경직성 완화 예정

자원기반 가치사슬

- 각국 정부 주도로 풍부한 자원을 활용한 관련 분야의 가치사슬 구축
  - 인도네시아: 세계1위 니켈 생산을 기반으로 전기차 배터리 가치사슬
  - 캄보디아, 라오스, 미얀마: 풍부한 천연자원과 메콩강 댐 건설을 기반으로 역내 전력공급망 구축 노력

Ⅱ 한국과 동남아대양주의 경제협력

1. 한국의 핵심 경제협력 파트너, 아세안

동남아대양주

01 ▸▸▸ 교역 파트너 2위 (1위 : 중국)

- 한-아세안 간 교역 규모 1,513억 달러, 우리나라 총 교역의14.5% 차지 (2019년)

02 ▸▸▸ 투자 대상지 2위 (1위 : 미국)

- 한국의 對아세안 투자 96억 달러, 우리나라 해외투자의 15.4% 차지 (2019년)

03 ▸▸▸ 해외건설수주 1위 (2위 : 중동)

- 한국의 對아세안 해외건설 발주 67억 달러, 우리나라 전체 수주의 36.2% 차지 (2019년)

04 국내 이민자 수 2위 (1위 : 중국인) ◂◂◂

- 국내에 체류하는 아세안 이민자는 64만 명으로, 전체 이민자의 25% 차지 (2019년)

05 한국인 방문지 1위 (1위 : 일본) ◂◂◂

- 아세안을 방문한 한국인 여행객 수 1,046만 명, 전체 해외여행객의 27% 차지 (2019년)

06 외국인 관광객 수 2위 (1위 : 중국) ◂◂◂

- 한국을 방문한 아세안 관광객 수 169만 명, 전체 외국관광객의 15% 차지 (2019년)

* 자료원 : 한국무역협회, 한국수출입은행, 한국관광공사, 통계청 국가통계포털, 해외건설종합정보서비스

2. 한국과 아세안의 교역 동향

동남아대양주

한-아세안 교역 동향

- ☑ 한국에게 아세안은 2위 교역 파트너
- ☑ 아세안에게 한국은 5위 교역 파트너

한국의 對아세안 수출 및 수입 규모

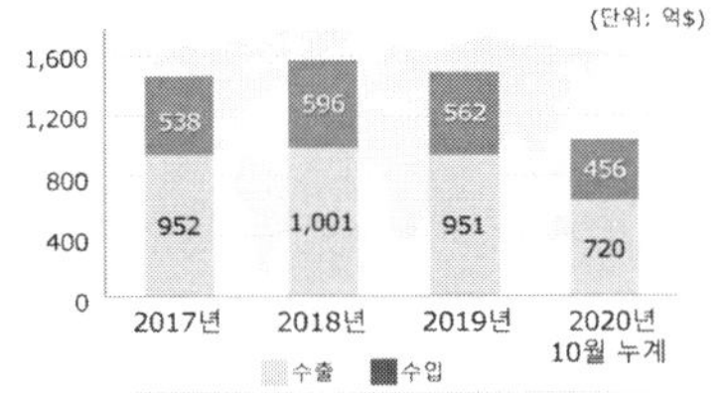

* 자료원 : 한국무역협회 무역통계

코로나19 사태에 따른 글로벌 경기침체로 2020년 상반기 한-아세안 교역액은 전년동기대비 7.7% 감소한 691억 달러 기록

< 한국의 對아세안 주요 수출 품목 >

01 집적회로반도체	02 평판디스플레이
166억 달러	*82억 달러*
03 선박	**04 무선통신기기부품**
34억 달러	*30억 달러*

* 자료원 : 한국무역협회 무역통계

* 주 : 2019년, MTI 4단위 기준

3. 한국의 아세안 투자진출 동향

동남아대양주

- ☑ 한국의 對아세안 투자규모는 95.5억 달러로 전년 대비 55.5% 증가(2019년 누계 기준)
- ☑ 베트남은 아세안 국가 중 투자 1위국이자 전체 투자의 46.8% 집중(2019년 누계 기준)

한국의 對아세안 투자 동향

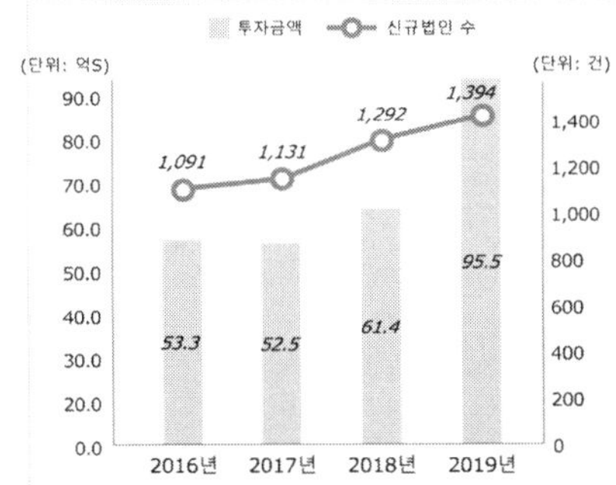

* 자료원 : 한국수출입은행

한국의 아세안 국가별 신규법인 설립 수

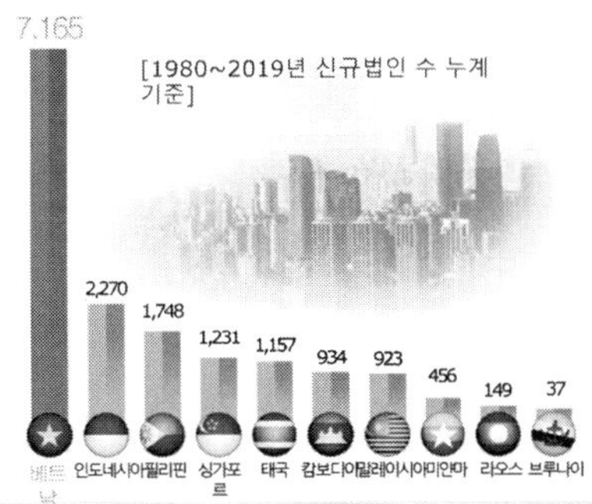

* 자료원 : 한국수출입은행

4. 한국과 대양주의 교역 및 투자진출 동향

- 한국의 對대양주 총 투자의 99.6%는 호주에 집중(2019년 누계 기준)
- 2019년 對대양주 투자액 중 금융 및 보험업 비중이 31.4%로 가장 크고, 그 외 광업(29.0%), 전문·과학 및 기술 서비스업(24.9%), 제조업(8.5%) 순으로 우리기업의 투자진출이 이루어짐

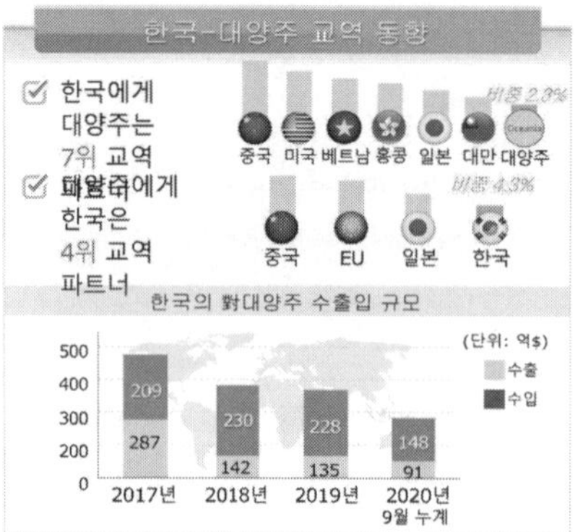

* 자료원 : 한국무역협회 무역통계

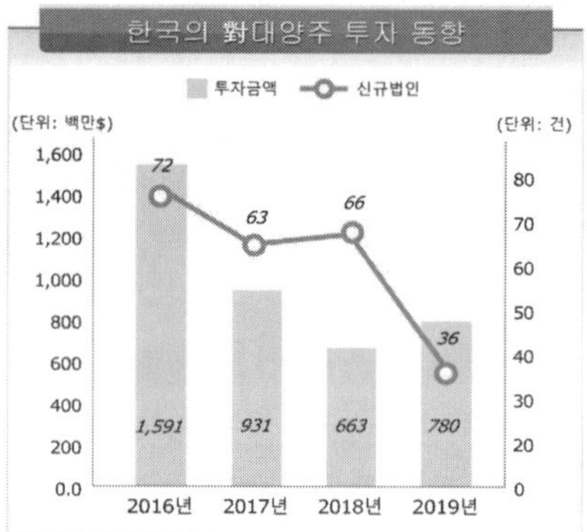

* 자료원 : 한국수출입은행 해외투자통계

Ⅲ 주요 이슈 및 트렌드

1. 코로나19 이후, 아세안의 변화는?

동남아대양주

아세안을 중심으로 벌어지는 미·중 패권분쟁

- 미·중 주요 전략의 요충지이자 패권분쟁의 새로운 격전지로 부상
- 아세안內 주도권 확보를 위한 투자경쟁

코로나19 이후, 글로벌 경제의 불확실성

- 실업률 증가 및 소비심리 위축
- 관광업, 서비스업의 타격 심화
- 코로나19 재확산에 대한 불확실성 증가

포스트코로나시대의 '뉴노멀(New Normal)'

- 젊은 중위연령을 기반으로 한 정부차원의 디지털 전환 노력
- 아세안의 신규시장을 노리는 글로벌 IT 기업들의 투자 증가

지속적으로 성장하는 아세안 소비시장

- 세계 5위권의 거대 내수시장
- 성공적인 코로나19 방역 기반 2021년 경제성장 긍정적 전망

2. 미-중 패권분쟁이 아세안에 미치는 영향

동남아대양주

미-중 패권다툼 심화

- **상호 보복관세 부과**
  → (美 2,500억 달러, 中 1,100억 달러 기부과)
- **상호 전략품목 수출입 제한 움직임**
  → (美 : 대두, LNG, 中 : 희토류)
- **美, 중국을 환율조작국으로 지정**

새로운 격전지로 부상하는 아세안

- **아세안은 미-중 핵심 정책의 지정학적 요충지**
- **중국의 해양 야망 확대에 따른 남중국해 영유권 분쟁 심화**
- **미국의 對중국 포위 전략인 '자유롭고 개방된 인도-태평양 전략'의 마지막 퍼즐**

남중국해 분쟁 심화

남중국해 면적의 90%를 차지하는 구단선 설정

항행의 자유를 수호한다는 명목으로 군함 파견

영유권 분쟁지역 강제 점거 후

남중국해 군사기지 건설 등 여

기회 우군 확보 노력

중국의 對아세안 투자

정부의 직접 투자를 통한 노력 지속 확대
→ '20년 상반기 중국의 對아세안 투자는 62억 달러로 전년동기대비 53.1% 증가
→ 리커창 총리 및 왕이 외교부장, 아세안에 코로나19 백신 제공 의사

미국의 對아세안 투자

협력 확대 및 시장개방을 통한 노력
→ '19년, 미국은 아세안의 최대 투자국이자 최대 무역 흑자국으로 부상
→ 아세안과의 각종 투자협력 파트너십을 확대

위협 보호무역주의 확산

일방, 우선주의 표방

미국 주도의 규제조치 확대
→ 국내법에 의거한 대외무역조치 (자동차,철강,알루미늄 232조)
→ 반덤핑, 상계관세 조치 증가
→ Buy American 강화

타 국가로 자국 보호주의 확산

중국 터키 인도 → **對美** 보복관세

EU 캐나다 → 철강 세이프가드

일본 → 일방적 **對韓** 수출규제

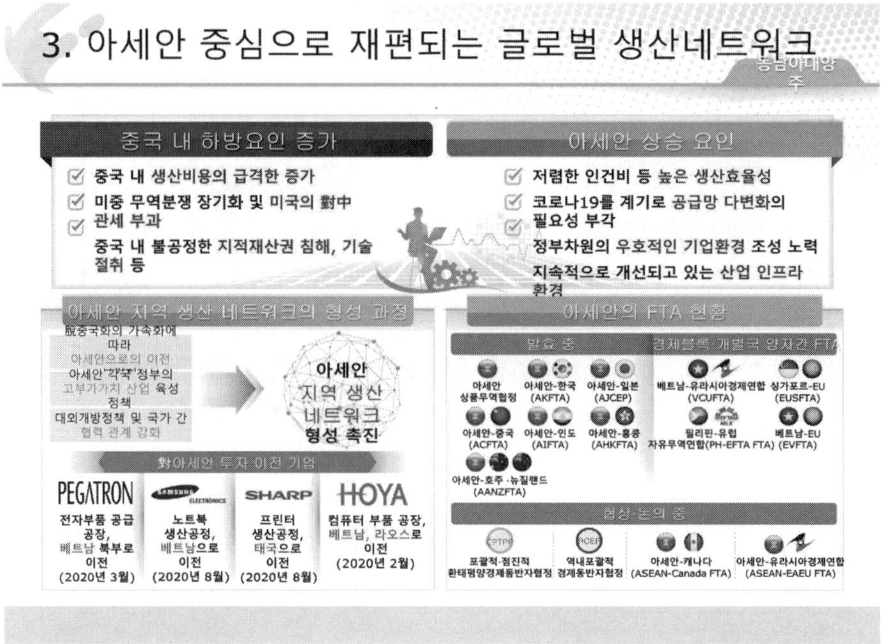
3. 아세안 중심으로 재편되는 글로벌 생산네트워크
동남아대양주
중국 내 하방요인 증가
중국 내 생산비용의 급격한 증가
미중 무역분쟁 장기화 및 미국의 對中 관세 부과
중국 내 불공정한 지적재산권 침해, 기술 절취 등
아세안 상승 요인
저렴한 인건비 등 높은 생산효율성
코로나19를 계기로 공급망 다변화의 필요성 부각
정부차원의 우호적인 기업환경 조성 노력
지속적으로 개선되고 있는 산업 인프라 환경
아세안 지역 생산 네트워크의 형성 과정
脫중국화의 가속화에 따라 아세안으로의 이전
아세안 각국 정부의 고부가가치 산업 육성 정책
대외개방정책 및 국가 간 협력 관계 강화
아세안 지역 생산 네트워크 형성 촉진
對아세안 투자 이전 기업
PEGATRON
전자부품 공급 공장, 베트남 북부로 이전 (2020년 3월)
SAMSUNG ELECTRONICS
노트북 생산공정, 베트남으로 이전 (2020년 8월)
SHARP
프린터 생산공정, 태국으로 이전 (2020년 8월)
HOYA
컴퓨터 부품 공장, 베트남, 라오스로 이전 (2020년 2월)
아세안의 FTA 현황
발효 중
경제블록·개별국 양자간 FTA
아세안 상품무역협정
아세안-한국 (AKFTA)
아세안-일본 (AJCEP)
베트남-유라시아경제연합 (VCUFTA)
싱가포르-EU (EUSFTA)
아세안-중국 (ACFTA)
아세안-인도 (AIFTA)
아세안-홍콩 (AHKFTA)
필리핀-유럽 자유무역연합(PH-EFTA FTA)
베트남-EU (EVFTA)
아세안-호주·뉴질랜드 (AANZFTA)
협상·논의 중
CPTPP
포괄적·점진적 환태평양경제동반자협정
RCEP
역내포괄적 경제동반자협정
아세안-캐나다 (ASEAN-Canada FTA)
아세안-유라시아경제연합 (ASEAN-EAEU FTA)

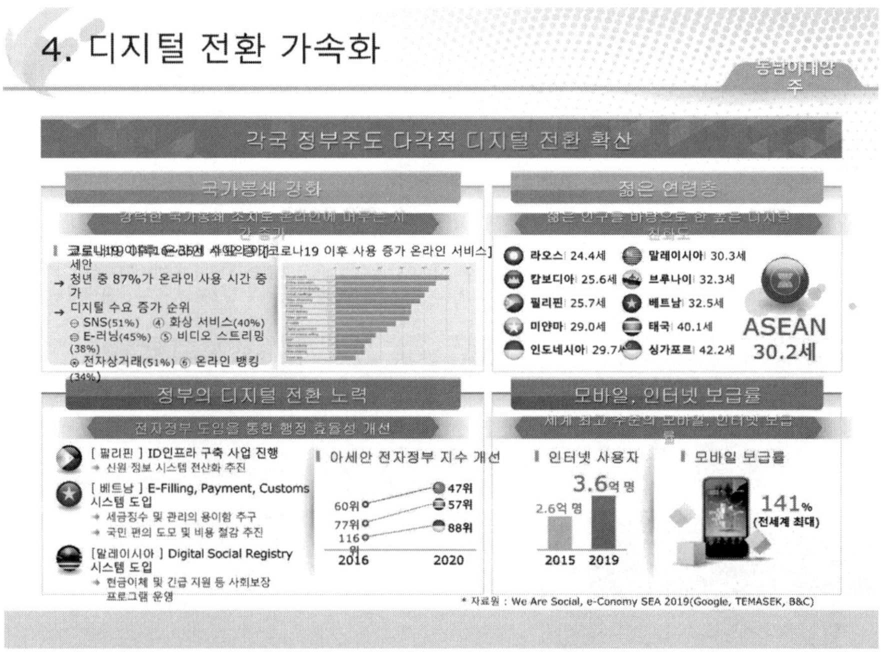
4. 디지털 전환 가속화
동남아대양주
각국 정부주도 다각적 디지털 전환 확산
국가봉쇄 강화
강력한 국가봉쇄 조치로 온라인에 머무는 시간 증가
코로나19 이후 6~35세 사용 증가 아세안
[코로나19 이후 사용 증가 온라인 서비스]
청년 중 87%가 온라인 사용 시간 증가
디지털 수요 증가 순위
① SNS(51%) ④ 화상 서비스(40%)
② E-러닝(45%) ⑤ 비디오 스트리밍(38%)
③ 전자상거래(51%) ⑥ 온라인 뱅킹(34%)
젊은 연령층
젊은 인구를 바탕으로 한 높은 디지털 친화도
라오스 24.4세
말레이시아 30.3세
캄보디아 25.6세
브루나이 32.3세
필리핀 25.7세
베트남 32.5세
미얀마 29.0세
태국 40.1세
인도네시아 29.7세
싱가포르 42.2세
ASEAN 30.2세
정부의 디지털 전환 노력
전자정부 도입을 통한 행정 효율성 개선
[필리핀] ID인프라 구축 사업 진행
신원 정보 시스템 전산화 추진
[베트남] E-Filling, Payment, Customs 시스템 도입
세금징수 및 관리의 용이함 추구
국민 편의 도모 및 비용 절감 추진
[말레이시아] Digital Social Registry 시스템 도입
현금이체 및 긴급 지원 등 사회보장 프로그램 운영
아세안 전자정부 지수 개선
60위
77위
116위
47위
57위
88위
2016
2020
모바일, 인터넷 보급률
세계 최고 수준의 모바일, 인터넷 보급률
인터넷 사용자
2.6억 명
3.6억 명
2015
2019
모바일 보급률
141%
(전세계 최대)
* 자료원 : We Are Social, e-Conomy SEA 2019(Google, TEMASEK, B&C)

5. 온라인·비대면 시장의 급속한 성장

동남아대양주

국가봉쇄 장기화로 온라인·비대면 시장 급증

배달 시장의 지속적인 증가세

아세안 배달 시장규모 증가

* 자료원 : Temasek, Google

온라인 중심으로 재편되는 소비시장

아세안 전자상거래 시장규모

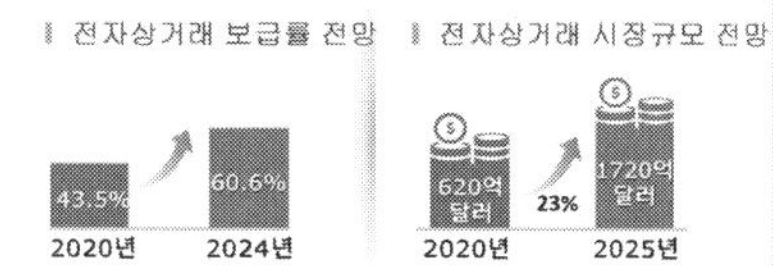

아세안 전자상거래 품목별 비중

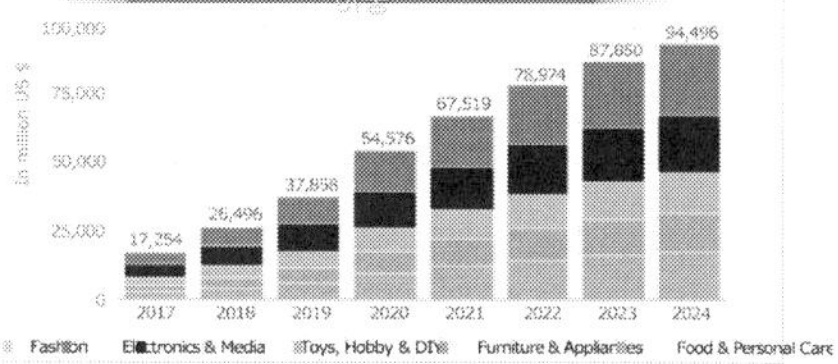

* 자료원 : Statista

코로나19 이후, 온라인 시장 증가

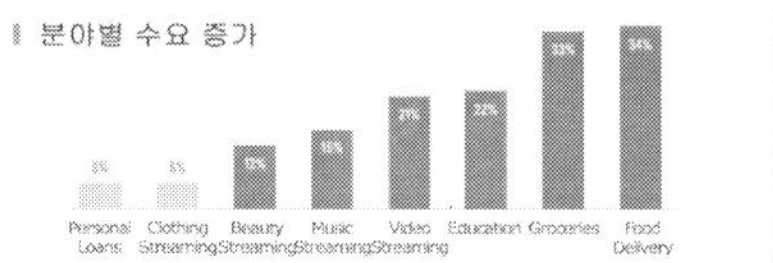

* 자료원 : Temasek, Google

6. 코로나19로 인한 생활양식 변화

동남아대양주

코로나19 이후 소비패턴의 변화

- 코로나19 장기화로 비즈니스 영역에서 생활소비, 식습관 영역에까지 크고 작은 변화 발생
- 건강에 대한 인식이 제고되며, 건강식품, 면역력 강화 식품 및 위생 용품의 구매 증가
- 외식 위주의 트렌드에서 배달음식, 인스턴트, 라면 등의 간편식 및 직접 조리 수요 확대
- 온라인 콘텐츠 이용이 증가하고, 각종 콘텐츠 오프라인 공급은 온라인으로 전환 확대 추세

아세안의 온라인 콘텐츠 수요 증가

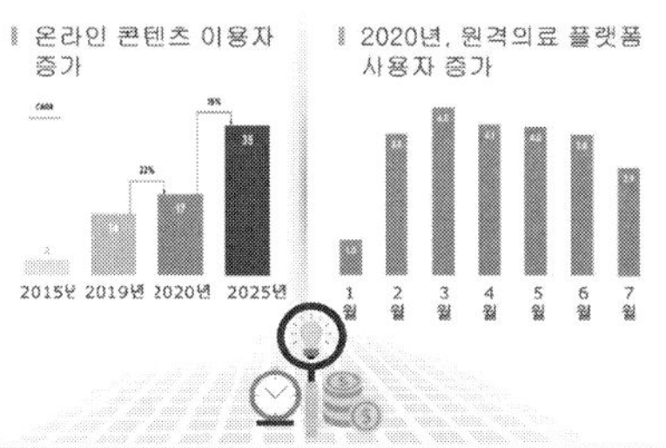

* 자료원 : Temasek, Google

소비재 수요 증가 주요 동향

- 싱가포르 → 위생 물티슈 판매 증가 및 항균 효과 제품군 수요 증가
- 태국 → 건강한 즉석식품 및 신선식품 배송 서비스 수요 증가; → 공기청정기 관련 수입액 지속 증가 ('18)70% →('19)94.6% → ('20)7%; → 모바일게임 시장규모 '20년 19.2% 증가 전망
- 말레이시아 → 간편포장, 조리식품 수요 증가, 한국식품 인기 증가
- 필리핀 → 덤벨 등 운동기구 검색량 80% 증가
- 인도네시아 → 비타민C, 천연건강보조제 수요 10~20% 증가, 공기청정기 수요 증가; → 무기질 섭취 수요 증가로 휴대용 블렌더 판매 증가
- 호주 → 면역력 강화 건강기능식품 및 항산화 식품(토마토, 버섯, 마늘) 판매 증가

7. 디지털 결제 증가

동남아대양주

현금없는 사회를 지향하는 아세안

- 온라인·비대면 서비스 확대에 따른 전자결제 수요 증가
- 아세안의 핀테크, 신용시장 확대 정책으로 송금, 이체, 인출 서비스 수요 증가
- 싱가포르를 중심으로 정부 주도의 핀테크 시장에 대한 투자 확대
  - '19년 핀테크 스타트업에 투자된 금액은 1.6억 달러로 2015년, 2천만 달러 대비 8배 증가

아세안의 결제 시장 동향

Ⅰ 현금결제 감소

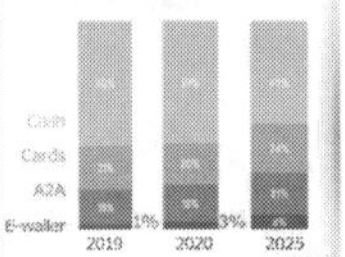

Ⅰ 디지털 송금 증가

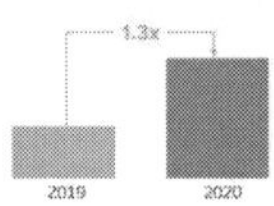

* 자료원 : Temasek, Google

아세안의 핀테크 스타트업 현황

Ⅰ 핀테크 스타트업 기업들의 예상 가치

Ⅰ 유망 핀테크 스타트업 기업

* 자료원 : Temasek, Google, Fintech Singapore

8. 국가주도 인프라 프로젝트 확대

동남아대양주

경기침체 완화 및 국가경쟁력 제고 위한 정부의 '인프라 투자 확대'

필리핀	인도네시아	베트남	태국	말레이시아/싱가포르
'21년, 정부예산의 약 ¼인 1조 1,070억 필리핀 페소를 투입하여 총 4,800여 개의 프로젝트 실행 계획	'21년 인프라 분야, '20년 대비 47% 증가한 270억 달러 배정 및 코로나19로 순연된 수도 이전 프로젝트 재개	인프라 구축에 필요한 재원을 충당하기 위한 민관합작투자(PPP) 법 신규 제정	민관합동투자를 통해 '21년 까지 동부경제회랑 인프라 개발에 499억 달러 투자 및 관련 프로젝트 발주 계획	코로나19로 지연된 메가 프로젝트, 조호바루-싱가포르 급행열차(RTS) 프로젝트 최종 협상이 완료되었으며, '21년 본격 착공 전망

중국의 '일대일로' 정책을 통한 인프라 투자 확대

기회 현대판 실크로드 개척

Ⅰ 대형프로젝트 진행

아세안은 중국 '일대일로' 정책의 지정학적 요충지로서 아세안內 연계성 강화를 위한 각종 프로젝트 진행

Ⅰ 경제발전 촉진

막대한 투자규모와 저렴한 프로젝트 수주금액으로 중국의 투자는 아세안 경제발전의 촉진제 역할을 함

Ⅰ 아시아 횡단 철도(TAR)

위기 정치경제적 종속관계 강요

Ⅰ 대형프로젝트 진행

고금리 차관 형식을 이용한 정치·경제적 종속관계가 강요되고 있는 현황 포착

[미얀마] '일대일로' 사업 축소
→ 대표적인 친중 국가임에도 불구, 73억 달러 규모였던 차우퓨항 사업을 13억 달러 규모로 축소

[라오스] 부채상환에 난항 전망
→ '일대일로' 사업에 참여하며 67억 달러를 중국에서 차입했으며, 국제통화기금은 라오스의 부채상환이 매우 어려울 것으로 전망

[말레이시아] '일대일로' 사업 중단
→ 믈라카반도-쿤밍(중국) 간 송유관 건설, 동부해안철도(ECRL) 등 217억 달러 규모의 사업 3건 중단

9. 스마트시티

동남아대양주

미래도시 육성을 위한 스마트시티 프로젝트 추진

- ☑ 2020년 기준 3억명의 도시인구가 2050년에는 5억명 이상으로 증가 전망
- ☑ 인구 집중 및 기반시설 노후화로 인해 발생하는 각종 문제를 해결코자 스마트시티 개발 추진
- ☑ 아세안 스마트시티 네트워크(ASCN) 출범, 10개 아세안 회원국 26개 도시 시범사업으로 지정

World Cities Summit

[World Cities Summit 2021, 싱가포르 개최 예정]

스마트시티 구축 노력 지속

ASEAN SMARTCITIES SUMMIT & EXPO & ASCN Annual Meeting 등 다양한 행사 개최

해외 스마트시티 기술 선도국과의 협업을 통한 스마트시티 구축 노력 지속

국별 주요 스마트시티 추진 계획

[베트남] ICT 수요가 높은 대도시 위주의 확장
- → 하노이, 호치민, 다낭 지역을 중심으로 전국을 연결하는 스마트시티 체인을 계획

[태국] 2035년까지 스마트시티 100개 구축 목표
- → '18년부터 계획 중이던 태국 지자체 스마트시티 프로젝트들이 '21년부터 본격 조성 착수될 것으로 전망

[인도네시아] 신수도 개척을 필두로 스마트시티 보급
- → 국가중기개발계획(RPJMN)에 의거, 정보통신기술과 사물인터넷(IoT)을 접목한 스마트시티 도시개발 사업 추진 예정

10. 신재생에너지

동남아대양주

신재생에너지 허브로 전환 중인 아세안

- ☑ 국제재생에너지기구(IRENA), 아세안의 에너지 소비량은 2034년까지 매년 4.7%씩 성장 전망
- ☑ 지난 5년간 신재생에너지 발전 비용 지속 하락, 향후 5년 내 화석연료 발전 비용에 도달 전망
  - 세계은행(WB), 아시아개발은행(ADB) 및 일본국제협력은행(JB), 아세안 신재생에너지 투자 주도
- ☑ 2025년까지 신재생에너지 비중을 23% 늘릴 계획으로 관련 투자 및 정책 확대

정부 노력 확대

신재생에너지 비중 확대를 위해 노력하는 아세안

[인도네시아] 신재생에너지 혼합 정책 이행
- → 폐기물 에너지 및 지열에너지를 이용한 신재생에너지 발전 추진

[말레이시아] 태양열 발전의 아세안 선두주자
- → 세계 6위의 태양열 발전국가
- → 신재생에너지 산업에 1만 7천 여개의 일자리 창출

[베트남] 다양한 인센티브 제도를 통한 재생에너지 유치
- → 풍력 및 태양광 프로젝트 장비 및 기계에 대한 수입 관세 면제

[태국] 저탄소 사회를 향해 앞장서는 태국
- → 투자세 일정 기간 감면 등 투자 인센티브 제공
- → 태국의 태양광 발전 용량은 아세안 전체의 60% 이상 차지

아세안의 주요 변화

▮ 아세안의 지속가능한 발전목표(SDGs) 진척률

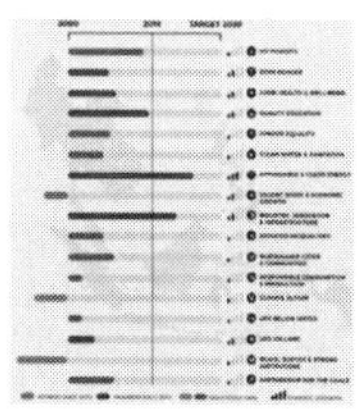

▮ 깨끗한 에너지(SDGs7) 세부지표 달성 현황

지표 세부 항목	
7.1 에너지 보급률	
연도	보급률(%)
2016	90.4
2017	91.3
2018	92.0
7.2 재생에너지 비중	
연도	비중(%)
2016	22.6
2017	21.0
2018	20.6
7.3 에너지 효율 개선(TOE/1,000 GDP)	
연도	집약도
2016	3.8
2017	3.6
2018	3.7

* 자료원 : ASEAN, 동남아대양주지역본부

Ⅳ
우리 기업의 동남아대양주 시장진출

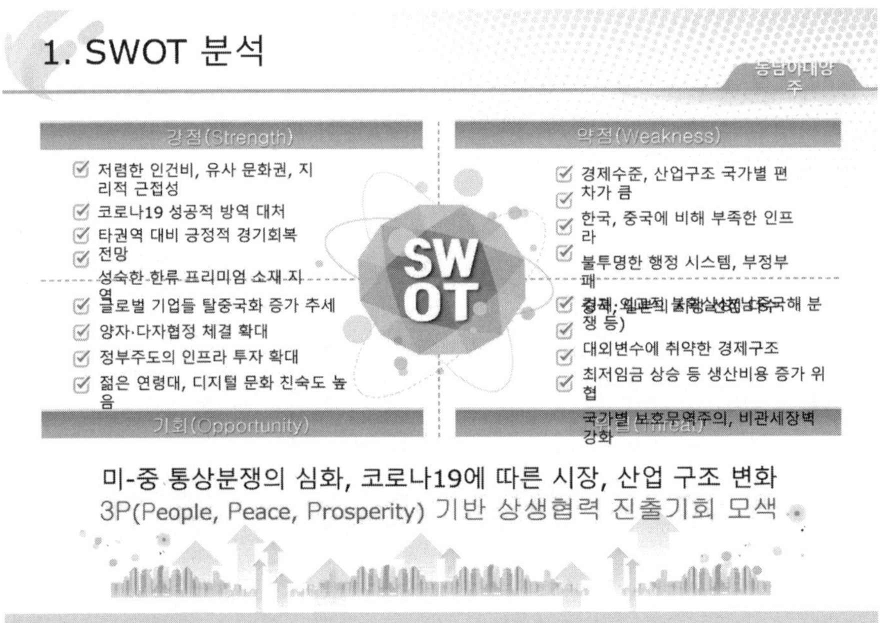
1. SWOT 분석
동남아대양주
강점(Strength)
저렴한 인건비, 유사 문화권, 지리적 근접성
코로나19 성공적 방역 대처
타권역 대비 긍정적 경기회복 전망
성숙한 한류 프리미엄 소재 지역
글로벌 기업들 탈중국화 증가 추세
양자·다자협정 체결 확대
정부주도의 인프라 투자 확대
젊은 연령대, 디지털 문화 친숙도 높음
기회(Opportunity)
SWOT
약점(Weakness)
경제수준, 산업구조 국가별 편차가 큼
한국, 중국에 비해 부족한 인프라
불투명한 행정 시스템, 부정부패
쟁 등)
대외변수에 취약한 경제구조
최저임금 상승 등 생산비용 증가 위협
국가별 보호무역주의, 비관세장벽 강화
미-중 통상분쟁의 심화, 코로나19에 따른 시장, 산업 구조 변화
3P(People, Peace, Prosperity) 기반 상생협력 진출기회 모색

2. 글로벌 가치사슬 재편 활용, 선제적 시장 공략

동남아대양주

▸▸▸ 아세안 중심의 가치사슬 진입

- 미-중 무역분쟁과 코로나19로 글로벌 기업들의 脫중국 움직임 주시
  - ➜ 선진시장 수출을 위한 생산기지 + 내수시장 선점을 위한 전략적 진출
- 아세안 내에서 산업·분야별로 새롭게 블록화되는 RVC를 기반으로 진출전략 마련

새롭게 블록화되는 아세안 RVC

고부가가치 창출, 혁신기술 등 미래산업의 중심지로 부상	글로벌 제조 기업들의 대규모 생산라인 구축	풍부한 자원을 기반으로 차세대 먹거리 산업 가치사슬 구축
· 싱가포르(R&D) · 태국·말레이시아(미래차)	· 베트남, 인도네시아 (전자전기, 자동차, 섬유 등)	· 인도네시아(니켈-배터리) · 베트남(희토류-전자전기)

- 직접투자, M&A 등을 통해 아세안 RVC 내에 직접 진입하는 방안
  - ➜ 베트남, 인도네시아, 태국 등 자국 내 핵심산업 가치사슬 구축, 부품소재 산업 육성 위한 투자유치 인센티브 확대
- 산업단지, 경제특구를 활용한 진출기반 마련
  - ➜ 한-베트남 경제협력 산업단지, 한-미얀마 경제협력 산업단지 등
- 국가별 양자·다자협상, 경제공동체 이점 활용, 비용절감 및 진입장벽 완화 추진
  - ➜ RCEP, 베-EU FTA, 한-인니 CEPA, 한-캄 FTA 등

3. 디지털 경제 육성에 따른 수요를 기회로 활용

동남아대양주

▸▸▸ 정부주도의 디지털 전환

- 아세안 각국 정부 디지털 전환 의지 표명 (디지털 인프라 구축, 공공부문 디지털화 등)
  - ➜ 베트남 '디지털 전환 계획', 말레이시아 '디지털 경제 마스터 플랜', 싱가포르 '스마트네이션' 등
- 전자정부, 5G 인프라 등 한국의 강점 분야
  - ➜ 관련 단말기, 부품장비, SW솔루션 수요 유망
- 호주 정부, '디지털 비즈니스 계획(Digital Business Plan)'으로 디지털 경제 육성 추진
  - ➜ 6억 6,000만 달러 규모의 비즈니스 계획, 2030년까지 디지털 경제 선도국 비전 발표('20년 9월)
- 핀테크 시장 확대로 금융(송금·이체·인출) 서비스 수요 증가
  - ➜ SW, ATM기기, 결제시스템, 보안 수요 유망

▸▸▸ 전자상거래 시장 공략

- 아세안 이커머스 시장 2020년 545억 달러 규모, 향후 5년간 연간 14.7% 성장 전망
  - ➜ 베트남 '디지털 전환 계획', 말레이시아 '디지털 경제 마스터 플랜', 싱가포르 '스마트네이션' 등
- 온·오프라인 채널을 활용한 다각적 공략 필요
  - ➜ [오프라인] 유망전시회, 유통기업 상품판촉전
  - ➜ [온라인] 이커머스 플랫폼(Lazada, Shopee,Tiki 등) 입점, 인플루언서·SNS활용, D2C 등

▮ 국별 유망 전자상거래 플랫폼

* 자료원 : iPrice Group, SimilarWeb

4. 변화하는 거대 내수 소비시장 공략

동남아대양주

한류 프리미엄 뉴노멀 시장 공략

- (건강·위생) 상대적으로 위생관념이 미흡한 동남아 지역에서도 건강과 위생 관념 제고
  - → 건강기능식품, 면역기능 강화식품, 위생용품 등
- (헬스케어) 싱가포르, 태국은 고령화 사회에 도달, 전반적인 평균수명 증가
  - → 헬스케어(원격의료, 가정용 의료기기), 진단키트, 의료기기, 의약품, 의료용품 등
- (식습관) 코로나19로 80% 내외 소비자 외식 감소, 배달음식, 간편식, 가정식 확대
  - → 라면, 간편조리식품, 과자류 등
- (홈코노미) 재택근무, 홈스쿨링 확대, 가정에서 보내는 여가시간 증가
  - → 가정용 전자제품, 운동기기, 취미용품, DIY 제품
- (디지털콘텐츠) 아세안의 젊은 연령대, 높은 모바일 보급률로 모바일 게임, 온라인 스트리밍 서비스 등 인기 상승

5. 건설 인프라 프로젝트 참여 및 판로 확대

동남아대양주

공공투자 확대 수요 공략

- 아세안 연계성 제고 및 경기침체 극복 위한 건설 인프라 구축 노력 확대
  - → 철도, 도로, 항만, 에너지, ICT 구축 등 역내 물리적 연계성 강화가 핵심 과제 중 하나
  - → 코로나19로 주요 프로젝트가 연기되었으나, 경기침체 극복, 실업률 해소 위해 추진 재개

인프라 수요 확대

베트남	필리핀	인도네시아	캄보디아
• 인프라 구축 사업에 대한 외국인 투자유치 확대를 위해 PPP 투자법 신규 제정('21년 1월부 발효 예정)	• 'Build Build Build' 계획을 통해 총1,680억 달러 규모 4,800여개 프로젝트 추진 중 • 2021년 예산안에 223억 달러 배정, 코로나19로 지연된 인프라 개발 추진 의지 표명	• 신수도, 광역도시 설립사업 등에 따른 프로젝트 수요 증가 전망 • 상하수도 시설, 도로, 대중교통, 경전철, 주거지, 사무용 빌딩, 녹지조경, 폐기물 처리시설 등 건설 사업 추진 예정	• 향후 3년간 600개 프로젝트에 144억 달러 투자 전망 • 프놈펜 지역 지하차도 개발, 신규 교량 건설, 2023 동남아시아 게임 신스타디움 건설 등

- 아세안 지역은 인프라 개발 수요 대비 정부 재정상황이 좋지 않아 관련 동향 주시 필요
  - → 아세안 소득수준 경상 및 공공부채 증가로 ODA 수원 여건이 약화되어, PPP 형태의 인프라 프로젝트가 확대될 전망
- 면밀한 사전분석, 현지정부, 기업과의 협력관계 구축이 필수
  - → 프로젝트 관련 인허가 절차가 복잡하고 소요시간이 길어, 원활한 관리를 위해 발주처 및 정부기관과 지속적 네트워크 구축 필요
  - → 상생협력, 현지사회에 기여하는 사회공헌 사업 등 통해 기업 이미지 제고 필요
  - → 중국, 일본 등 경쟁국 진출이 활발하고 불명확한 절차와 요소들이 많아, 투자 위험에 대한 면밀한 분석 필요

6. 글로벌 네트워크를 활용한 스마트시티 진출

동남아대양주

한국 역량 우위, 글로벌 네트워크 적극 활용

- 아세안 각국 정부, 미래 도시 육성을 위한 스마트시티 프로젝트 추진

인프라 투자 확대

싱가포르	베트남	태국	인도네시아
• '21년 6월 '세계도시정상회의' 개최 • '스마트네이션' 프로젝트를 통해 교통, 수처리, 공공데이터 등 스마트시티 추진	• 하노이, 호치민, 다낭을 중심으로 스마트 시티 조성 확장중 • '2030년 전망, 2025년까지의 베트남 스마트시티 발전 전략' 기반으로 민간부문 투자 확대 노력	• '21년부터 지자체 스마트시티 프로젝트 본격 조성 및 착수 • '35년까지 스마트시티 100개 구축 목표	• 수도이전 계획으로 IT 기술을 활용한 스마트시티 도시개발 사업 추진 예정 • 스마트시티 국제 전시회 다수 개최

- 정부간 협업체계를 바탕으로 한 우리 기업의 해외진출 기회 확대 가능성
  - 한국 국토부, KIND 공모 추진한 'K-시티 네트워크 글로벌 협력 프로그램' 사업에서 아세안 6개국(말레이시아, 미얀마, 베트남, 인도네시아, 태국, 라오스) 선정
- 한국의 기술 우위 분야를 활용, 국가별 맞춤형 진출전략 수립
  - 신도시 개발, 유비쿼터스시티 구축, 스마트시티 조성 경험 등 한국의 도시개발 역량 우위 부분 적극 활용
  - 도시 개발을 위한 교통시스템, 물 관리, 에너지, 보안·안전 분야 단말기·장비 등 하드웨어 및 SW솔루션 등 진출기회 유망
- 아세안 스마트시티 네트워크(ASCN), 국가별 스마트시티 개발 담당부처, 공공기관과 네트워크 구축을 통해 사업 참여기회 확보를 위한 기반 마련

7. 신재생에너지 시장 선점

동남아대양주

그린뉴딜 협력 수요 활용

- 지속가능한 발전을 위해 아세안의 신재생에너지 개발 수요 증가
  - 아세안 내 약 7천만명이 전력난, 이를 해소하기 위해 태양열, 풍력 에너지 발전 확대
- 국내외 민관 협력체계, 동반진출을 활용한 진출전략 수립 필요

성공사례 현대건설은 인도네시아 사룰라(Sarulla) 지열발전소 프로젝트에 현지 업체와 컨소시엄을 구성해 참가, 2018년 5월 성공적으로 준공. 사룰라 지열발전소는 민자발전사업(IPP)으로 110MW급 지열발전 3기를 건설한 프로젝트로 단일로는 세계 최대 및 친환경 신재생에너지 발전소. 현대건설은 인도네시아에서 푸상안 수력발전소 등 공사를 수행중.

국가별 유망 협력 기회

국가	내용
인도네시아	• 에너지광물자원부와 지자체가 협조하여 국가전력계획(RUKN)을 수립하여 2025년까지 신재생에너지 발전 비율을 23%까지 확대 목표 • 2020년 2월 신재생에너지원 전력구매 방식을 입찰 방식에서 수의계약 방식으로 변경 - BOOT(Build-Own-Operate-Transfer) 방식 장관령 규정이 삭제, 향후 BOO(Build-Operate-Ownership) 방식에 의해 민간주도로 건설, 소유, 운영할 수 있는 기반이 마련되어 다각적인 기회로 작용할 전망
베트남	• '전력산업발전계획8'에 의거, 풍력, 태양광 발전 인프라 증설, LNG 송전 설비 구축 등 추진 • 신재생에너지 산업 투자유치를 위해 발전차액지원제도(FIT), 법인세·소득세 혜택, 토지이용비 면제 등
말레이시아	• 2025년까지 신재생에너지 비중 20% 달성 목표, 2030년까지 온실가스 배출량 45% 절감 목표 • 태양광, 바이오매스, 수력 발전 개발 잠재성이 높고, 특히 태양에너지 비중이 60%를 차지
호주	• 현재 전체 발전 비중의 약 56%를 차지하는 석탄 화력발전소를 2040년까지 전면 폐쇄 예정 • 정부 주도의 신재생에너지 산업에 집중 투자 및 공급 확대, 태양열, 풍력 외 해양 및 수소에너지 관련 연구·개발 및 기술협력 확대

V 동남아대양주 시장진출 유망 품목 및 성장분야

1. 코로나19 이후 찾아온 식습관의 변화

동남아대양주

▸▸▸ 건강기능식품 HS 2936

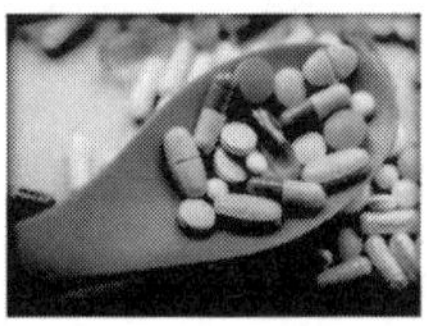

- 코로나19 이후 건강에 대한 관심 증가
- 한국산 점유율 3.13%에서 '19년 3.38%로 증가
- 원산지 표기 및 인증은 필수적이며 수출시 통관에 주의

▸▸▸ 인스턴트 라면 HS 1902

- 집에서 보내는 시간이 증가하며 인스턴트 라면 수요 증가
- SNS, 온라인 스트리밍 등을 통해 인기 지속
- 전세계 라면 소비 상위 10개국 중 동남아시아 4개국 위치

2. 코로나19로 건강에 대한 관심 제고

동남아대양주

▸▸▸ 의약품 HS 3004

- 공공 수입 비중이 높던 아세안 시장에서 민간 수요 증가세
- 품질과 함께 인증을 위한 서류 구비 필수
- 최근 5년('15~'19년)간 對아세안 수출액 37.2% 증가

▸▸▸ 의료기기 HS 9018

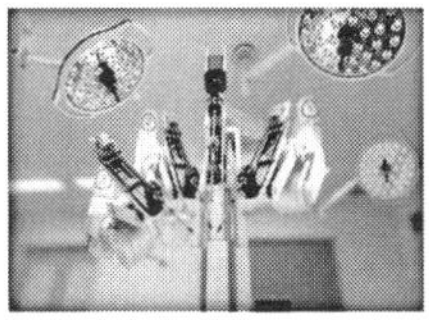

- 건강에 대한 인식 제고 및 의료산업에 대한 정부 지원 확대
- 성형에 대한 관심이 높아지며 관련 수요 증가
- 아세안의 고령화와 함께 치료용 외에 진단용 장비 수요 증가

3. 온라인 및 모바일 시장의 지속적인 확대

동남아대양주

▸▸▸ 배달서비스

- 국가봉쇄 시행으로 외출이 제한되며 배달서비스 수요 급증
- 택배, 쇼핑 등 다양한 분야로 서비스 확대
- 배달 시장규모, '19년 380억 달러→'30년 3,650억 달러 증가 전망

▸▸▸ 이러닝

- 코로나19로 온라인 교육 활성화
- 정부차원의 온라인 교육 지원 정책 확대
- 수학풀이 어플인 '콴다', 월간 활성 이용자 345만 명 기록

4. 경기 부양을 위한 국가별 인프라 프로젝트 기획

동남아대양주

▸▸▸ 건설 중장비 HS 8429

- 코로나19 이후, 실업률 해소 위한 인프라 프로젝트 확대
- 완제품보다는 부품 위주의 시장진출이 유망
- 최근 5년('15~'19년)간 시장 점유율 약 9% 유지

▸▸▸ 건설

- 코로나19로 중단된 인프라 프로젝트가 재개될 것으로 전망
- EDCF 지원사업 및 각종 ODA 사업 참여를 통한 인지도 제고
- 국별 인프라 구축 개발 계획에 따라 맞춤형 전략이 필요

5. 지속가능 성장 분야 개발에 따른 수출 유망 업종

동남아대양주

▸▸▸ 태양광 패널 HS 8504

- 환경에 대한 인식 제고와 함께 친환경 발전 수요 증가
- 각국 정부 및 전력공급사들의 정책을 기반으로 진출방안 구상
- 최근 5년('15~'19년)간 對아세안 수출 총액 33.3% 증가

▸▸▸ S/W

- 디지털 전환의 가속화로 해당 수요가 급증할 것으로 전망
- 스마트시티, 전자정부 구축 추진에 맞물려 SW 수요 증가
- CSR사업을 활용한 인지도 제고 및 신뢰도 구축

제 4 장 무역계약 체결

제1절 무역계약의 권유와 승낙

1. 청약

1) 청약의 의의

수출업자는 수입업자와 일반거래조건을 협정하면 우선 가격표와 견본, 광고매체 등을 수입업자에게 송부 및 제공하여 수입의사표시(inquiry)가 오도록 적극적으로 주문을 권유하여야 한다.

청약(offer)은 계약자가 피계약자와 일정한 조건에 따라 계약을 체결하겠다는 뜻을 나타낸 의사표시이다. 청약은 원칙적으로 별도의 형식을 필요로 하지는 않는다.

2) 청약의 효력

청약은 그 의사가 상대방에게 전달됨으로써 그 효력이 발생한다. 따라서 청약의사가 도달하기 이전에 철회하면 그 청약은 무효가 된다. 이것은 착신주의 입장에서 취하는 조치이다. 우리나라도 이와 같은 입장을 취하고 있다.

3) 청약의 내용

청약의 내용은 거래상품이나 거래유형에 따라 매우 다양하다. 그런데 일반적으로는 상품명(commodity name), 원산지(origin), 규격(specification), 수량(quantity), 단가(unit price), 선적일(shipping date), 대금결제방법(payment condition) 등이 기재된다.

4) 청약의 종류

(1) 매도청약과 매수청약

매도청약(selling offer)은 발행인이 매도인이다. 수출업자가 특정물품을 수입업자에게 매도를 하겠다는 의사표시의 청약이다.

매수청약(buying offer)은 발행인이 매수인이다. 수입업자가 특정물품을 수출업자로부터 구입하겠다는 의사표시의 청약이다.

(2) 확정청약과 불확정청약

확정청약(firm offer)은 청약자가 유효기간을 정한 후 그 기간 내에 회답할 것을 조건으로 하는 청약이다. 그 기간 중에는 통보한 내용에 대하여 일방적으로 청약내용을 변경하거나 취소할 수 없다.

불확정청약(free offer)은 청약자가 유효기간을 정하지 않고 발행하는 청약이다. 상당한 기간이 경과하는 동안 상대방의 승낙이 없는 경우에는 일방적으로 내용을 변경하거나 취소할 수 있다.

(3) 반대청약

반대청약(counter offer)은 청약자가 제시한 조건의 일부를 변경하거나 추가하여 역으로 제시해 오는 청약이다. 이것은 본질적으로 원청약(original offer)에 대하여 반대의사표시를 한 것이다. 원청약은 반대청약의 상대적인 개념으로 최초의 원본 청약이다. 실제의 거래에서는 반대청약이 여러 번 반복해서 오고 간 후에 상호의 의견이 조율되면 계약이 성립된다.

(4) 조건부 청약

최종확인조건부 청약(subject to our final offer)은 승낙이 있는 경우 무조건적으로 계약이 성립하는 것이 아니라 청약자의 최종 확인이 있는 경우에만 계약이 성립하는 청약이다.

선착순매도조건부 청약(offer subject to prior sale)은 승낙이 도착된 경우 재고가 있는 경우에만 승낙이 도착한 순서에 의하여 매도를 하겠다는 조건부 청약이다.

반품허용조건부 청약(offer on sale or return)은 매수인이 판매를 하다 재고가 있는 경우 반품을 할 수 있도록 허용하는 조건부 청약이다.

사용조건부 청약(offer on approval)은 승인조건부 청약이라고도 한다. 매수의도가 있는 사람이 일정기간 점검을 하거나 시용을 해보아 만족하여 승낙하는 경우에 계약이 성립하는 것을 조건으로 하는 청약이다.

수출승인조건부 청약(offer subject to export licence)은 청약자인 매도인이 수출승인을 획득하는 경우에만 계약이 승낙하는 조건으로 하는 청약이다.

수입승인조건부 청약(offer subject to import licence)은 수입승인을 조건부로 하는 청약이다.

2. 승낙

1) 승낙의 의의

승낙(acceptance)은 피청약자가 청약에 응하여 계약을 성립시킬 목적으로 하는 의사표시이다. 승낙의 내용은 정확히 청약의 내용과 일치해야 한다. 일단 승낙이 이루어지면 계약은 성립하는 것으로 보기 때문에 승낙은 신중을 기해야 한다.

2) 승낙의 효력

승낙이 효력을 갖고 매매계약이 성립하는 것으로 인정하는 데에는 발신주의, 착신주의, 예지주의에 의한 기준에 따르게 된다.

발신주의는 승낙한다는 의사표시가 발송될 때 계약이 성립하는 것으로 보는 입장이다. 발신주의에 의하면 원격지간에서의 승낙은 우편이나 전보에 의하여 통지하면 발신을 할 때에 효력이 발생한다. 우리나라는 발신주의를 채택하고 있다.

착신주의는 승낙한다는 의사표시가 청약자에게 도달한 때에 계약이 성립하는 것으로 보는 입장이다.

예지주의는 승낙의 의사표시가 도달할 뿐만 아니라 현실적으로 청약자가 그 사실을 알았을 때 계약이 성립하는 것으로 보는 입장이다.

3) 승낙의 방법

(1) 승낙방법이 지정된 경우

청약에 그 승낙방법이 지정되어 있는 경우에는 승낙은 그 방법을 따라야 한다. 즉, 청약자가 청약에 회답은 팩스로 부탁한다고 지정을 하면 반드시 팩스로 승낙을 해야만 유효한 계약이 성립된다. 이 경우 다른 방법으로 승낙을 한다면 이는 반대청약이 되어 계약이 성립되지 않을 수 있다.

(2) 승낙방법이 지정되지 않은 경우

청약에 승낙의 방법이 지정되어 있지 아니한 경우에는 합리적인 방법으로 승낙하면 된다. 즉 청약이 전보로 된 경우에는 전보로, Fax로 된 경우에는 Fax로 승낙을 표시하면 된다.

3. 무역계약의 성립

매도인으로부터의 확정청약에 대하여 매수인이 그대로 승낙하면 매매계약은 성립한다. 그러나 현실적으로 수출경쟁이 치열한 해외시장에서 매도인이 제시한 조건을 그대로 조건없이 승낙하는 것은 드물다. 즉 수차례의 반대청약이 오고 간 다음 최종적으로 누군가가 상대측의 반대청약을 무조건 승낙함으로써 무역계약이 성립된다.

따라서 각국의 청약과 승낙의 효력에 관한 입장을 충분하게 숙지하고 무역계약에 임해야 한다. 왜냐하면 이를 무시하는 경우에는 무역계약 자체의 성립을 무효화시키는 결과가 초래될 수도 있기 때문이다.

제2절 무역계약의 체결과 효력

1. 무역계약의 의의와 종류

1) 무역계약의 의의

무역계약은 매도인이 계약에서 약정한 물품의 제공을 약속하고 수입업자인 매수인이 그 물품의 대가로 대금을 지불할 것을 약속함으로써 성립되는 국제간의 매매계약이다.

2) 무역계약의 유형

(1) 개별계약

개별계약(case by case contract)은 거래를 할 때마다 매도인과 매수인이 어떤 품목에 대한 거래가 성립되면 품목별 거래에 대하여 계약서를 작성하고, 그 계약에 대한 거래가 종결되면 그것으로써 계약이 종료되는 방식이다.

(2) 포괄계약

포괄계약(master contract)은 매매당사자간에 상호 장기간동안 거래를 하였거나 동일한 상품을 계속하여 거래할 때, 거래마다 매번 개별적으로 계약하는 것이 상호 간에 불편하므로 연간 또는 장기간 기준으로 계약을 체결하고 필요할 때마다 거래상품을 선적해 주는 경우의 방식을 의미하며 이를 장기계약이라고도 한다.

(3) 독점계약

독점계약(exclusive contract)은 특정 물품의 수출과 수입에 있어 수출업자는 수입국가의 지정업자 외에는 동일한 물품을 오퍼하지 않으며, 수입업자 역시 수출국의 다른 수출업자로부터는 동일품목을 취급하지 않겠다는 조건으로 맺어지는 방식이다.

2. 무역계약의 체결

1) 무역계약의 성립요건

첫째, 무역계약은 당사자 간의 합의에 의하여 성립되는 낙성계약이다. 즉 일방이 의사표시를 하고 상대방이 이에 대하여 무조건적인 승낙을 함으로써 성립된다. 계약은 2인 이상의 당사자 사이에 법에 의하여 이루어진 합의인 것이다. 그러므로 계약이 성립되기 위해서는 서로 대립되는 2개 이상의 의사표시가 합치될 것을 조건으로 한다.

둘째, 무역계약에서 당사자는 유효한 계약을 체결할 능력 즉, 행위능력 또는 계약능력을 가지고 있어야 하기 때문에, 무역계약의 체결 당시에 당사자가 파산한 자나 정신이상자 또는 무능력자가 체결한 계약이라면 그 계약은 무효이다.

셋째, 무역계약이 유효하게 성립하기 위해서는 계약은 허위의 계약이나 위법한 계약이 아니어야 한다.

2) 무역계약의 성질

(1) 낙성계약

무역계약은 일방의 청약에 의하여 상대방이 승낙을 하여 성립되는 낙성계약(consensual contract)이다. 그러므로 당사자의 합의만 있으면 계약이 성립된다. 물품의 점유이전 또는 소유이전의 사실이 계약성립의 요건이 되는 것은 아니다. 원칙적으로 계약의 성립을 증명하는 형식을 요구하지 않기 때문에 낙성·불요식계약이라고도 한다.

(2) 쌍무계약

무역계약은 일방의 대금지급 의무가 있고 그에 대하여 상대방은 상품을 제공해야 하는 의무가 있는 쌍무계약(bilateral contract)이다. 쌍무계약은 계약의 성립과 동시에 계약당사자가 상호 간에 채무를 부담해야 하는 것을 의미한다. 수출업자에게 물품을 인도할 것을 약속시킴과 동시에 수입업자도 대금을 지급할 것을 약속하는 계약이다.

(3) 유상계약

무역계약은 당사자가 대가적 관계에 있는 급부를 할 것을 목적으로 하는 유상계약(contract of consideration)이다. 무역계약에서는 급부가 서로 대가를 이루는 것이므로 채무를 이행하여야 한다. 수출업자는 계약물품을 송부해야 하고 수입업자는 그 대가로 금전을 지급해야 한다. 즉 수출업자의 물품급부에 대한 반대급부로 수입업자는 대금급부를 이행해야 하는 것이다.

3. 무역계약의 효력

1) 일반적 거래조건의 협약

무역거래는 2국간의 미이행조건부 매매라는 특수성이 있다. 그러므로 사전에 일반적 거래조건을 협약해 놓으면 이후의 거래에 도움을 준다. 일반 거래조건 협정서의 내용은 거래형태, 매매계약의 기본조건, 분쟁해결방법, 기타의 거래절차 등의 내용으로 구성되어 있다.

2) 무역계약서의 작성

(1) 무역계약서의 중요성

무역거래는 계약의 성립으로부터 물품인도 및 결제완료에 이르기까지 상당한 시일이 소요되기 때문에 이 과정에서 문제가 발생할 수 있다. 그러므로 무역계약 당사자의 책임과 의무에 대한 기준을 설정하는 것이 중요하게 된다. 무역계약서는 이러한 매매당사자 간의 책임과 의무를 확인함으로써 당사자 간에 분쟁이 발생하였을 경우에 판단의 기준자료가 되기 때문에 중요한 것이다.

(2) 무역계약서의 작성

무역계약서는 무역계약 당사자 중 어느 쪽이 작성하여도 무관하다. 이는 어느 한쪽이 작성하더라도 송부하여 상대방이 확인을 하는 절차가 있기 때문이다. 매도인이 작성할 때는 매도요약서(sales note) 또는 주문확인서(conformation of order)가 작성된다. 매수인이 작성할 때는 매입요약서(purchase note) 또는 주문서(order)가 사용된다. 그런데 별도의 양식이 없이 매도인의 청약서에 매수인이 승낙하고 서명을 하거나 매수인이 발행한 주문서에 매도인이 서명을 하여도 된다.

(3) 무역계약의 확인

무역계약을 확인하는 것은 무역계약의 성립 후 매도인이 매수인에게 계약의 내용에 따라 기재한 무역계약서를 송부하면 이루어진다. 일반적으로는 계약의 내용을 당사자 중에 일방이 정리하여 정부 2부를 작성하여 서명한 후 상대방에게 송부한다. 상대방은 이를 검토한 후 1통을 반송하고 1통을 보관하면 된다. 매수인이 매도인의 청약서에 승낙 서명을 하거나 매도인이 매수인이 발행한 주문서에 서명을 하더라도 서류는 2부를 작성하여 1부는 보관하고 1부는 송부하면 된다.

제3절 무역계약내용

1. 품질에 관한 내용

1) 품질조건의 결정

무역계약을 체결할 때에 결정한 품질과 실제로 무역이 이행된 후의 품질이 상이하다면 신뢰할 수 없는 무역이 되기 때문에 무역계약 당사자는 무역계약을 체결할 때에 품질(quality)에 관한 조건을 결정하게 된다.

2) 품질결정방법

(1) 견본매매

견본매매(sale by sample)는 거래상품의 견본을 제시하여 품질을 결정하는 방법이다. 무역계약이 견본에 의하여 체결되었을 경우에는 명문규정의 존재 여부를 불문하고 품질, 규격, 형상 등이 판매제품과 동일하여야 한다. 즉 매도상품이 견본과 동일하다는 것을 보증하는 것과 같다.

견본은 송부하는 방향에서 매수인 견본, 매도인 견본, 유사견본, 반대견본 등으로 구분한다. 매수인 견본(buyer's sample)은 수입업자가 보내는 견본이다. 매도인 견본(seller's sample)은 수출업자가 보내는 견본이다. 유사견본(similar sample)은 수출업자가 매수인의 견본을 보고 유사하게 제작한 견본이다. 반대견본(counter sample)은 수출업자가 제작한 유사견본을 수입업자에게 보내는 경우이다.

견본의 유형은 품질견본, 색상견본, 유형견본, 견질견본 등으로 구분된다. 견본의 순서를 기준으로 하면 원견본, 제2견본, 제3견본 등이 있다.

(2) 표준품매매

① 표준품매매의 의의

표준품매매(sale by standard)는 특정 또는 특약의 표준품을 가지고 인도될 상품의 품질이 이와 같은 정도임을 표시하여 매매하는 방법이다. 농산물 등은 같은 상품이라도 품종이나 산지에 따라 품질이 다르게 된다. 그러므로 집하 중심지에서 공인기관이 규정한 표준품질 결정조건에 의하여 품위를 결정하여 생산량이나 거래량이 가장 많은 중등품을 가지고 동종 상품의 표준물로 정하게 된다.

② 표준품매매의 품질결정방법

㉠ **평균중등품질조건**

평균중등품질조건(fair average quality terms ; FAQ)은 주로 곡물류의 선물매매에 이용되는 품질결정조건이다. 표준품은 선적지 또는 도착지의 기관이 동종 상품의 그 계절의 출하품을 발췌하여 혼합한 것을 평균중등품질로 대표할 수 있도록 조제하여 보관한다. 이 평균중등품질의 표준품을 각 항구에서의 상품의 인도시기 및 인도장소에 있어서의 품질로 결정하여 매매하는 방법이다.

㉡ **판매적격품질조건**

판매적격품질조건(good merchantable quality terms ; GMQ)은 목재류나 냉동수산물의 매매에 사용되는 품질조건이다. 수입장소에 도착하여 수입업자에게 인도하기 전의 상품상태가 판매적격성을 구비하고 있을 것을 수출업자가 보증하는 매매방법이다.

㉢ **보통품질조건**

보통품질조건(usual standard quality terms ; USQ)은 공인검사기관이나 공인표준기준에 의하여 매매상품의 품질을 결정한다. 현품의 인도시기에 표준품과 비교하여 차등을 정하고 그것에 따라 대금의 증감을 결정하는 방법이다.

(3) 명세서매매

명세서매매(sale by specification or dimensions)는 선박이나 기계류 등과

같이 구조나 성능이 복잡한 상품의 경우에 그 상품의 재료나 구조 및 성능 등에 관한 사항을 기록한 명세서를 활용하는 방법이다. 즉 매매대상물이 명세서와 일치할 것을 조건으로 매매를 하는 방법으로서 명세서에 사진, 설명서, 카탈로그 등을 첨부하는 경우도 있다.

(4) 상표 · 통명매매

상표 · 통명매매(sale by trade mark or brand)는 상표가 널리 알려진 경우 상표에 의하여 품질을 결정하고 매매를 하는 방법이다. 상품의 품질을 상표나 통명에 의하여서 결정할 수 있는 것은 제조업체의 신용을 나타내고 품질을 보증한다는 묵시적인 통념이 존재하기 때문이다.

(5) 규격매매

규격매매(sale by grade)는 국제적으로 규격이 통일된 상품의 경우 품질을 결정하는데 이용한다. 또한 각국에서 공식적 규정에 의하여 규격이 정해져 있는 경우에도 이용할 수 있다.

(6) 점검매매

점검매매(sale by inspection)는 수입업자가 직접 수출업자가 보내 온 상품을 점검하고 매매를 하는 방법이다. 이러한 경우는 시간적 여유가 많은 경우에 이용하는 것이 대부분이다. 현실적으로 무역업계에서 이용하기에는 제한 요인이 많다.

3) 품질결정시기

(1) 선적품질조건

선적품질조건(shipped quality terms)은 선적할 때의 상품품질이 합의한 품질과 동일하다는 것을 입증하는 조건으로 품질을 결정하는 방법이다.

Tale Quale(T.Q.)은 수출업자가 선적할 때의 품질을 보증하는 곡물의 선적품질조건이다. 즉 수출업자가 선적할 때의 품질을 보증하는 방법이기 때문에 운송할 때, 선박이 화물을 안전하게 목적항까지 운송할 수 있는 제여건을 충족시

킨 감항능력이나 주의의무이행의 불철저로 인해 발생한 손해인 경우에만 수입업자가 클레임을 제기할 수 있는 조건이다.

Sea Damaged(S.D.)는 운송중 해수에 의하여 발생한 상품품질의 손해만 수출업자가 부담하는 선적품질조건이다. T.Q.보다 수입업자에게 유리하다.

(2) 양륙품질조건

양륙품질조건(landed quality terms)이란 양륙할 때의 상품품질이 계약품질과 일치한다는 것을 입증하는 조건으로 결정하는 방법이다. 즉 수출업자가 양륙할 때의 상품품질을 품질결정조건으로 하는 방법이다.

Rye Term(R.T.)은 수출업자가 곡물이 도착할 때의 품질을 보증하는 방법이다. 수출업자가 인도한 곡물이 운송도중에 위험이 발생하여 표준물에 미달하였을 경우 수입업자가 클레임을 제기할 수 있는 조건이다. 러시아산의 라이맥거래 등에 사용되는 조건이다.

2. 수량에 관한 내용

1) 수량조건의 결정

선적수량과 양륙수량 간에 차이가 발생하는 경우가 많기 때문에 무역계약당사자는 무역계약을 체결할 때에 수량(quantity)에 관한 조건을 결정하게 된다. 그런데 도량형 단위가 국가별로 다르기 때문에 세심한 주의가 요구된다.

2) 수량단위

(1) 중량

중량(weight)은 파운드(Lbs), 킬로그램(kg), 톤(ton) 등으로 표시된다. 중량을 표시하는 것으로는 중량톤(weight ton ; W/T)이 있다. 영국계통의 톤은 long ton 또는 gross ton이라 하고 1 ton은 2,240 Lbs이다. 미국계통의 톤은 short ton 또는 net ton이라고도 하며 1 ton은 2,000 Lbs이다. 프랑스와 유럽에서 사용하는 톤은 metric ton 또는 kilo ton이라고 하며 1 ton은 2,204

Lbs 또는 1,000 kg이다.

(2) 용적

용적(measurement)은 목재나 유류의 거래에서 수량단위로 사용한다. 용적을 표시하는 것으로는 용적톤(measurement ton ; M/T)이 있다. 40 cubic feet 또는 1 cubic meter를 1 ton으로 계산한다. 목재의 용적을 계산하는 1 cubic feet×1 inch는 1 super feet라 한다. 480super feet는 1 M/T이 된다. 유류의 거래에서는 배럴이 주로 사용되고 있다. 1 barrel은 미국 단위로는 42 gallon으로 약 159 리터이다. 또한 갤론(gallon)이나 킬로리터(kilo liter)도 유류의 거래에 사용되고 있다.

(3) 개수

개수는 잡화품등의 거래에 수량단위로 사용한다. 수량단위로는 개(piece), 타(dozen ; 12개) 등이 사용된다. 그로스(gross)는 12×12=144개이다. 그레이트 그로스(great gross)는 12×12×12=1,728개이다. 스몰 그로스(small gross)는 12×10=120개이다.

(4) 포장단위

포장을 단위로 하는 거래하는 상품은 면화, 시멘트, 통조림, 유류 등이다. 포장단위로는 작은 통(keg), 대(bag), 목상자(case), 곤포(bale), 마분지상자(carton), 다발(bundle), 드럼통(drum), 함석통(can), 발(bomb), 유리병(carboy) 등이 있다.

(5) 길이

길이(length)는 섬유제품 등의 측량에 사용된다. 측량단위로는 미터(m), 야드(yard) 등을 사용한다.

(6) 면적

면적(square)은 합판이나 유리 등의 거래 기준으로 사용된다. 면적에 사용되는 단위는 square foot 등이 있다.

3) 수량결정의 시기 및 조건

(1) 선적수량조건

선적수량조건(shipped quantity terms; shipped weight terms)은 대금계산의 기준이 되는 수량을 선적할 때에 산정한 수량으로 결정하여 인도와 인수가 이루어지는 조건이다. 선적수량조건은 수출업자가 선적할 때의 수량을 상업송장에 표시하여 이를 기초로 대금계산을 하는 방법으로 수출업자에게 유리한 조건이다.

(2) 양륙수량조건

양륙수량조건(landed quantity terms ; landed weight terms)은 양륙항에서 화물을 양륙할 때의 수량을 산정하여 대금계산의 기준으로 하는 조건이다. 양륙장소에서 수입업자에게 인도할 때 검사기관이 실제 수량을 산정하게 된다. 운송 중의 감량이나 누손 등과 같은 손실에 대해서는 수출업자가 책임을 부담하는 조건이기 때문에 매수인에게 유리하다.

(3) 총중량조건과 순중량조건

총중량조건은 포장용기(tare)나 함유잡물(dust)이 일정한 경우에 물품을 포장한 상태로 총중량을 측정하여 무역거래의 중량기준으로 하는 조건이다.

순중량조건은 총중량에서 포장용기나 함유잡물의 무게를 공제한 순중량을 측정하여 무역거래의 중량기준으로 하는 방법이다.

포장용기의 무게를 결정하는 방법에는 실제무게, 관습무게, 평균무게, 산정무게 등이 있는데 국가의 관습에 따라 다르게 사용하고 있으므로 유의하여야 한다.

4) 수량의 과부족

(1) 과부족 용인조건의 의미

과부족 용인조건(more or less terms)이란 일정 수량의 과부족 한도를 정해두고 그 범위 내에서 상품이 인도되면 계약을 이행한 것으로 하는 조건이다. 즉

비포장상태로 거래하는 살적물품(bulk products)은 가령 100M/T라고 했다 하더라도 정확히 100M/T를 인도한다는 것은 사실상 불가능하며, 인도수량에 다소의 오차가 생기는 것이 일반적이기 때문에 무역계약을 체결할 때에 허용한 과부족을 인정하는 것이다.

(2) 과부족 용인조건의 범위

과부족을 용인하는 허용범위의 유형에는 다음과 같은 것이 있다.

첫째, 과부족의 용인범위를 명시한 경우이다. "100M/T, but 3% more or less at seller~s option"이라 표현하였다면 97M/T~103M/T 범위 내에서 수량을 인도하도록 허용한다.

둘째, 과부족의 용인범위를 표시하지 않은 경우이다. 신용장거래에서 포장단위 또는 개체품목으로 수량이 명시되어 있는 경우가 아니면 신용장금액을 초과하지 아니하는 범위 내에서 ±5%의 과부족은 허용된다.

셋째, 과부족과 관련한 용어를 사용한 경우이다. 수량 앞에 "약"(about, circa, approximately, around, some, etc)이라는 용어를 사용하여 표현할 경우에는 표시수량에서 ±10%의 과부족을 허용하고 있다.

3. 가격에 관한 내용

1) 물품의 가격결정

물품의 가격은 물품의 제조원가에 이윤을 합한 금액이다. 물품의 가격을 결정한다는 것은 물품의 단가를 조정하여 결정하는 일이다. 그러므로 수출업자가 추정하는 수출경쟁가격과 수입업자가 추정하는 수입경쟁가격이 가격을 결정하는 중요한 요소가 될 것이다. 수출물품의 가격을 결정하는 데에는 물품에 대한 공급상황과 수요상황도 중요하지만 환율변동이나 관세, 상대국의 제한요소 등이 작용하게 된다. 따라서 무역업자는 이러한 요인들을 항상 유념하여야 한다.

물품의 가격결정방식은 원가를 기준으로 결정하는 원가기준 가격결정방식과 수요에 따라 결정하는 수요기준 가격결정방식 그리고 경쟁업자를 기준으로 하는 경쟁기준 가격결정방식 등이 있다. 원가기준 가격결정방식은 물품을 생산하는 데에 투입된 원자재 및 임금 등을 포함하여 산정한 원가를 가격으로 하는 것이기 때문에 기업에서 일반적으로 이윤을 더하는 기준이 되는 가격이다. 수요기준 가격결정방식은 해당물품에 대한 수요탄력성 등을 고려하여 기업에서 정책적으로 결정하는 방식이다. 경쟁기준 가격결정방식은 경쟁업체의 물품가격과 비교하여 판매정책에 따라 결정하는 가격이다. 그렇지만 근본적으로는 가격결정방식에서 원가와 마진을 고려한다는 것은 공통된 사항이다.

2) 물품의 가격구성

무역거래자가 물품의 가격을 결정할 때 고려하는 요소는 무역계약이행에 따른 경비의 지출과 관계가 깊다. 일반적으로 무역업자가 물품의 가격을 산출하는 경우에는 단위당 원가, 수출포장비, 수출검사료, 화인비용, 국내운임 및 국외운임, 부선사용료, 선내인부임, 보험비용, 창고료, 금리, 외환비용, 수수료, 전신료, 수출통관비용, 수입통관비용, 양륙비용, 선적비용 등을 계산에 포함하게 된다. 따라서 무역업자가 무역계약이행조건을 어떻게 결정하는가에 따라, 그리고 운송수단의 보유여부 또는 창고의 소유여부 등이 물품의 가격을 결정하는 데에 중요한 영향을 주게 된다.

4. 무역거래에 관한 내용

1) Incoterms® 2020의 무역거래의 규칙

국가 간의 거래에서 관습적으로 사용되는 규칙이며 매도인과 매수인의 위험의 분기점, 비용의 분기점과 소유권의 분기점 등을 근본 내용으로 하고 있으며, 거의 10여년마다 개정되는 인코텀스의 거래규칙은 무역거래에서 지속적으로 사용되어 오고 있다.

인코텀스 2020의 거래규칙은 전 운송방식 전용 거래규칙은 EXW, FCA, CPT, CIP, DAP, DPU, DDP 7가지와 해상 및 내수로 운송방식 전용 거래규칙은 FAS, FOB, CFR, CIF 4가지로 총 11개의 거래규칙이다.

이를 다른 기준으로 다음과 같이 구분하는 것도 가능하다. 현실적 거래규칙과 상징적 거래규칙, 선적지 거래규칙과 양륙지 거래규칙, 지정장소 거래규칙과 특수비용포함 거래규칙 등으로 구분할 수 있다.

현실적 거래 규칙은 EXW, FCA, CPT, CIP, DAP, DPU, DDP, FAS, FOB로 9가지이다, 상징적 거래규칙은 CFR, CIF로 2가지이다. 선적지 거래규칙은 EXW, FCA, CPT, CIP, FAS, FOB, CFR, CIF로 8가지이다. 양륙지 거래규칙은 DAP, DPU, DDP로 3가지이다. 지정장소 거래규칙은 EXW, FCA, DAP, DPU, DDP, FAS, FOB로 7가지이다. 특수비용포함 거래규칙은 CPT, CIP, CFR, CIF로 4가지이다.

인코텀스 2020의 거래규칙에서 중요하게 다루는 것은 매매당사자의 의무와 관련된 매도인과 매수인의 위험의 분기점(division of risk), 비용의 분기점(division of cost) 등이다. 그러므로 매매당사자는 무역계약을 체결하면서 거래규칙을 결정할 때에 이를 참고로 하여 결정하여야 한다.

2) 인코텀스 2020의 구성

전 운송방식 전용 거래규칙은 어떤 운송수단에도 가능한 규칙으로, 선택된 운송수단을 각각 이용할 수 있고 하나 또는 그 이상의 운송수단을 이용해도 되며, 해상운송수단이 전혀 없어도 적용할 수 있다. 해상 및 내수로 운송방식 전용 거래규칙은 물품이 배송되는 지점과 매수인에게 운반되는 장소가 둘 다 항구이다. 따라서 해상 및 내수로 조건의 표제가 붙어 있는 거래규칙들이다.

〈표 4-1〉 인코텀스 2020의 거래규칙

<table>
<tr><th colspan="2" rowspan="2">인코텀스 2020 거래규칙</th><th colspan="3">구분기준</th></tr>
<tr><th>인도·인수 형태</th><th>인도·인수 장소</th><th>표현방식</th></tr>
<tr><td rowspan="7">Rules for any mode or modes of trans- port (전 운송방식 전용 거래 규칙)</td><td>EXW(ex-works: 작업장 인도 거래규칙)</td><td rowspan="9">현실적 거래 규칙</td><td rowspan="4">선적지 거래 규칙</td><td rowspan="2">지정 장소 거래 규칙</td></tr>
<tr><td>FCA(free carrier: 운송인 인도 거래규칙)</td></tr>
<tr><td>CPT(carriage paid to: 운송비지급 인도 거래규칙)</td><td rowspan="2">특수 비용 포함 거래 규칙</td></tr>
<tr><td>CIP(carriage and insurance paid to: 운송비·보험료지급 인도 거래규칙)</td></tr>
<tr><td>DAP(delivered at place)l: 도착장소 인도 거래규칙)</td><td rowspan="3">양륙지 거래 규칙</td><td rowspan="4">지정 장소 거래 규칙</td></tr>
<tr><td>DPU(Delivered at Place Unloaded) 도착지 양하 인도 거래규칙)</td></tr>
<tr><td>DDP(delivered duty paid: 관세지급 반입 인도 거래규칙)</td></tr>
<tr><td rowspan="4">Rules for sea and inland waterway transport (해상 및 내수로 운송방식 전용 거래 규칙)</td><td>FAS(free alongside ship: 선측 인도 거래규칙)</td><td rowspan="4">선적지 거래 규칙</td></tr>
<tr><td>FOB(free on board: 본선 인도 거래규칙)</td><td rowspan="3">특수 비용 포함 거래 규칙</td></tr>
<tr><td>CFR(cost and freight: 운임포함 인도 거래규칙)</td><td rowspan="2">상징적 거래 규칙</td></tr>
<tr><td>CIF(cost, insurance and freight: 운임·보험료 포함 인도 거래규칙)</td></tr>
</table>

5. 운송에 관한 내용

1) 운송수단의 결정

무역계약 당사자는 무역계약을 체결할 때 선적(shipment)에 관한 조건을 결정하게 된다. 무역거래에서는 해상운송, 육상운송, 항공운송, 복합운송 등을 이용한다. 그러므로 상품의 특성과 거리, 기후, 수량, 시간적 여유, 시장환경 등을 고려하여 가장 적합한 운송방법을 선택한 후 선적조건을 결정하여야 한다.

2) 운송시기의 결정

(1) 단 월 선적조건

단 월 선적방법, 즉 한 월 선적방법은 특정한 월에 한정하여 선적시기를 결정하는 방법이다. March Shipment(3월 선적)와 같이 특정의 단 월(單月)을 명시하게 된다. 단 월 선적방법을 선택할 때는 상품이 확보되어 선적일을 정확하게 준수할 수 있을 때 사용하여야 한다.

(2) 연 월 선적조건

연 월(連月) 선적방법은 특정한 월의 연속으로 선적시기를 결정하는 방법이다. March/ April Shipment(3월/4월 선적)와 같이 특정의 연월을 명시하게 된다. 연월 선적방법을 선택할 때는 선적개시일과 종료일에 대한 관점을 분명하게 인식하고 사용하여야 한다.

(3) 즉시 선적조건

즉시 선적조건은 선적시기를 어느 월이나 일 또는 몇 일 이내 등으로 명확하게 약정하지 않고 막연하게 즉시 또는 조속히 선적하도록 하는 조건이다.

(4) 조건부 기한표시

조건부 기한표시는 일정조건을 전제로 그 시점을 기점으로 기한을 표시하는 방법이다. 예를 들면 서류의 도착 후 며칠 이내 등과 같이 조건에 해당하는 내용을 기점으로 기한을 표시하게 된다.

3) 운송유형의 결정

(1) 분할선적

분할선적(instalment shipment)은 매도인이 물품의 전량을 인도하기 어렵거나 매수인이 한꺼번에 전량을 인수하기 곤란한 때 또는 운송사정 상 문제가 있는 경우에, 전량을 선적하지 않고 수 회로 나누어 선적을 하는 것이다.

(2) 환적

환적(transshipment)은 선적항에서 선적된 화물을 목적지로 가는 도중에 다른 운송수단에 옮겨 싣는 것으로 이적을 포함한다.

3) 운송지연 해결방법 결정

(1) 선적일의 결정과 증명

선적일은 계약화물 전부를 선적 완료한 날이다. 선적 날짜를 입증할 수 있는 것은 선화증권뿐이다. 그러므로 선화증권 발행일을 선적 날짜로 간주하는 것이 관행이다. 즉, 선적일(date of shipment)의 경우, 선적 선화증권의 경우는 증권에 나타난 실제의 선적 날짜가 선적일이고, 수취 선화증권 증권에 운송인 또는 그 대리인이 부기(notation)하고 이에 기입하는 날짜를 선적 적재일로 간주한다.

(2) 선적지연

선적지연(delayed shipment)은 상품을 약정된 일자에 선적할 수 없어서 발생하는 상황이다. 선적지연은 분쟁의 원인이 되기 때문에 무역당사자는 일반거래협정서나 무역계약서에 그 사유와 처리방법에 대하여 명시하여 놓는 것이 바람직하다.

6. 해상보험에 관한 내용

무역계약 당사자가 보험에 부보를 하는 것은 운송 중에 발생하는 위험을 대비하는 것이다. 그러므로 보험에 부보하는 조건은 해당 물품과 운송방법에 따라 달라지게 된다. 그래서 보험계약을 체결할 때는 무역계약을 체결할 때의 부보조건으로 이행하여야 한다.

7. 대금결제에 관한 내용

무역계약을 체결할 때 대금의 결제조건은 자금의 준비성을 고려하여 결정해야 한다. 대금결제조건에서 중요한 것은 대금결제 시기이다. 수출업자는 무역결제시기를 조속한 시일 내로 결정하고자 할 것이다. 이에 대하여 수입업자는 대금결제시기를 늦추고자 할 것이다. 그러므로 무역계약 당사자는 이러한 이해 상관관계를 고려하여 대금결제시기 및 조건 등을 결정해야 한다.

8. 클레임 해결에 관한 내용

사실상 무역거래를 시작하여 무역대금을 결제할 때까지 문제가 없다면 무역당사자는 클레임에 대하여 우려할 이유가 없다. 그러나 무역거래는 국가 간의 거래이기 때문에 많은 클레임이 발생한다. 이에 따라 클레임이 발생했을 때 어떤 방법으로 해결할 것인지에 관한 조건을 결정하는 것이다.

제5장 신용장

제1절 신용장

1. 신용장의 의의와 성질

1) 신용장의 의의

신용장(letter of credit ; L/C)은 무역 대금결제를 원활하게 하기 위하여 수입업자의 거래은행이 수입업자의 요청에 따라 발행하는 것으로, 신용장에 명시된 조건과 일치하는 선적서류와 상환으로 수출업자 또는 그 지시인이 발행하는 환어음에 대하여 지급(payment), 인수(acceptance) 또는 매입(negotiation)할 것을 확약한 서신이다.

2) 신용장의 성질

신용장은 매매계약에 근거를 두고 개설되는 것이지만 매매계약과는 별개의 독립된 거래가 된다. 이러한 특성을 신용장의 독립성이라고 한다. 수출업자 및 수입업자는 신용장을 활용하는 과정에서 무역거래에서 발생한 문제를 이유로 개설은행에 항변할 수 없다. 따라서 무역거래에서 발생한 문제는 무역업자 간에 해결하여야 한다.

신용장거래는 상품거래가 아니고 오직 서류상의 거래이다. 이러한 특성을 신용장의 추상성이라고 한다. 개설은행은 수입업자가 지시한 내용에 따라 신용장 조건에 일치하는 서류만을 가지고 대금결제를 하게 된다.

2. 신용장의 기능과 한계점

1) 신용장의 기능

첫째, 수출거래를 확정시킨다. 신용장이 개설된 경우에는 개설은행이 대금의 결제를 확약하고 있어 수출업자는 수출을 확정할 수 있게 된다.

둘째, 신용위험의 회피이다. 신용장은 수출대금에 대하여 지급, 인수, 매입을 확약한 것이다. 그러므로 신용장이 개설된 후에는 수입업자의 사정에 의한 대금지급거절이나 주문취소, 도착화물에 대한 수령거절 등과 같은 사항이 발생하더라도 수출업자는 불안해 할 이유가 없다.

셋째, 환결제 위험의 회피이다. 수입국의 외환관리 사정에 의하여 수입업자가 대금지급 의사가 있더라도 지급을 하지 못하는 경우가 있다. 그러나 이미 신용장이 개설되었다면 합법적인 절차에 의하여 신용장이 개설된 것이므로 경과조치로 인정받아 환결제를 할 수 있다.

넷째, 국제금융의 원활화이다. 수출업자가 자금사정이 부족한 경우에는 원신용장 자체를 활용하거나 내국신용장을 발행받아 무역금융에 활용할 수 있다. 수입업자로서도 신용장을 근거로 수입화물의 대도나 수입화물선취보증서 제도 등을 활용할 수 있다.

2) 신용장 거래의 한계점

신용장은 환어음이나 수표와는 다른 성질을 가지고 있기 때문에 절대적인 지급수단이 되지 못한다. 즉, 신용장은 유가증권이 아니고 은행의 지급, 인수, 매입을 확약받고 있을 뿐이다.

그러므로 신용장의 독립추상성이라는 성질은 상업적인 위험을 유발시킬 가능성이 높다. 즉 신용장은 서류에 의한 거래이기 때문에 실제의 계약에서 합의한 상품과 다른 상품이 선적된 경우 발생되는 위험은 수입업자에게 전가될 가능성이 있다. 또한 서류가 치밀하게 위조된 경우에도 은행으로서는 외형상의 일치성만으로 대금에 대한 결제를 하기 때문에 수입업자에게는 불리한 요인으로 작용할 수도 있다.

3. 신용장거래의 당사자

1) 기본당사자

(1) 개설의뢰인

개설의뢰인(applicant)은 신용장의 개설을 의뢰하는 자로서 신용장 발행의뢰인이라고도 한다. 또한 신용장의 개설을 신청하는 의미로 신용장 개설신청인이라고 한다. 신용장 개설의뢰인은 수입업자이며 매수인 그리고 수화인인 동시에 양륙인이다. 환어음의 결제라는 면에서는 어음결제인, 혹은 어음인수인이라고도 한다.

(2) 개설은행

개설은행(issuing bank or opening bank)은 개설의뢰인의 의뢰에 따라 신용장을 개설하는 은행으로서 신용장 발행은행이라고도 한다. 개설은행은 수입업자의 의뢰에 의하여 신용장을 발행하고 신용장조건에 일치하는 서류와 상환으로 수익자가 발행하는 환어음에 대하여 지급, 인수, 매입을 하게 된다.

(3) 수익자

수익자(beneficiary)는 수출업자이며 매도인 그리고 송화인인 동시에 선적인이다. 환어음의 결제라는 면에서 환어음의 발행인이다. 신용장거래에서 가장 많은 이익을 향유한다는 면에서 수익자라고 한다. 수익자는 상품을 선적하고 신용장조건에 일치하는 선적서류를 준비하여 은행에 매입을 의뢰하게 된다.

2) 기타 당사자

(1) 통지은행

통지은행(advising bank or notifying bank)은 환결제계약에 의하여 수출업자의 소재지에서 수출업자에게 자기의 책임없이 신용장을 전달 내지 통지해 주는 은행이다.

(2) 매입은행

매입은행(negotiating bank)은 신용장에 의하여 발행되는 환어음을 매입하는 은행이다. 환어음의 매입은 주로 환어음의 할인매입을 의미한다. 시중에서는 'nego'라는 명칭으로 지급, 인수 매입에 구별없이 사용하고 있지만 실제의 의미는 매입을 지칭하는 단어이다.

(3) 지급은행

지급은행(paying bank)은 신용장에 의하여 발행되는 환어음에 대하여 지급을 행하는 은행이다. 수익자가 발행한 환어음이 지급되는 경우는 대개 일람출급 환어음인 경우이다.

(4) 인수은행

인수은행(accepting bank)은 신용장에 의하여 발행되는 환어음에 대하여 인수를 행하는 은행이다. 수익자가 발행한 환어음을 인수하는 경우는 대개 기한부 어음인 경우이다.

(5) 확인은행

확인은행(confirming bank)은 신용장을 발행한 개설은행에 대한 신뢰도가 낮을 때 수익자의 요청에 의하여 국제적으로 명성이 있는 제3의 은행이 개설된 신용장에 대하여 지급, 인수, 매입에 대한 확약을 하여 주는 은행이다. 확인은행은 개설은행과는 별도로 신용장에 의하여 발행된 환어음의 지급, 인수, 매입을 확약하고 있다.

4. 신용장의 거래절차

신용장거래는 무역계약을 체결한 후에 수출업자의 요청에 의하여 수입업자가 거래은행에 신용장의 개설을 신청함으로써 시작된다.

신용장의 개설신청에 필요한 서류로는 신용장 개설신청서, 신용장 거래약정서, 수입승인서, 보험증권 등이다. 신용장의 개설신청을 하는 경우 때에 따라서는 수입보증금의 적립이 필요하게 된다.

〈그림 5-1〉 신용장거래 절차

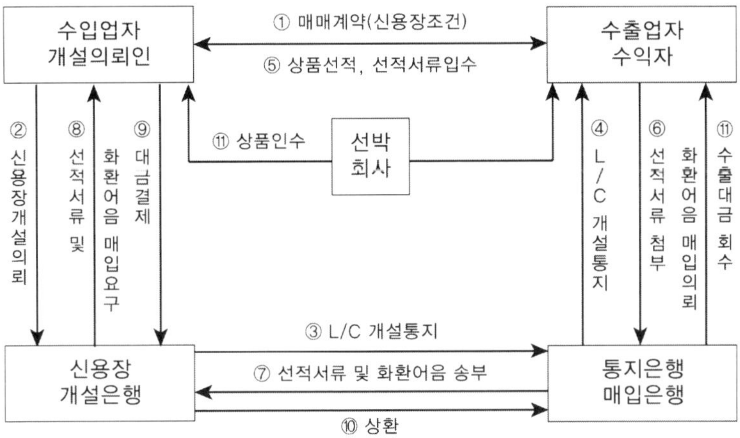

수입업자로부터 개설의뢰가 있게 되면 개설은행은 신용장 개설신청서를 심사하여 신용장을 개설하게 된다. 개설은행은 통지은행을 경유하여 신용장의 개설사실을 통지한다. 개설은행이 수입업자를 경유하여 신용장의 개설사실을 알리는 경우도 있다.

수출업자는 신용장 개설사실을 통보 받은 후에 수출에 착수하게 된다. 상품에 대한 수출준비가 완료되면 선적서류를 입수하게 된다. 기본적인 선적서류로는 선화증권, 보험증권, 송장을 구비하고 기타 신용장에서 요구되는 서류가 있으면 이를 준비하여야 한다. 수출업자는 신용장에서 요구하는 모든 선적서류가 구비

되면 환어음을 발행하여 은행에 지급, 인수, 매입을 의뢰하게 된다.

매입은행에 추심이 의뢰된 환어음은 서류와 상환이라는 절차를 거쳐 개설은행에 도착하게 된다. 이에 따라 선적서류는 개설은행을 경유하여 개설의뢰인의 대금결제를 거쳐 수출대금을 수출업자가 회수함으로써 종료된다. 개설의뢰인은 선적서류를 입수한 후 운송회사에 제시하여 소정의 절차를 거친 후 상품을 입수하게 된다.

제2절 신용장의 종류

1. 신용장의 일반형태

1) 상업신용장과 클린신용장

상업신용장(commercial credit)은 무역신용장이라고 하는데 수출입거래에서의 대금결제에 대한 취결을 보장해 주는 조건으로 발행한 신용장이다.

클린신용장(clean credit)은 담보물건으로서의 선적서류가 제시되지 않고 환어음만의 발행만으로 결제될 수 있도록 하는 조건으로 발행한 신용장이다. 클린신용장은 여행자신용장과 보증신용장이 대표적이다.

2) 수출신용장과 수입신용장

수출신용장(export's credit)은 수출업자가 발행은행으로부터 송부되어 온 신용장이다. 수입신용장(import's credit)은 수입업자가 의뢰하여 발행한 신용장이다.

따라서 신용장을 수입업자의 입장에서 보면 수입신용장이 되고 수출업자의 입장에서 보면 수출신용장이 되는 것이다.

3) 취소불능신용장과 취소가능신용장

취소불능신용장(irrevocable credit)은 신용장에서 명시한 조건에 따라 개설은행이 확약한 사실에 대하여 신용장 거래 당사자 전원의 합의가 없이는 신용장의 조건을 변경하거나 취소할 수 없도록 하는 조건으로 발행한 신용장이다. 신용장 당사자 전원이란 개설은행, 확인은행 및 수익자 전원을 의미한다. 신용장통일규칙에서는 개설의뢰인이 환어음에 대한 지급, 인수, 매입을 확약하고 있는 것이 아니라는 입장에서 제외시키고 있다.[7] 신용장 면에 irrevocable 혹은 revocable이란 용어가 없는 경우에는 취소불능신용장으로 인정한다.

취소가능신용장(revocable credit)은 신용장에서 명시한 조건에 따라 개설은행이 확약한 사실에 대하여 신용장 당사자 전원의 합의가 없어도 어느 일방에 의하여 신용장의 조건을 변경하거나 취소할 수 있는 조건으로 발행한 신용장이다.

4) 화환신용장과 무화환신용장

화환신용장(documentary credit)은 수출업자가 상품을 선적한 후에 신용장 조건에 일치하는 선적서류를 첨부하여 발행하는 환어음에 대하여 지급, 인수, 매입을 확약하는 조건으로 발행한 신용장이다.

무화환신용장(documentary clean credit)은 수익자가 선적서류의 첨부없이 환어음을 발행하는 경우 이에 대하여 지급, 인수, 매입할 것을 확약하는 조건으로 발행한 신용장이다. 수출업자가 선적서류를 수입업자에게 직접 송부하고 은행에는 환어음만 매입을 의뢰할 수 있는 신용장이다.

5) 확인신용장과 미확인신용장

확인신용장(confirmed credit)은 개설한 신용장에 대하여 개설은행의 신용도나 신뢰도에 문제가 있다고 판단하는 경우 제3국의 명성있는 은행이 별도의 결제를 보증하는 조건으로 발행한 신용장이다. 따라서 원래의 신용장상의 지급,

---

7) 신용장통일규칙 제9조 d항 I호.

인수, 매입에 대한 보증과는 별도로 제3은행이 지급, 인수, 매입에 대한 확약을 하는 조건의 신용장이다.

미확인신용장(unconfirmed credit)은 이미 개설한 신용장에 대하여 별도의 확인이 없는 신용장이다. 신용장상에 확인에 대한 명확한 표시가 없는 경우에는 미확인신용장으로 간주한다.

신용장의 확인은 별도의 지급, 인수, 매입에 대한 확약을 의미하는 것이다. 그러므로 취소불능신용장에 대한 확인신용장, 취소불능에 대한 미확인신용장, 취소가능 신용장에 대한 미확인신용장은 성립할 수 있으나 취소가능 신용장에 대한 확인신용장은 성립할 수 없다.

6) 상환청구가능신용장과 상환청구불능신용장

상환청구가능신용장(with recourse credit)은 수익자에 대한 대금지급이후 추심된 환어음의 지급인인 개설의뢰인이 지급을 거절하거나 지급불능의 상태에 있을 때 환어음의 소지인인 은행이 수익자에게 지급한 대금을 상환청구 할 수 있는 조건으로 발행한 신용장이다. 우리나라에서는 어음법에 의하여 상환청구가 가능하도록 규정되어 있다. 또한 상환청구에 관한 명확한 명시가 없는 경우에는 상환청구가능으로 간주한다.

상환청구불능신용장(without recourse credit)은 환어음의 지급인이 지급 또는 인수를 거절하는 경우 환어음을 소지한 은행이 수익자에게 어음법상의 상환청구권을 행사하지 못하도록 하는 조건으로 발행한 신용장이다. 따라서 수익자에 대하여 대금지급 이후 어떠한 경우에도 수익자에게 상환청구를 할 수 없도록 한 신용장이다.

7) 매입신용장과 지급신용장

매입신용장(negotiation credit)은 수익자가 발행하는 환어음의 매입을 허용한 신용장이다. 매입신용장은 수익자, 어음발행인, 배서인, 선의의 소지인 등에 대해서도 지급을 확약하는 조건으로 발행한 신용장이다.

지급신용장(straight credit)은 신용장 발행은행이나 환거래 결제은행 앞으로 환어음이 발행되어 제시되면 발행인에게 지급하겠다는 조건을 약정한 신용장이다.

8) 보통신용장과 특정신용장

보통신용장 혹은 개방신용장(general or open credit)은 신용장조건에 의하여 발행된 어음의 매입을 어느 은행에서나 행할 수 있도록 허용하는 조건으로 발행한 신용장이다. 보통신용장은 수익자가 판단하여 가장 유리한 환율을 적용하는 은행을 선택하여 환어음의 매입을 의뢰할 수 있도록 조건으로 발행한 신용장이다.

특정신용장 혹은 특수신용장(special or restricted credit)은 신용장조건에 의하여 발행된 어음의 매입을 특정은행으로 제한하도록 조건으로 발행한 신용장이다.

9) 일람출급신용장과 기한부신용장

일람출급신용장(sight credit)은 신용장에서 허용하고 있는 환어음의 발행이 일람출급어음으로 되어 있는 신용장을 의미한다. 따라서 환어음이 어음의 지급인에게 제시되면 즉시 대금지급을 하는 조건으로 발행한 신용장이다.

기한부신용장(usance credit)은 신용장에서 허용하고 있는 환어음의 발행이 기한부어음으로 되어 있는 신용장을 의미한다. 따라서 환어음이 어음지급인에게 제시되고 일정기간이 경과한 후에 대금이 지급되는 조건으로 발행한 신용장이다.

10) 양도가능신용장과 양도불능신용장

양도가능신용장(transferable credit)은 신용장에 양도가능(transferable)이라는 표시를 하여 수출업자가 제 2의 수익자에게 양도할 수 있도록 지급·인수·매입은행에 요청하는 것을 허용하는 조건으로 발행한 신용장이다. 양도를 하는 경우에는 수출업자의 양도 요청을 받은 은행의 승낙이 있어야 한다. 모든 신용장에 대하여 무조건 양도를 허용하고 있는 것은 아니다. 양도가능신용장이 되기 위해서는 조건을 구비하여야 한다.

양도불능신용장(non-transferable credit)은 신용장의 양도가 허용되지 않는 신용장이다. 이에 따라 원수익자만 사용하는 조건으로 발행한 신용장이다. 신용장상에 양도가능에 대한 명시가 없거나 불명확한 경우에는 양도불능신용장으로 간주한다.

2. 신용장의 특수형태

1) 회전신용장

회전신용장(revolving credit)은 신용장을 개설한 후 일정기간이 경과하면 동일한 내용으로 효력이 갱생되는 조건으로 발행한 신용장이다. 즉 동일한 거래처와 동일한 상품을 일정기간 반복적으로 거래하는 경우 거래를 할 때마다 신용장을 발행하는데 따른 시간과 경비를 절약하기 위하여 발행하는 신용장이다. 대부분 신용장 금액을 설정해 놓고 자동적으로 갱생하도록 하고 있다.

2) 전대신용장

전대신용장 혹은 선대신용장(red clause or packing credit)은 개설은행이 매입은행으로 하여금 수출상에게 선적전에 일정한 조건으로 수출대금을 전대할 수 있도록 하고 그 전대금의 보상을 확약하는 조건으로 발행한 신용장이다. 전대를 허용한 문언이 붉은 활자로 되어 있어서 red clause credit이라고도 한다. 또한 수출업자로서는 상품을 집하하여 포장만 하면 수출이 가능하다는 의미에서 packing credit이라도 한다.

전대신용장은 즉 수출상이 선적 전에 수출물품의 생산, 가공 등에 필요한 자금을 선적서류의 첨부가 없이 매입은행으로 하여금 전대하도록 허용한 신용장이다. 수출대금을 전대할 때 필요한 서류는 영수증과 선적한 후에 운송서류를 은행에 제시하겠다는 각서뿐이다.

3) 연장신용장

연장신용장(extended credit)은 수출업자의 자금조달을 위하여 신용장 발행의뢰인의 요청에 의하여 수익자가 상품을 선적하기 전에 발행하는 무담보환어음을 수익자의 거래은행이 매입하고 일정 기간 내에 선적서류를 환어음 매입은행에 제공할 것을 조건으로 발행한 신용장이다.

4) 현금신용장

현금신용장(cash credit)은 수입업자의 거래은행이 수출업자 소재지의 자기은행의 본지점이나 환거래계약 체결은행 앞으로 일정한 자금을 송금하여 예치해 놓고 그 자금을 담보로 하여 수출업자가 신용장에 일치하는 선적서류와 상환으로 발행하는 환어음에 대하여 어음의 지급을 확약하는 조건으로 발행한 신용장이다.

5) 동시개설신용장

동시개설신용장(back to back credit)은 국가 상호간에 수출입의 균형을 유지하기 위한 구상무역에 사용하는 신용장이다. 수입업자가 수입하는 상품의 액수와 같은 금액인 신용장을 수출업자가 수입하는 입장에서 개설해야 유효하다는 조건을 전제로 발행한 신용장이다.

6) 기탁신용장

기탁신용장(escrow credit)은 수입업자가 수출대금을 결제함에 있어서 수출업자의 기탁계정을 개설하여 수출대금을 기탁해 놓고 수출업자가 신용장을 발행한 국가로부터 수입하는 상품의 대금결제에만 사용하는 조건으로 발행한 신용장이다. 양당사자는 동액의 신용장을 개설하지 않아도 된다는 점에서 동시개설신용장과 차이가 있다.

7) 백지신용장

백지신용장(blank credit)은 신용장의 금액은 확정되어 있으나 상품의 명세가 확정되지 않아 선적 상품에 대하여 백지 위임하는 조건으로 발행한 신용장이다. 산업설비나 명세가 복잡한 부품에 대하여 별첨의 서류를 첨부하기로 하고 신용장상의 물품란에는 일반적인 포괄적 용어로 기입하여 사용하는 백지위임양식의 신용장이다.

8) 내국신용장

내국신용장(local, domestic credit)은 수출업자가 국내의 외국환은행을 통하여 원신용장을 견질로 수출용 상품이나 원자재 등의 확보를 위하여 국내의 완제품 공급자나 원자재 공급자 앞으로 발행한 신용장이다.

내국신용장은 수출용 완제품과 수출용 원자재를 국내에서 구매하고자 하는 자의 신용을 신용이 확실한 외국환은행이 보증함으로써 공급물자의 대금회수를 위한 어음의 지급을 확실하게 하여 매매계약을 확정시킴과 동시에 수출용 완제품과 수출용 원자재의 공급자로 하여금 무역금융의 혜택을 받을 수 있게 하여 물자의 공급을 원활하게 하려는 것이다.

3. 신용장 유사형태

1) 어음매입수권서

어음매입수권서(authority to purchase ; A/P)는 수입업자의 거래은행이 수입업자의 요청에 따라 수출지에 있는 자행의 본지점이나 환거래은행에 대하여 수출업자가 일정한 조건을 갖춘 선적서류를 첨부하여 수입업자 앞으로 발행한 환어음에 대하여 이를 매입하도록 지시한 통지서이다. 개설은행이 환어음의 인수, 지급에 대한 독자적인 확약을 하지 않고 있다는 점이 신용장과 다르다.

2) 어음지급수권서

어음지급수권서(authority to pay ; A/P)는 수입업자의 거래은행이 수입업자의 요청에 따라 수출지에 있는 자행의 본지점이나 환거래은행에 대하여 수출업자가 일정한 조건을 갖춘 선적서류를 첨부하여 수권된 은행 앞으로 발행한 환어음에 대하여 이를 지급하도록 지시한 통지서이다.

개설은행이 환어음의 지급에 대한 독자적인 확약을 하지 않고 있다는 점이 신용장과 다르다.

3) 지급보증서

지급보증서(letter of guarantee ; L/G)는 수입업자의 거래은행이 수입업자의 지급을 보증하는 뜻으로 수출업자 앞으로 발행하는 일종의 보증서이다.

지급보증서는 개설은행의 독립된 확약이 아닌 수입업자의 지급을 보증하는 부수적 채무에 불과하다는 것이 신용장과 다르다.

제3절 신용장의 개설과 조건변경

1. 신용장의 개설

1) 신용장 개설신청

(1) 신용장 개설신청과 담보

신용장이 개설되면 개설은행은 수입업자를 대신하여 수출업자에 대하여 대금지급을 책임지게 된다. 즉 신용장의 개설 후에 신용장 개설의뢰인이 파산을 하거나 지급불능인 상태가 되는 경우에도 개설은행은 확약에 대한 책임을 지게 된다. 이에 따라 신용장 개설의 담보로써 개설은행은 일정률의 수입보증금을 적립하도록 요구하고 있다.

(2) 신용장 개설신청 서류

① 상업신용장 거래약정서

신용장을 개설하기 전에 개설신청인과 개설은행은 신용장 개설에 관한 전반적인 사항을 규제하는 계약을 체결하게 된다. 이 계약은 은행이 제시한 제안에 대하여 채무자가 동의하는 형식으로 이루어지게 된다. 이때 작성하는 계약서가 상업신용장 거래약정서(commercial letter of credit agreement)이다.

② 신용장 개설신청서

수입업자는 상업신용장 거래약정서를 근거로 신용장 개설신청서를 제출하여야 한다. 신용장 개설신청서에 기재된 내용은 신용장의 조건이 되기 때문에 모든 사항을 간단 명료하고 정확하게 기재하여야 한다. 각 조항은 매매계약 및 수입허가서 또는 승인서의 제 조건과 반드시 일치하여야 한다.

2) 신용장 개설방법

(1) 우편에 의한 개설

우편에 의한 개설은 신용장의 모든 내용을 우편으로 우송하는 것이다. 우편에 의하여 신용장을 개설하는 경우에는 무역거래의 이행에 시간적 여유가 있을 때 활용한다. 우편에 의한 개설은 개설은행이 신용장 개설신청서의 내용을 자행의 신용장 양식에 이기한 후 자행의 본지점이나 환거래은행 또는 개설의뢰인이 지정하는 통지은행에게 우송하여 수익자에게 신용장을 전달하는 방식이다.

(2) 전신에 의한 개설

① 전신에 의한 개설의 의의

전신에 의한 개설은 신용장의 모든 내용을 인증된 전신으로 송신하는 것이다. 전신에 의하여 신용장을 발행하는 경우에는 시간적 여유가 없을 때 활용한다.

② 전신에 의한 개설 방법

㉠ Cypher(**전신약호)에 의한 개설방법**

Cypher(전신약호)에 의한 개설방법은 환거래결제계약 체결은행간 지정한 전신약호에 의하여 신용장을 개설하는 방법이다. 통지은행은 전송되어 온 전신약호를 일반 문형으로 변환하여 수익자에게 통지하게 된다. 이 때 통지한 신용장은 이후 개설은행으로부터 송부된 우편확인장(mail conformation)을 근거로 내용을 수정할 수 있다.

㉡ Full Cable**에 의한 방법**

Full Cable에 의한 방법은 신용장의 내용 모두를 전신으로 송달하는 방법이다. 따라서 Full Cable로 송달된 내용을 수익자에게 통지하도록 지시된 경우에는 유효한 신용장으로 인정하게 된다.

㉢ Short Cable**에 의한 방법**

Short Cable에 의한 방법은 신용장의 내용을 약식으로 축약하여 전신으로 송달하는 방법이다. 그러므로 full details follow라는 문구를 삽입하여 단순한 통지서임을 밝히게 된다. 이후에 송달되어 오는 우편확인장이 유효한 신용장이 된다.

㉣ Refer to our previous credit**에 의한 방법**

Refer to our previous credit은 이미 개설된 신용장과 유사한 내용의 신용장을 동일한 수익자 앞으로 개설하고자 하는 경우에 기개설된 신용장을 참조하도록 지시하고 변경된 내용만 타전하는 방식이다.

3) 신용장의 내용

(1) 신용장 자체에 관한 사항

신용장 자체에 관한 사항은 신용장의 특성을 결정짓는 중요한 요소이다. 신용장 자체에 관한 중요한 사항으로는 신용장 개설은행명(issuing bank), 신용장의 종류(kind of L/C), 신용장번호(L/C number), 신용장 개설일자(date of issue), 통지은행명(advising bank), 수익자명(beneficiary), 신용장 개설신청인명(applicant), 신용장 금액(L/C amount), 신용장의 유효기일(expiry date) 등이 있다.

(2) 어음에 관한 사항

신용장의 발행은 대금결제와 중요한 관계를 갖는다. 신용장조건에 일치하는 선적서류와 상환으로 발행하는 환어음에 대하여 지급, 인수, 매입을 확약한 것이므로 환어음에 관한 사항은 매우 중요하다. 환어음에 관한 사항은 어음발행인(drawer), 어음지급인(drawee), 어음기한(tenor)과 어음금액(amount of draft), 어음 면의 기재문구 등이다. 어음 면의 기재문구는 법적 기재사항과 임의적 기재사항으로 구분된다.

(3) 서류에 관한 사항

신용장에 기재되는 서류에 관한 사항은 선적서류에 대한 것이다. 선적서류는 기본서류와 기타서류로 구분할 수 있다. 신용장에 의하여 환어음을 발행할 때 첨부하여야 할 기본서류는 운송서류(transport documents)인 선화증권(bill of lading ; B/L)과 해상보험증권(marine insurance policy) 그리고 상업송장(commercial invoice) 등이다. 기타 서류는 신용장에서 상품과 관련하여 제시한 다양한 서류가 된다.

(4) 상품에 관한 사항

신용장에 기재되는 상품에 관한 사항은 상품명, 상품의 수량, 단가 및 가격조건 등이다. 상품에 관한 사항은 원칙적으로 무역계약서에 기재된 내용과 일치해야 한다. 상품에 관한 사항이 무역계약서와 불일치하는 경우에는 이를 확인하고 정정을 요구해야 한다. 만약 고의적인 행위에 의하여 신용장에 기재된 상품에 관한 내용이 무역계약서와 불일치한 것이라면 무역계약의 실행에 대한 의사가 없는 것으로 간주해야 한다. 그리고 상품에 관한 사항은 수출할 때에 작성하는 상업송장의 내용과 일치해야 한다.

(5) 선적에 관한 사항

선적에 관한 사항은 운송과 직접적으로 관련이 있는 것이다. 이에 따라 선적항, 도착항, 선적기일, 분할선적 규정, 환적 규정, 선적서류의 제시기한, 선적서류의 우송지시문언 등이 기재된다. 선적서류의 우송지시문언은 선적서류의 우송도중에 발생할 가능성이 있는 분실에 대비하여 두번에 나누어 개설은행으로 직접 보내도록 지시하는 내용이다.

(6) 기타 사항 및 준거문언

기타 사항으로는 특수조건, 매입은행에 대한 신용장 배서요구 문언, 개설은행의 지급확약문언, 신용장 통일규칙 적용문언 등을 들 수 있다. 기타조건을 첨부하는 경우에는 수출업자가 이를 준수할 수 있는지의 여부를 확인하는 것이 바람직하다.

신용장 통일규칙 준거문언은 "Except so far as otherwise~Uniform Customs and Practice for Documentary Credit(2007 revision Publication No. 600)"으로 기재하여 별도 명시가 없는 한 국제상업회의소의 신용장 통일규칙(2007년 개정분)을 적용한다는 의미로 기재되어 있다.

2. 신용장의 조건변경과 양도

1) 신용장의 조건변경

수출업자는 신용장을 접수하면 신용장 조건을 점검하게 된다. 점검결과 무역계약조건과 다른 내용이 있다거나 신용장 자체에 문제가 있어 그대로 두면 계약물품의 선적이나 환어음의 매입에 지장이 있다고 판단될 경우 신용장의 개설신청인인 수입업자에게 조건변경을 요청한다.

수입업자로서도 신용장이 개설된 다음 수입허가 또는 승인사항이 변경되게 되면 신용장의 내용변경이 필요하게 된다.

2) 신용장의 양도

신용장의 양도는 신용장상의 수익자가 자기의 권리의 전부 또는 일부를 수익자가 지시하는 다른 당사자인 제 2 수익자에게 이전하는 것이다. 그래서 신용장의 양도는 환어음이나 선화증권과 같은 유가증권의 양도와는 다른 것이다.

제 6 장 수출화물의 준비

제1절 화물의 집하

1. 완제품 및 원재료의 국내구매

1) 내국신용장의 활용

내국신용장은 수출용 완제품이나 수출용 원료를 국내에서 구매하는 경우에 활용하는 수단이다. 내국신용장을 발행하게 되면 수출업자는 수출물품의 확보에 필요한 자금부담을 경감시킬 수 있다. 내국신용장의 수익자인 상품공급자는 대금회수의 보장, 자금지원 확보, 수출실적으로의 인정, 관세환급, 부가가치세 영세율 적용 등과 같은 혜택을 받을 수도 있다.

2) 구매승인서의 활용

구매승인서는 수출용 완제품이나 수출용 원료를 국내에서 구매하는 경우에 활용하는 수단이다. 구매승인서는 내국신용장의 발행이 어려운 경우에 활용한다. 외국환은행의 장이 내국신용장에 준하여 발행하는 증서이다. 내국신용장과는 다르게 대금지급을 보증하지 않고 있으며 무역금융의 대상도 되지 않는다.

3) 수입원자재 구매승인서의 활용

수입원자재 구매승인서에 의한 구매는 중소수출업체가 수입하기 어려운 다품종, 소량 외화획득용 원료의 조달을 위하여 외국환은행의 장이 내국신용장에 준해서 발행하는 증서이다. 또한 수입된 외화획득용 원료를 생산과정을 거치지 않은 상태로 국내에서 구매하는 경우에 발행하기도 한다.

2. 외화획득용 원료의 수입

1) 외화획득용 원료수입의 의의

외화획득용 원료를 수입하는 것은 국내시장에서 수출물품에 사용될 원료를 공급할 수 없기 때문이다. 외화획득용 원료의 수입은 수출입공고의 적용을 받지 않는다. 외화획득용 원료를 수입할 때에 부과된 관세는 해당 원료를 사용한 상품의 수출이 완료된 후 환급받을 수 있다.

2) 소요량의 책정

소요량은 수출품 전량을 생산하는데 소요된 원자재의 실량과 손모량을 합한 양이다. 기준소요량은 고시된 수출품 1단위를 생산하는데 소요된 원자재의 양으로서 단위실량과 평균손모량을 합한 양이다. 단위실량은 수출품 1단위를 생산하는데 소요된 원자재의 양이다. 단위소요량은 기준소요량이 고시되지 않은 품목에 대하여 소요량증명서 발급기관이 산출한 수출품 1단위를 생산하는데 소요된 원자재의 양으로서 단위실량과 평균손모량을 합한 양이다.

3) 소요량증명서와 가수요량증명서

(1) 소요량증명서

수입업자가 외화획득용 원료를 수입하는 경우 그 수량에 대한 규제를 받게 된다. 이에 따라 소요량증명서 발급기관이 외화획득을 이행하는데 소요된 원자재의 양을 계산하고 그 내용을 확인하여 발급하는 증명서가 소요량증명서이다.

(2) 소요량계산서

소요량계산서는 외화획득을 이행하는데 소요된 원자재의 양을 당해 기업이 자체 계산하여 작성한 서류이다.

(3) 가소요량증명서

소요량을 산정하는데 원료의 종류가 다양하거나 제품공정과정이 특수하여 확정소요량을 산출하는데 장시간이 소요되는 경우에는 가소요량증명서를 발급하게 된다.

제2절 무역금융

1. 무역금융의 의의와 유형

1) 무역금융의 의의

무역금융은 무역자금의 융통이나 신용의 공여이다. 무역업자가 무역을 이행할 때 항상 자금회전율이 좋은 것은 아니다. 즉 무역업자가 무역을 이행할 의사가 있더라도 자금이 부족하여 수출을 이행하지 못하는 경우가 있다. 이와 같은 문제점을 해결하고자 운용되고 있는 것이 무역금융이다.

2) 무역금융의 유형

(1) 금융의 방향에 의한 분류

무역금융은 금융의 방향에 따라 수출금융, 수입금융, 현지금융으로 구분된다. 수출금융은 수출과 관련하여 이루어지는 금융이다. 수입금융은 수입과 관련하여 이루어지는 금융이다. 현지금융은 현지에서 무역과 관련하여 이루어지는 금융이다.

(2) 금융의 화폐종류에 의한 분류

무역금융은 금융의 화폐종류에 따라 원화금융, 외화금융으로 구분된다. 원화금융은 원화로 금융이 이루어진다. 외화금융은 외화로 금융이 이루어진다.

(3) 선적시점에 의한 분류

무역금융은, 선적시점을 기준으로 선적전 금융, 선적후 금융으로 구분한다. 선적전 금융은 수출업자가 제물품을 집하하여 선적을 할 수 있도록 이루어지는 금융이다. 선적후 금융은 선적완료 후 대금추심기간 중에 이루어지는 금융이다.

(4) 금융기간에 의한 분류

무역금융은 기간에 따라 단기금융, 중장기금융, 장기금융으로 구분이 가능하다. 단기금융은 금융기간이 1년 이내의 무역금융이다. 중장기금융은 금융기간이 1년에서 5년 사이, 장기금융은 금융기간이 5년 이상의 무역금융이다.

(5) 금융공여자의 소재지에 의한 분류

신용공여자의 소재지를 중심으로 국내금융과 국제금융으로 구분이 가능하다. 국내금융은 국내에서 무역과 관련하여 이루어지는 금융이다. 국제금융은 국제금융시장에서 이루어지는 금융이다. 혹은 외국에서 이루어지는 금융도 국제금융에 해당한다.

2. 무역금융제도

1) 무역금융 대상자

무역금융의 대상자는 수출신용장, 선수출계약서, 외화표시 물품공급계약서, 내국신용장 등 융자대상 증빙서류를 보유한 자이다. 또한 법에 의한 과거의 수출실적이 있는 자도 무역금융의 대상이다.

2) 무역금융 지원형태

(1) 생산자금

생산자금은 수출용 완제품 또는 원자재를 직접 제조, 가공하는데 소요되는 자금이다. 생산자금은 수출물품을 확보하는데 가장 근본적인 생산활동을 지원하는 무역금융이다.

(2) 원자재 수입자금

원자재 수입자금은 수출용원자재를 해외로부터 직접 수입하거나 국내의 유통업자로부터 수입원자재를 원상태로 조달하는 경우 지원하는 자금이다.

(3) 원자재 구매자금

원자재 구매자금은 국내에서 생산된 원자재를 내국신용장에 의하여 구매하는데 소요되는 자금을 융자해 주는 것이다.

3) 무역금융 지원기준

(1) 기본적 적용기준

무역금융의 지원방식은 신용장 기준방식과 실적 기준방식 등이 있다. 신용장 기준방식은 신용장 실적을 기준으로 건별로 융자를 받는 방식이다. 실적 기준방식은 과거수출실적을 기준으로 업체별 융자한도 범위 내에서 융자받는 방식이다. 무역업계에서는 대부분 실적기준방식이 이용된다.

(2) 예외적 적용기준

중소기업은 기업규모가 영세하여 무역금융의 지원기준에 의거하여 지원을 받기가 어렵다. 이에 따라 일정한 소액 수출업체에 대해서는 자금사용 용도의 구별없이 수출신용장의 일정비율 또는 과거 수출실적의 일정비율 해당액을 일괄하여 융자, 지원한다. 이를 포괄금융이라고 한다.

3. 무역어음제도

무역어음은 수출신용장에 표식된 물품을 직접제조 가공하여 수출하거나 국내에 공급하는 무역어음의 발행인이 인수기관과의 일정한 약정에 의하여 인수기관을 지급인으로 하여 발행하고 그 인수기관이 인수한 기한부환어음이다. 인수기관은 무역어음에 기명 날인하여 지급의무를 부담하는 금융기관이다. 중개기관은 인수기관이 인수 후 무역어음을 할인 매각하여 일반투자가에게 매출하는 금융기관이다. 주로 은행, 단자회사, 종합금융회사가 된다.

제 7 장 수출검사와 수출포장

제1절 수출검사

1. 수출검사의 의의와 필요성

1) 수출검사의 의의

수출검사는 수출상품에 대한 품질, 수량, 포장 등에 관한 검사이다. 무역거래에서 수입업자는 무역계약을 체결할 때 합의하였던 상품을 수령하고자 한다. 그러므로 수출업자는 수출 전에 계약상품의 품질, 수량, 포장 등에 대하여 충분한 검사를 하고 수입업자에게 전달해야 한다. 수출업자가 이러한 책임을 다하지 못하게 되면 무역클레임이 발생하게 된다. 그래서 수출검사는 무역계약을 체결할 때 합의한 계약물품과 선적할 때의 물품이 일치하는가를 검사하는데 의의가 있다.

2) 수출검사의 중요성

수출검사는 수출업자의 신뢰구축이라는 측면에서 중요하다. 무역계약을 체결할 때 합의한 수출검사를 이행하였는가 그리고 정확하게 검사하였는가는 무역거래의 성패를 좌우하게 된다. 만약 수출검사를 소홀하게 하여 클레임이 발생하였다면 대금결제상의 문제뿐만 아니라 수출업자 및 상품에 대한 신뢰도 저하로 무역거래선이 종결되기도 한다. 그러므로 수출검사는 철저하게 이행되어야 한다.

수출검사는 국가 이미지 제고라는 측면에서도 중요하다. 무역상품에 대한 이미지가 악화되면 그 나라 전체의 제품에 대한 이미지의 악화로 연결되는 것이 일반적 추세이다. 상품에 대한 이미지가 한번 악화되면 이를 복구하기는 어렵다. 그러므로 수출검사가 무역거래에서 중요해 지는 것이다.

2. 수출검사의 종류

1) 수출검사의 구분기준

수출검사는 검사 주체에 따라 자체검사, 수출품 품질향상에 관한 법에 의한 검사, 수입업자가 요구하는 검사 등이 있다.

2) 자체검사

자체검사는 계약상품에 대한 품질, 수량, 포장 등에 대하여 수출업자 자신이 검사를 하는 형태이다. 수출업자가 공급업자로부터 물품을 조달 받아 수출을 한다고 해도 검사에 대한 최종 책임은 수출업자가 부담해야 한다. 또한 수출업자가 공적기관에 의뢰하여 수출검사를 시행했다고 하여도 하자가 발생하는 경우에는 수출업자의 책임이 된다. 그러므로 자체검사는 수출업자가 성실하게 이행해야 한다.

3) 수출품 품질향상에 관한 법에 의한 검사

우리나라는 수출품의 품질 및 대외성가의 유지향상을 도모하여 수출무역을 조성하기 위하여 산업통상자원부령으로 정한 물품에 대해서는 수출검사기관의 수출검사를 받아야 수출을 할 수 있도록 하고 있다.

그러므로 수출품 품질향상에 관한 법에 의한 검사는 수출업자나 수출계약과는 관계없이 시행되는 강제검사이다. 수출품 품질향상에 관한 법에 의한 검사에 합격하지 못하면 수출은 하지 못한다.

4) 수입업자가 요구하는 검사

무역거래를 할 때에 수입업자가 별도의 수출검사를 요구하는 경우가 있다. 따라서 무역계약상의 품질조건에서 검사기관 또는 수입업자나 그 대리인의 검사를 받도록 약정되어 있는 경우에는 그 약정에 따라 검사를 하여야 한다. 그리고 그 검사에 합격해야 수출을 할 수 있다.

제2절 수출포장

1. 수출포장의 의의와 기능

1) 수출포장의 의의

수출포장은 수출물품의 운송 보관에 이르는 과정에서 물품의 가치 및 상태를 보호하기 위하여 적합한 재료나 용기에 포장하는 방법을 의미한다. 따라서 수출포장은 상품의 보호목적과 판매목적에 따라 재질도 틀리고 포장방법도 틀리게 된다.

2) 수출포장의 기능

(1) 상품보호

수출포장은 운송, 하역, 보관 등과 같은 작업 중에 물품이 손상되지 않도록 보호하는 역할을 한다. 수출상품은 생산되어 최종소비자에 이르기까지의 전 과정에 걸쳐 여러 단계의 취급과정을 거치게 된다. 그러므로 외부의 작업에 따른 충격의 흡수성과 견고성을 겸비한 포장이 필요하게 된다.

(2) 상품판매촉진

상품포장은 고객의 소비욕구를 충동하여 판매를 촉진하는 역할을 한다. 그래서 상품의 포장은 계속적인 포장디자인의 개발이 필요하게 된다.

2. 수출포장의 구분

1) 단위포장

단위포장은 1개의 운송용기에 넣은 상품을 각각 보호하기 위하여 포장하는 최소단위의 포장이다. 그래서 단위포장을 개포장이라고도 한다. 단위포장은 소비자가 직접 수령할 수 있는 상태의 포장이다. 따라서 단위포장은 판매촉진 기능의 성격이 강하다. 즉 단위포장은 그 자체에 상품의 가치를 표현할 수 있기 때문에 디자인이나 색상 등에 유의하여 포장해야 한다.

2) 내부포장

내부포장은 단위포장이 이루어진 상품을 1개의 운송용기에 넣을 때 단위포장 사이에 충격완충 역할을 하는 재료를 넣는 것이다. 또는 운송용기의 내부에 일정한 간격확보, 내부공간 칸막이 등을 설치하여 단위 포장된 상품을 보호하는 것도 내부포장에 해당한다.

3) 외부포장

외부포장은 외부포장 전체를 의미한다. 외부포장은 화물의 운송, 하역, 보관 등에 편리하도록 이루어진다. 그리고 외부포장은 외부로부터의 충격, 압력, 습도, 온도, 도난 등과 같은 것으로부터 보호를 하도록 이루어진다.

3. 수출화인

1) 화인의 의의

화인은 포장화물의 외부포장에 기입하는 수입업자명 또는 주소, 대조번호, 목적지, 번호, 기타의 표지를 말한다. 화인은 상품의 운송, 하역, 보관 등에 있어서 운송업자나 하역업자 그리고 보관업자 등이 화물을 용이하게 구별할 수 있도록 표시하는 것이다.

2) 화인의 구성

(1) 기본화인

① 기본화인의 의의

기본화인(main marks, principle marks)은 다른 화물과 식별하기 위한 표시로서 주마크, 주화인이라고도 한다. 기본화인은 수입업자의 이름 머리글자, 대조번호, 목적지, 포장번호, 총중량 등이 표시된다.

② 기본화인의 내용

㉠ 수입업자 표식

수입업자 표식(main marks)은 수입업자의 주소, 성명을 문자로 기입하지 않고 쉽게 알 수 있도록 도형 속에 수출업자나 수입업자의 머리문자를 표시하는 것이 일반적이다. 표시 위치는 중앙이 대부분이다. 기본화인은 수입업자의 지시가 있는 경우에는 그 지시에 따른다. 지시가 없는 경우에는 임의로 만들어도 된다. 수출업자를 표시하는 경우에는 기본화인의 왼쪽 위 또는 오른쪽 위에 표시한다.

㉡ 대조번호 표식

대조번호 표식(counter marks)은 주문번호 또는 송장번호 중에서 수출입업자간에 중요하다고 인정하여 결정한 번호를 표시한다. 따라서 대조번호 표식은 주문번호 표식과 총중량 표식 중에서 중요한 것이 표시된다.

주문번호 표식은 수입업자가 화물 분류상의 편의를 위하여서 외부포장의 구석 등에 주문번호를 표시하도록 요구하는 경우에 이루어진다.

총중량 표식은 수입국가의 무역규정에 따라 중량 또는 용적을 표시하도록 한 경우에 이루어진다. 이러한 총 중량 표식은 화물 포장별 총 중량에 대한 표시이다. 중량단위는 약정된 도량단위를 사용하여 표시한다.

㉢ 목적지 표식

목적지 표식(destination marks)은 화물의 목적항 또는 목적지를 표시하는 것이다. 목적지와 도착항이 다른 경우에는 경유지도 표시한다. 복합운송의 경우에는 최종목적지만 표시한다. 예를 들어 양육항이 부산이고 목적지가 대구라면 Tae-gu via Pusan 또는 Tae-gu overland via Pusan이라고 표시한다.

㉣ 화물번호 표식

화물번호 표식(case marks)은 화물의 개수를 표시하는 기호이다. 총 50개중 3번째 화물인 경우에는 No. 3/50으로 표시한다. 서류에 C/No. 3-50라고 표시된 경우에는 Case 50개중 3번째라는 의미이다.

〈그림 7-1〉 화인의 구성

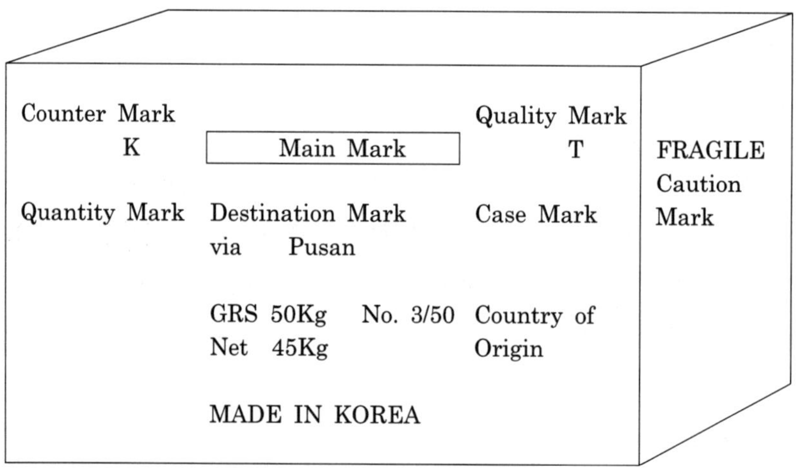

(2) 정보화인

① 정보화인의 의의

정보화인(information marks)은 원산지 표식, 신용장 표식 등에 관한 사항을 표시한 것이다. 수입업자가 요구하는 경우에만 정보화인을 표시한다. 정보화인은 기본화인보다 작은 문자를 사용하여 기본화인과 구별한다.

② 정보화인의 내용

원산지 표식은 상품의 원산지를 표시하는 것으로서 일반적으로 화물번호 하단에 표시한다. 따라서 외부포장 하단 중앙부에 위치한다. 우리나라는 MADE IN KOREA로 표시한다. 신용장 표식은 신용장의 내용과 관련한 사항을 표시한다. 신용장의 번호 등이 기재되는 것이 일반적이다.

(3) 취급주의 화인

① 취급주의 화인의 의의

취급주의 화인(cargo handling marks ; caution mark)은 화물의 특성에 따라 운송, 하역, 보관상의 주의 사항을 표시한 것이다. 이에 따라 운송, 하역, 보관에 관계된 업자들이 판별하기 쉽도록 붉은 잉크나 페인트를 사용하기도 한다. 또한 주의를 환기시킬 목적으로 그림이나 문자로 표시하기도 한다.

② 취급주의 화인의 내용

취급주의 화인은 그 종류가 다양하다. 상품의 특성에 따라서 취급상의 주의사항을 표시하게 된다. 주의사항에 대한 내용은 파손주의, 갈고리 사용금지, 습기주의, 일광금지, 열기금지, 빗물방지, 상하표시 등 매우 다양하다.

〈표 7-1〉 문자에 의한 취급주의 표시

WITH CARE, HANDLE WITH CARE	취급주의
FRAGILE HANDLE WITH CARE	파손주의
KEEP UPRIGHT	바로 세워 둘 것
TOP	위쪽 표시
POISON	유독성물
EXPLOSION	폭발위험물
CENTER OF BALANCE	무게중심
INFLAMMABLE	가연물질
KEEP COOL, STOW COOL	찬 곳에 보관할 것
DO NOT DROP	떨어뜨리지 말 것
KEEP DRY, GUARD AGAINST WET	습기를 피할 것
USE NO HOOK, NO HOOK	갈쿠리 사용금지
THIS SIDE UP, THIS END UP	이쪽을 위로 할 것

〈그림 7-2〉 취급화인의 표시 예

Keep from Rain

This way up

Fragile–handle with care

제 8 장 국제운송

제1절 국제운송의 특성

1. 국제운송의 의의

국제운송은 무역상품을 국제간에 운송하는 제수단과 운송과 관련한 업무관계를 의미한다. 오늘날 국제운송의 의미 속에는 국제물류의 개념이 함축되어 있다. 국제운송은 국제물류의 한 단계이다. 즉 국제물류는 국제간에 이루어지는 물적 유통활동으로서 활동에는 운송, 하역, 포장, 보관 등의 기능이 함께 수행되고 있다.

그러므로 국제물류의 기능을 수행하고 있는 국제운송에서는 무역상품거래를 원활하게 지원한다는 측면에서 안전성, 신속성 운임의 저렴성이 요구된다.

2. 국제운송의 수단

무역업자는 무역거래의 상황, 즉 상품의 종류, 계약이행 기간, 운송 거리 및 운송업계의 상황 등을 검토한 후에 운송수단을 선택하게 된다.

국제운송수단으로는 육상운송, 해상운송, 항공운송 그리고 복합운송을 들 수 있다. 국가 간의 지리적 특성에 따라 육상운송이 가능한 지역이 있고 해상운송 및 항공운송이 적합한 지역도 있다. 지역에 따라서는 복합운송이 이루어지기도 한다.

국제운송에서 활용되고 있는 각 운송수단들은 장단점이 있다. 그러므로 무역업자가 운송계약을 체결할 때는 각 운송수단이 갖는 장점을 살리고 단점을 보완하여 경제성과 신속성 그리고 안전성을 최대한 활용할 수 있는 수단을 선택하여야 한다.

제2절 육상운송과 항공운송

1. 도로물건운송

1) 도로물건운송의 의미

국제도로물건운송은 자동차에 의하여 도로로 운송하는 방법을 의미한다. 자동차운송은 문전에서 문전까지의 일관운송 서비스체제를 운영할 수 있는 수단이다. 자동차운송은 철도운송의 보조수단으로 활성화되기 시작하였다. 즉 철도역에서 하역한 물품을 창고나 최종소비자에게 전달하는 수단으로 사용되기 시작하여 현재로서는 중요한 운송수단이 되고 있다.

2) 도로물건운송의 특성

자동차운송은 도로를 주행하여 물품을 운송하는 방법이다. 자동차운송은 다른 운송과의 상대적 관점에서 다음과 같은 특성을 가지고 있다.

첫째, 철도운송에 비하여 운송도중의 하역작업량이 적다. 둘째, 도로망의 확충으로 운송상 경제성과 편리성이 높아진다. 셋째, 중소화물의 단거리운송에 적합하다. 넷째, 자동차운송은 운임이 저렴하다. 다섯째, 상품의 특성에 맞는 다종다양한 자동차를 선택하여 운송할 수 있다. 여섯째, 자동차운송에는 운송과 관련한 부대시설이 필요 없다. 일곱째, 자동차운송은 생산자에게서 소비자에게도 물품을 직송할 수 있다.

3) 도로물건운송과 법규

우리나라에서는 상법에 육상운송에 관한 법규를 두고 있다. 자동차운송업의 경우에 정기적으로 정기노선을 운송할 때는 자동차운송사업법, 도로운송차량법의 적용을 받는다.

국제도로물건운송에서는 국제도로물건운송조약(Convention on the Contract for International Carriage of Goods by Road : CMR)을 적용한다. 국제도로물건운송조약은 주로 유럽에서의 도로운송의 경우에 적용을 한다. 국제도로물건운송조약에서는 운송경로 중에 해상운송이 포함되어 있을지라도 차량으로부터 물품이 하역되지 않는다면 전 운송구간을 국제도로운송구간으로 인정하고 있다.

2. 철도물건운송

1) 철도물건운송의 의미

철도운송은 중장거리에서 도로운송과 경합관계에 있다. 철도운송은 궤도를 주행하는 화차를 이용한다. 이에 따라 투자규모가 크고 투자자본 회수기간이 장기간이 소요된다. 그러므로 국영기업으로 독점하여 운영하는 것이 대부분이다. 국제철도물건운송은 유럽과 같이 육지에서 국경이 이루어지는 국가 간에 이용된다.

2) 철도물건운송의 특성

철도운송은 다른 운송과의 상대적 관점에서 다음과 같은 장점을 가지고 있다.

첫째, 철도운송은 1회에 대량의 화물을 운송할 수 있다. 둘째, 장거리 운송일수록 운임이 저렴하다. 셋째, 철도운송은 계획운행이 가능하다. 넷째, 궤도를 이용한 운송으로 안전성이 높다. 다섯째, 전국적인 철도망을 통하여 기후에 영향을 받지 않고 운송할 수 있다. 여섯째, 철도운송화물의 거점을 중심으로 주변지역에 미치는 경제적 효과가 크다.

철도운송은 다른 운송과의 상대적 관점에서 다음과 같은 단점을 가지고 있다.

첫째, 중거리나 근거리의 운송에는 운임이 비싸다. 둘째, 운임의 결정에 탄력성이 없다. 셋째, 철도운송은 최종목적지까지 운송할 수 없기 때문에 환적 작업이 필요하다. 넷째, 열차편성에 시간이 오래 소요되어 긴급한 운송에는 적합하지 않다. 다섯째, 철도운송은 화차량의 이용에 한도가 있기 때문에 배차간격을 유효 적절하게 조절할 수가 없다.

3) 철도물건운송과 법규

우리나라에서는 상법에 육상운송에 관한 법규를 두고 있다. 철도와 궤도의 운송에 관하여는 철도법, 철도운송법, 궤도사용법, 철도운송법규가 있어 철도물건운송계약에 적용하고 있다.

국제철도물건운송에서는 국제철도물건운송조약(International Convention concerning Carriage of Goods by Rail : CIM)을 적용한다. 국제철도물건운송조약은 유럽의 대부분과 중동의 일부에서 철도에 의하여 물품을 운송할 때에 적용된다.

3. 항공운송

1) 항공운송의 의미

항공운송은 항공기를 이용하여 승객, 우편, 화물 등을 탑재하여 한 공항에서 항공로로 다른 공항까지 운송하는 것이다. 항공운송은 고급품목이 증가하고 신속한 유통이 필요해지는 추세 속에서 성장세를 거듭하고 있다. 또한 국제분업의 가속화 및 항공운송에 적합한 고부가가치품목의 증가도 항공운송을 활성화시키는 요인이 되고 있다.

2) 항공운송의 특성

항공운송은 항공기를 이용한 운송이라는 점에서 운송화물이 특수한 품목으로 한정될 수 있다. 항공운송은 다른 운송과의 상대적 관점에서 다음과 같은 특성을 가지고 있다.

첫째, 항공운송은 운송 기간이 단기간으로 단축할 수 있다. 둘째, 항공운송은 신속한 운송이 가능하다. 셋째, 항공운송은 정시운항이 가능하다. 넷째, 항공운송운임은 경제성을 가지고 있다.

3) 항공운송과 법규

국제항공운송에서는 국제항공운송협약(Protocol to Amend the Convention for the Unification of Certion Rules relating International Carriage by Air Signed at Warsaw on Oct. 1929 : Warsaw Convention), 즉 바르샤바 조약이 적용되고 있다. 바르샤바 조약은 항공운송의 발달로 개정을 하여 헤이그 의정서(Hague Protocol) 로 발전하였다. 이후 1961년에는 과다라하라 조약(Guadalajara Convention)을 통하여 바르샤바 조약을 보완하게 되었다. 그리고 1966년에는 미국 민간항공국이 주도하여 민간항공사간에 적용하는 몬트리올 협정(Montreal Agreement)을 제정하였다. 이러한 조약 내지 협정들 중에서 주로 적용되는 것은 바르샤바 조약인데 개정된 조약인 헤이그 의정서도 같이 활용되고 있다.

항공운송에서 운송인의 책임과 관련한 문제의 해결에 대해서는 국제항공운송협회(International Air Transport Association : IATA)가 제정한 IATA 표준운송약관이 활용되기도 한다. 이것은 IATA회원인 항공사가 행하는 운송에서 항공운송에 관한 조건, 항공화물운송장의 양식, 발행방법, 항공사와 고객의 권리와 의무에 관한 사항들을 규정한 것이다.

제3절 해상운송

1. 해상운송과 해상운송계약

1) 해상운송

해상운송은 해상에서 선박을 이용하여 사람 또는 화물을 운송하고 그 대가로서 운임을 받는 상행위이다. 해상운송은 육상운송이나 항공운송에 비하여 대량운송이 가능하기 때문에 수송비도 저렴하다. 수송거리에 있어서도 장거리운송에 적합하다.

2) 해상운송계약

해상운송계약은 낙성계약이다. 해상운송인이 화물 또는 여객의 해상운송을 인수하고 송화인 또는 용선자가 이에 대하여 보수를 지급할 것을 약정함으로써 성립하게 된다. 화물의 운송을 인수하면 해상물건운송계약이라고 하고 여객의 운송을 인수한 계약을 해상여객운송계약이라고 한다.

해상운송계약은 화물의 특성과 선복의 수배형태에 따라 개품운송계약, 용선운송계약, 컨테이너 운송계약, 복합운송 계약 등으로 구분된다.

2. 개품운송

1) 개품운송계약

개품운송계약(contract of affreightment in a general ship)은 개개의 화물을 계약의 목적으로 하여 화주와 운송인이 일정한 서식에 의거 개별적으로 체결하는 운송계약이다. 개품운송계약인 경우 정기항로에 취항하는 정기선에 의하여 운송이 이루어지기 때문에 화주는 다수이나 운송인은 1인이 되는 경우가 많다. 이에 따라 운송인은 다수의 화주로부터 화물을 집하한 후 한 선박에 혼적하여 운송한다. 개품운송의 경우에는 적재와 양륙할 때의 선내비용을 선주가 책임지는 Berth Term이 대부분이다. 정박기간중의 하역조건도 관습적 조속하역조건(Customary Quick Despatch ; C.Q.D.)이 된다.

2) 개품운송계약의 체결

수출업자가 화물을 선적하기 위해서는 배선표 등을 참고로 하여 선박을 선정해야 한다. 선박의 선정 후 선복신청서(shipping request)에 적재할 화물의 종류와 필요 톤수 등을 기재하여 선박회사나 선사대리점에 제출하여야 한다.

선복신청서는 수출업자가 임의로 작성해도 된다. 그러나 일반적으로는 선박회사에 인쇄된 선복신청서가 준비되어 있기 때문에 이를 활용하면된다. 선복신청서는 2통을 작성하여 제출하면 선박회사에서 책임자가 서명을 한 후 1통은 반환한다. 전화로 신청을 하면 선박회사에서 책임자가 서면한 서류를 송부하여 온다. 그러면 수출업자가 서명을 한 후 1통을 반송한다. 이것은 양자간에 착오가 발생하는 것을 방지하기 위한 방법이다. EDI에 의한 경우에는 전송서류에 의한 계약이 이루어진다.

선박회사가 선복신청을 승낙하면 선박회사의 선복원부에 기재를 함으로써 선복예약이 완료된다.

3) 개품운송계약에서의 주요내용

(1) 상품명

상품명은 무역거래에서 작성되는 다른 선적서류에서의 상품명과 일치해야 한다.

(2) 적재톤수

개품운송계약에서의 적재톤수는 선적할 때에 실제로 사용되는 톤수가 기준이 된다. 그러므로 무역계약을 체결할 때에 수량조건에 사용하기로 합의한 도량형 단위와 운송계약을 체결할 때에 운임률에 적용되는 도량형 단위를 확인하여 선복을 예약해야 한다.

선복을 예약할 때에 약정하였던 중량에 미달되는 경우에는 부적운임(dead freight)을 부과하며, 중량을 초과하는 경우에는 예약된 선복이 없기 때문에 선적할 수 없는 경우도 발생한다.

(3) 운임

① 운임의 계산

㉠ 중량계산법

중량계산법은 중량을 기준으로 계산하는 방법이다. 중량을 표시하는 것으로는 중량톤(weight ton ; W/T)이 있다.

㉡ 용적계산법

용적계산법은 용적을 기준으로 계산하는 방법이다. 용적을 표시하는 것으로는 용적톤(measurement ton : M/T)이 있다.

㉢ W/M 선택방법

W/M[(weight or measurement(at ship's option)] 선택방법은 운임계산의 기준을 중량으로 하거나 용적으로 하거나 선택권을 선박회사가 결정하는 방법이다. 선박회사는 두 가지 중 운임수입이 많은 쪽을 선택하게 된다. 이와 같이 운임기준에 사용되는 ton을 freight ton이라고 한다.

㉣ 개수계산법

개수계산법은 화물의 외형이 일정기간 유지하는 경우에 외형의 단위를 기준으로 적용하는 계산 방법이다. 가축 1두당, 물품 1상자당 등으로 계산하는 방법이다.

㉤ 종가계산법

종가계산법은 고가품의 운임계산에 사용된다. 상품이 중량이나 용적에 비하여 고가품의 경우에는 화물의 가격을 기준으로 하여 계산을 한다. 종가운임률은 FOB 기준 송장가격의 몇 %라는 방식으로 계산된다.

㉥ **특수운임**

최저운임(minimum freight)은 화물의 중량이 일정기준에 미달하는 경우에 최저의 운임을 적용하는 방법이다. 화물의 중량 또는 용적이 1ton 미만인 경우에 정상적으로 계산을 하면 운임이 소액이 되어 선박회사의 운영에 차질을 초래한다. 그러므로 정기선의 경우 각 항로마다 최저운임을 설정하여 두고 기준중량에 미달하는 상품에 대하여 적용하고 있다.

만약 화물 1개의 중량이나 용적이 극히 작아 최저운임마저 적용하기 어려운 경우에는 소화물운임(parcel freight)을 적용한다.

② 할증운임

㉠ **화물형태별 할증운임**

화물형태별 할증운임에는 중량할증운임, 용적할증운임, 장척할증운임, 유류할증운임 등이 있다.

중량할증운임은 단위중량이 일정 기준을 초과하는 초중량화물(heavy cargo; heavy lifts)에 대하여 부과하는 할증료이다. 용적할증운임은 단위용적이 일정한 기준을 초과하는 벌크화물에 대하여 부과하는 할증료이다. 장척할증운임은 단위화물의 길이가 일정 기준을 초과하는 장척화물에 대하여 부과하는 할증료이다. 유류할증운임(feul bulk surcharge ; bunker adjustment factor)은 살화물인 유류를 운송하는 경우에 부과하는 할증료이다.

㉡ **항해형태별 할증운임**

항해형태별 할증운임에는 양륙항선택 할증운임, 체선 할증운임, 환적화물 운송접속 할증운임, 양륙지변경 할증운임 등이 있다.

양륙항선택 할증운임(optional charge)은 운송계약을 체결할 때 화물의 양륙항을 확정하지 못하여, 수 개의 항구 중에서 양륙항을 선택할 권리를 화주에게 주고 당해 양륙항 선택화물에 대하여 부과하는 할증료이다.

체선 할증운임(congestion surcharge)는 특정의 양륙항에 기항하는 본선이 그 항구의 사정으로 체선이 극심할 경우에 화주에게 예고하여 그 항구에서 하역하는 화물에 대하여 부과하는 할증운임이다.

환적화물 운송접속 할증운임(transhipment arbitrary ; transhipment additional)은 화물의 수송도중 제 1운송수단으로부터 다른 운송수단에 환적하여 접속 운송하는 환적화물에 대하여 부과하는 운송접속비용이다.

양륙지변경 할증운임(diversion charge)는 운송 중에 있는 해상운송 화물에 대하여 화주 또는 수화인이 거래 또는 그 밖의 사정으로 운송계약을 체결할 때 정한 양륙지 이외의 항구로 양륙지를 변경할 경우에 부과되는 할증료이다.

3. 용선운송

1) 용선운송계약

용선운송계약(contract of affreightment by charter party)은 배를 빌리려는 용선자가 화물의 특성에 맞는 선박을 선정하여 선박회사와 계약을 하는 것이다.

2) 용선운송계약의 유형

(1) 항해용선계약

항해용선계약(voyage charter party, trip charter party)은 항로용선계약 또는 단독용선계약이라고도 한다. 항해운송 계약은 어느 항구로부터 다른 항구까지 화물을 수송하는 경우 그 항해를 단위로 하여 용선자인 화주와 선주 간에 체결되는 운송계약으로 선복용선계약과 일당용선계약으로 구분한다.

선복용선계약(lumpsum charter party)은 항해를 기준으로 용선계약을 체결하지만, 운임계산에서는 실제 선적량과 관계없이 1 항해에 대한 운임을 포괄적으로 약정하는 용선운송계약이다.

일당용선계약(daily charter party)은 화물의 선적항이나 양륙항의 하역설비가 미비된 지역이거나 항로가 험난한 경우에 1 항해에 소요되는 기간을 확정하기 어려울 때, 해운업자가 입을 손해를 방지하기 위한 용선운송계약이다.

용선료는 선박이 지정 선적항에 도착한 일자부터 기산하여 지정 양륙항에서 양륙을 완료한 일자까지의 소요기간에 대하여 1일당 용선료를 약정하는 용선운송계약이다.

(2) 기간용선계약

기간용선계약(time charter party)은 정기용선계약이라고도 한다. 기간용선계약은 6개월 또는 1년 등과 같이 일정 기간 선복을 빌리는 계약이다. 선주는 일체의 속구를 준비하고 선원을 승선시켜 감항능력을 충분하게 갖춘 선박을 지정된 항구에서 용선자에게 인도한다.

선주는 보험료 금리 등과 같은 간접선비와 선원비, 수리비 등과 같은 직접선비를 부담한다. 용선자는 연료비와 항비 등과 같은 운항비를 부담한다.

(3) 선체용선계약

선체용선계약(bareboat charter party)은 선주가 선박 자체만을 일정기간 용선자에게 대여하고, 용선자는 선장 및 선원을 임명하는 계약이다. 용선계약 당사자간에 특별한 자금관계가 존재하거나 해운업자가 용선자의 운항능력, 관리능력 등에 대하여 신뢰할 수 있는 경우에 체결된다.

(4) 재용선계약

재용선계약(sub-charter)은 해운업자와와 용선계약을 체결한 자가 다시 제3자와 제2의 운송계약을 체결한 경우이다. 제2의 운송계약을 체결한 자는 다시 제3의 운송계약을 체결할 수는 없다. 재운송계약은 용선자가 선주에 대하여 지불할 용선료와 재운송계약을 체결하고 용선자 또는 송화인으로부터 받는 용선료 또는 운임의 차액을 획득하기 위하여 이용하는 것이다.

3) 용선운송계약의 체결

용선계약에 의하여 화물을 운송하는 경우에는 화주가 선박회사와 직접 용선계약을 체결하거나 선박을 수배하기 어려운 경우에는 용선중개인(chartering broker)을 통하여 체결한다. 용선계약을 할 때에는 운송인과 용선자 간에 운송계약의 증거서류로서 용선계약서(Charter Party ; C/P)를 작성하게 된다.

용선계약서는 용선계약의 성립과 내용을 증명하는 증거증권이다. 용선운송계약에서 합의하여야 할 주요사항으로는 화물의 명세, 운임율 및 운임지급조건, 하역비의 부담조건, 하역조건 등이다.

4) 용선운송계약에서의 주요내용

(1) 화물의 명세

화물의 명세(description of cargo)에 관한 내용은 화물의 종류, 수량 또는 중량 등을 표시하게 된다. 화물의 적재중량은 중량 또는 용적으로 표시한다. 그런데 만선량을 표시하는 것이 원칙이다.

(2) 운임율 및 운임지급조건

운임율 및 운임지급조건에 대한 내용은 운임산정의 기준, 지급시기, 지급장소, 지급수단 등이다. 운임은 톤당으로 계산을 하게 된다. 운임의 지급시기는 거래관습상 선불이 원칙이다.

(3) 선적항 및 양륙항

선적항 및 양륙항은 1개 항 또는 여러 개의 항을 정할 수 있다. 그런데 선적항 또는 양륙항이 2개 이상인 경우에는 여러 종류의 운임률이나 할증운임이 부과되기 때문에 주의를 하여야 한다.

(4) 하역비용의 부담조건

① BerthTerm(Liner Term)

Berth Term(Liner Term)은 선내하역비를 적재(in) 및 양륙(out)을 할 때, 모두 선주 측이 부담하는 조건이다. 이에 따라 화주는 선내하역비에 대한 부담이 없게 된다. 개품운송에 이용되는 방법이다.

② F.I.O.

F.I.O.(Free In and Out)는 Berth Term과는 반대의 개념을 가진 조건이다. 적재 및 양륙을 할 때, 모두 화주 측이 선내하역비를 부담하는 조건이다. 따라서 선주는 선내하역비에 대한 부담이 없게 된다. 용선운송계약에서 가장 많이 이용하는 방법이다.

③ F.I.

F.I.(Free In).는 적재할 때의 선내하역비는 화주부담이고, 양륙할 때의 선내하역비는 선주가 부담하는 조건이다. 따라서 적재할 때에는 선주의 부담이 없고 하역을 할때에는 화주의 부담이 없게 된다.

④ F.O.

F.O.(Free Out, Free Discharge: F.D.) 는 F.I.와 반대의 개념을 가진 조건이다. 적재할 때의 선내하역비는 선주부담이고, 양륙할 때의 선내하역비는 화주가 부담하는 조건이다. 따라서 적재할 때에는 화주가 부담이 없고 양륙할 때에는 선주가 부담이 없게 된다.

(5) 하역조건

① 관습적 조속하역조건

관습적 조속하역조건(Customary Quick Despatch : C.Q.D.)은 정박기간중 1일의 하역량을 확정하지 않고 그 항구의 관습적인 방법으로 가능한 한 빨리 하역하는 조건이다. 일요일이나 공휴일을 하역기간에 산정할 것인지는 용선계약 당사자가 결정해야 한다.

② 작업량 및 작업일 기준 하역조건

㉠ 작업량확정 하역조건

작업량확정 하역조건(Fixed Laydays)은 1일의 하역량을 확정하고 있는 작업조건이다. 이에 대하여 1일의 하역량을 한정하지 않는 하역조건은 작업량불확정 하역조건이라고 할 수 있다. 작업량확정 하역조건은 연속 24시간 하역조건과 호천후 작업일 24시간 하역조건, 일요일 및 공휴일 제외 하역조건 등이 있다.

㉡ 연속 24시간 하역조건

연속 24시간 하역조건(Running Laydays)은 정박기간의 개시시간부터 하역이 끝날 때까지 모두 정박기간에 산정하는 조건이다. 하역작업이 가능한 날짜뿐만 아니라 우천 등과 같이 날씨가 좋지 않아 하역작업이 불가능한 기간까지 모두 계산을 하는 방법이다.

㉢ **호천후 작업일 24시간 하역조건**

호천후 작업일 24시간 하역조건(weather working days ; W.W.D.)은 기후조건이 하역 작업 가능한 날짜만을 정박기간에 산입하고 우천 등과 같이 날씨가 좋지 않아 하역작업이 불가능한 기간은 제외하는 방법이다.

㉣ **일요일 및 공휴일제외 하역조건**

일요일 및 공휴일제외 하역조건(sundays and holidays excepted ; SHEX)은 일요일과 공휴일 등을 정박일수에 포함하지 않는 계산방법이다. 이 조건에서는 일요일 및 공휴일에 작업을 하더라도 작업일수에 포함하지 않는다. 일요일 및 공휴일에 하역을 한 경우 정박일수에 산입하는 것은 'sundays and holidays excepted unless used'라고 표시된 때에 한한다.

(6) 하역일수의 초과와 미달

① **체선료**

체선료(demurrage)는 계약상의 하역일수를 초과하는 경우에 초과일수에 대하여 지급되는 운임이다. 즉 정박기간 내에 하역이 완료되지 않고 약정일을 초과한 경우에 화주가 선주에게 지불하는 위약금이다. 체선료는 1일당의 액수로 정해지는데 대개 1일당의 선비가 기준이 된다.

② **조출료**

조출료(dispatch money)는 계약상의 정박기간 만료 전에 하역이 만료된 경우 단축된 기간에 대하여 선주가 용선자에게 환불하는 금전이다. 조출료는 체선료의 반액 정도이다.

4. 해운동맹

해운동맹(shipping conference)은 정기항로에 취항하고 있는 선박회사간의 경쟁을 지양할 목적으로 결합하여 각종의 운임률, 기항지, 취항횟수, 적화량 등에 관한 협정을 맺는 일종의 국제 카르텔이다. 정기선 항로에는 대부분 해운동맹이 결성되어 있다.

해운동맹은 경쟁회사 간에 부당경쟁을 피하고 비동맹선과의 경쟁에 공동대처하며 상호협의하에 일정한 운임률을 안정적으로 유지하고자 하는 것이다. 선박회사를 설립하여 정기선을 취항시키게 되면 상당한 고정자본이 투자되어야 한다. 그래서 같은 항로에 경쟁선사가 출현하여 경쟁이 심화되면 정기선 회사 간에 피해만 커지게 된다. 이러한 피해를 방지한다는 차원에서 해운동맹이 결성된 것이다.

5. 국적선 제도

국적선 제도(waiver system)는 우리나라의 화주가 지정화물을 우리나라의 정기선 취항 지역에 운송하고자 하는 경우에는 우리나라 선박을 이용하도록 하는 제도이다. 국적선을 이용하게 하는 것은 다음과 같은 이유가 있기 때문이다.

첫째, 국민경제에 중요한 영향을 주는 물품의 안전한 운송을 하려는 것이다. 둘째, 국내화물의 운송에 국적선사를 이용하게 함으로써 국내선사의 건전한 발전을 도모하려는 것이다. 셋째, 거래 규모가 큰 화물의 경우 외국선박을 이용하게 되면 외화가 유출되게 되므로 외화의 유출을 방지하려는 차원에서 국적선을 이용하게 하는 것이다.

제4절 컨테이너 운송

1. 컨테이너

1) 컨테이너의 의미

컨테이너는 화물의 단위화를 목적으로 한 운송용기를 의미한다. 컨테이너는 이질적인 운송수단에 환적을 하는 데에도 적합하도록 제작되었다. 또한 물품의 특성에 따라 필요한 기능을 추가하고 적합한 용적으로 제작되기 때문에 반복 사용할 수 있다.

2) 컨테이너의 요건

국제표준화기구(International Organization for Standardization ; ISO)에서는 컨테이너를 정의하면서 컨테이너가 운송설비 용구로서 갖추어야 할 요건을 다음과 같이 제시하고 있다.

첫째, 내구성을 가지고 반복사용에 적합한 충분한 강도를 유지하여야 한다. 둘째, 운송도중 내용 화물의 이적없이 하나 또는 그 이상의 운송형태에 의하여 화물운송이 용이하도록 설계되어야 한다. 셋째, 운송형태의 전환시 신속한 취급이 가능한 장치를 구비하여야 한다. 넷째, 화물의 vanning과 devanning 이 용이하도록 설계되어야 한다. 다섯째, 내부용적이 1㎥ 즉 35.3 cubic feet 이상이어야 한다.

3) 컨테이너의 형태

(1) 일반 용도에 따른 분류

건화물 컨테이너(dry container)는 일반 잡화를 단위화 및 적부하여 운송하는 컨테이너이다. 온도조절 컨테이너(thermal container)는 냉동 또는 보냉이 필요한 물품의 운송에 활용되는 컨테이너이다. 냉동 컨테이너(refrigerated container)는 과일, 고기, 야채 등과 같은 냉장식품을 운송하기 위하여 활용하는 컨테이너이다. 보냉 컨테이너(insulated container)는 과일 및 야채 등을 운송할 때 온도의 상실을 방지하도록 제작된 컨테이너이다. 통풍 컨테이너(ventilated container)는 과일, 야채, 식물 등을 수송할 때에 환기작용을 돕기 위하여 측면에 통풍구멍을 낸 컨테이너이다.

(2) 특수 용도에 따른 분류

살화물 컨테이너(bulk container)는 곡물, 사료 등과 같은 살화물의 운반에 사용되는 컨테이너이다. 탱커 컨테이너(tank container)는 액체상태의 화물을 운반하는 탱커로 된 컨테이너로서 유조형식이다. 오픈 탑 컨테이너(open top container)는 컨테이너 상부를 개방한 것이다. 플랫 홈 컨테이너(platform container)는 한 면의 구조로 된 컨테이너이다. 사이드 오픈 컨테이너(side open container)는 측면에서 화물을 적재 내지 하역할 수 있도록 제작된 컨테이너이다. 자동차 컨테이너(car container)는 자동차운송을 위하여 자동차 크기와 높이로 구조물만 설치된 2단 구조의 컨테이너이다. 동물용 컨테이너(livestock container)는 가축을 운반할 때 음식을 투입할 수 있도록 측면에 장치가 되어 있고 하부에는 배설물이 배수될 수 있는 장치가 되어 있는 컨테이너이다. 하이드 컨테이너(hide container)는 동물의 피혁 등과 같이 악취가 나는 화물을 운송하기 위하여 통풍장치를 설치한 컨테이너이다.

(3) 재질에 따른 분류

강철 컨테이너(steel container)는 강재로 용접하여 제작한 컨테이너이다. 알루미늄 컨테이너(aluminium container)는 알루미늄 판으로 제작된 것이다. FRP 컨테이너(fiberglass reinforced plastic container)는 강철프레임과 합판의 양면에 FRP를 부착하여 제작한 컨테이너이다.

2. 컨테이너 운송

1) 컨테이너 운송의 의미

컨테이너를 활용한 운송을 컨테이너 운송이라고 한다. 그런데 컨테이너에는 모든 화물을 vanning할 수 있는 것이 아니다. 그리고 항구에서 컨테이너를 선적 또는 하역하기 위해서는 반드시 별도의 부대설비가 필요하다.

2) 컨테이너 운송의 효과

(1) 경제성

컨테이너 운송은 총비용을 절감할 수 있는 장점이 있다. 컨테이너를 활용하면 운송비, 포장비, 하역비, 보관비, 인건비 등과 같은 해상운임을 절감시키는 효과가 있다.

(2) 신속성

컨테이너 운송은 컨테이너라는 용기를 사용하기 때문에 선적, 하역 등과 같은 작업시간을 단축시킬 수 있다. 작업시간의 단축은 운송기간을 단축시킬 수 있기 때문에 선박운항비를 절감시키는 효과를 가져 온다. 또한 신속하게 물품을 고객에게 전달함으로써 고객의 서비스를 향상시키게 된다.

(3) 안전성

컨테이너는 물품의 안전한 운송을 위하여 용기 자체를 다양한 용도에 맞도록 견고하게 제작되어 있다. 따라서 컨테이너의 용도에 맞추어 화물을 적부하기 때문에 화물의 안전성을 유지할 수 있다. 그리고 컨테이너 자체가 창고와 같은 역할을 하기 때문에 기후의 영향을 받지 않고 안전하게 운송할 수 있다.

3) 컨테이너 화물의 운송형태

(1) CFS/CFS

CFS/CFS(LCL/LCL; pier to pier) 운송형태는 LCL화물에 이용되는 것이다. 선적항의 CFS에서 양륙항의 CFS까지만 운송하는 형태이다. 컨테이너로 화물을 인수하고 운송인의 책임은 수출지의 CFS에 입고하는 때로부터 수입지의 CFS에 입고하는 때까지이다. 송화인이 복수이고 수화인도 복수인 경우에 주로 이용된다.

(2) CFS/CY

CFS/CY(LCL/FCL ; pier to door) 운송형태는 선적항의 CFS에서 수화인의 창고 또는 공장까지 운송하는 형태이다. 송화인이 다수이고 수화인이 1인의 경우에 주로 이용된다.

(3) CY/CFS

CY/CFS(FCL/LCL; door to pier) 운송형태는 송화인의 창고 또는 공장에서 수화인의 CFS까지 화물을 운송하는 형태이다. 송화인은 1인이고 수화인이 복수인 경우에 주로 이용된다.

(4) CY/CY

CY/CY(FCL/FCL ; door to door) 운송형태는 송화인의 창고 또는 공장에서 수화인의 창고 또는 공장까지 운송하는 형태이다. 송화인은 1인이고 수화인도 1인의 경우에 주로 이용된다. CY/CY 운송형태는 컨테이너를 가장 효율적으로 활용하는 일관운송형태이다.

4) 컨테이너 운송계약의 체결

컨테이너 운송계약의 절차는 다음과 같다. 화주가 선박회사의 지점 및 대리점에 선적예약을 한다. 선적예약을 하면 지점 및 대리점은 화물선적예약서(booking note)를 작성하게 된다. 본점에서는 지점 및 대리점으로부터 송부되어 온 화물선적예약서를 집계하여 화물인수목록(booking list)을 작성한다. 이후 관계 지점이나 부서에 화물인수목록을 배부하여 수출에 임하게 된다.

제5절 복합운송

1. 복합운송의 의미와 특성

1) 복합운송의 의미

복합운송(combined transport)은 복합운송인이 어느 한 나라에 위치하고 있는 물건을 자기의 책임하에 인수하여 다른 나라에 위치하고 있는 인도가 예정된 지점까지 적어도 두 가지 이상의 운송수단에 의한 물건운송을 의미한다.

2) 복합운송의 특성

복합운송은 다음과 같은 특성이 있다.

첫째, 복합운송은 운송물의 수령에서부터 인도에 이르는 전운송구간 또는 전운송기간에 걸쳐 화주에 대하여 책임을 지는 전운송구간 단일책임원칙을 따르고 있다. 둘째, 복합운송이 이루어지는 전운송구간에 대하여 책임을 커버하는 복합운송증권을 발행하고 있다. 셋째, 복합운송인은 자기의 이름과 계산으로 복합운송을 인수하는 것이기 때문에 일관통운송 운임을 설정하여 화주에게 제시하게 된다.

3) 복합운송의 유형

(1) 운송구간 및 운송수단 기준

복합운송은 운송구간 및 운송수단 기준으로 볼 때 통운송, 단일통운송, 일관통운송 등으로 구분할 수 있다.

통운송(through carriage)은 단일운송계약에 의하여 2인 이상의 운송인이 참여하는 형태의 운송이다. 단일통운송은 통운송중 각 구간마다 모두 동일한 운송수단을 활용하여 운송하는 형태이다. 일관통운송은 통운송중 각 구간마다 각각 다른 운송수단에 의하여 운송하는 운송형태이다. 일반적으로 일관통운송을 복합운송이라고 한다.

(2) 운송인의 연계 기준

복합운송은 운송인의 연계 기준으로 볼 때 부분운송, 하청운송, 동일운송, 순차운송 등으로 구분할 수 있다.

부분운송은 화주가 직접 또는 화주가 수명의 운송인을 대리인으로 하여 각 운송구간마다 별개의 운송계약을 체결하는 형태이다.

하청운송은 최초의 운송인이 전운송구간에 걸쳐 운송을 인수하고 계약의 전부 또는 일부를 다른 운송인에게 이전시켜 운송을 시키는 것이다.

동일운송은 수명의 운송인이 화주와 구간별 운송계약의 당사자가 되어 전운송구간을 연대시켜 운송하는 형태이다. 여러 명의 운송인이 공동으로 전운송구간의 운송을 인수하지만 각 운송인의 담당운송 구간은 내부에서 정하는 운송형태이다.

순차운송은 동일운송과 같이 수명의 운송인이 운송당사자가 되는데 운송구간을 순차적으로 연계하여 운송하는 형태이다. 여러 명의 운송인이 서로 운송구간, 화물의 교환, 운임의 분배, 기타 사항 등에 대하여 연결관계를 가지기에, 화주가 제1의 운송인에게 운송을 위탁함으로써 다른 운송인도 운송에 관계하게 되는 운송형태이다.

2. 복합운송의 주요 경로

1) ALB와 SLB

Land Bridge Service는 대륙횡단철도를 이용하여 대륙양안을 연결하는 해상–육상–해상의 복합운송 형태이다.

ALB(American Land Bridge)는 북미대륙을 횡단하는 경로인데 극동지역에서 태평양을 횡단하여 미대륙 서해안에 도착한 후 미대륙에서 철도로 운송하여 동해안에 도착하여 제2의 선박을 이용하여 유럽의 서해안의 항구까지 운송하는 경로이다.

SLB(Siberian Land Bridge)는 시베리아대륙을 횡단하는 경로인데 극동지역의 국가들이 시베리아 철도를 이용하여 유럽이나 중동을 연결하는 복합운송경로이다. 극동에서 화물을 구소련의 나호드카 항으로 해상운송을 하면 그곳에서 철도로 시베리아를 횡단하여 동유럽의 국경까지 운송한 후, 철도 또는 컨테이너선 등으로 지중해, 이란 등으로 연결하는 복합운송경로이다.

2) Mini-Land Bridge

Mini-Land Bridge는 극동/미국 태평양 연안의 해상운송을 연결하여 미국의 동해안까지의 철도운송을 하는 해상–육상의 복합운송 형태이다. 이것은 미국 동해안에서 서해안까지 철도로 운송하고 서해안에서 극동간을 해상으로 운송하는 육상–해상의 복합운송 형태로 이루어진다.

3) TCR과 TAR

TCR(Trans China Railway)은 극동지역을 출발점으로 하여 해상운송으로 중국의 강소성 연운항까지 간다. 연운항에서 중국대륙을 철도로 횡단하여 러시아철도의 접점까지 운송하고 러시아철도로 유럽지역으로 연결하는 복합운송경로이다. 이를 중국대륙횡단철도라고 한다.

TAR(Trans Asian Railway)은 아시아지원 유엔기구에서 추진 중인 한반도-중국-러시아를 경유하여 유럽까지 연결하는 철도망이다. 이를 아시아횡단철도라고 한다.

3. 복합운송계약의 체결

복합운송계약은 낙성계약이다. 화주나 화주의 대리인이 청약을 하고 복합운송인이 승낙을 하면 복합운송 계약은 성립한다. 복합운송의 계약성립 시기는 화주나 화주의 대리인이 청약을 하고 복합운송인이 승낙을 하는 시점이다.

복합운송계약은 불요식계약이다. 당사자 간에 계약에 대한 일정한 형식이 필요 없다. 그러나 운송과 관련한 분쟁이 발생할 때를 대비하여 복합운송증권을 발행하고 있다.

제 9 장 국제무역보험

제1절 해상보험의 개관

1. 해상보험의 의의

해상보험(marine insurance)이란 해상위험, 즉 항해에 관한 사고에 의하여 발생하는 손해를 보상할 것을 목적으로 하는 보험으로서 손해보험의 일종이다.

해상보험 중 선박보험은 선박의 선체, 기관, 연료, 식료품 및 그 밖의 소모품을 부보대상으로 하며, 적화보험은 선박에 실린 적화의 손해를 부보대상으로 한다.

2. 해상보험의 담보범위

1) 구약관의 담보범위

(1) 전위험담보

전위험담보(all risks ; A/R)는 일반적으로 담보하는 위험 이외에 보험증권에 열거되어 있는 위험 및 특약에 의하여 담보하지 않는 위험까지 모두 담보한다.

〈그림 9-1〉 구약관의 담보범위

A/R(전위험담보)

- W/A 및 FPA을 포함
- 피보험자의 고의적인 불법행위로 인한 일체의 손해,
- 부보화물의 고유의 결함, 성질, 지연으로 인한 손해,
- 위험의 요건을 구비하지 않은 사유로 인한 통상의 손해,
- 전쟁, 폭동, 파업 등에 의한 손해를 제외한 모든 외부의 우발적 요인에 의하여 발생한 손해를 부담

W/A(분손담보)

- FPA 및 풍랑으로 인하여 발생한 단독해손 부담

FPA(단독해손 부담보)

- 부보화물의 전손
- 본선 또는 부선의 좌초, 침몰, 대화재를 당했을 경우의 단독해손
- 공동해손 희생손해, 공동해손 비용
- 적재, 환적, 하역작업중의 매포장단위당의 전손
- 화재, 폭발, 충돌, 접촉
- 조난항에서 양하작업에 기인한 손해
- 중간의 기항항 또는 피난항에서의 양하, 입고 및 제반을 위한 특별비용

(2) 분손담보

분손담보(with average ; W.A.)는 전손 및 공동해손, 단독해손인 분손 등을 담보하는 조건이다. 단 일정 비율 미만의 단독해손은 담보하지 않는다.

(3) 단독해손부담보

단독해손부담보(free particular average ; F.P.A.)는 분손을 제외한 전손을 담보하는 조건이다. 즉 단독해손부담보에서는 좌초, 침몰, 대화재의 경우 등과 같은 손해 이외는 담보하지 않는다.

2) 신약관(1982)의 담보범위

(1) ICC(A)

ICC(A)[Institute Cargo Clause(A); 협회적화약관(A)]는 손해가 면책약관에 의한 면책위험을 제외하고는 적화에 발생한 모든 위험을 보험자가 부담하는 조건이다. 기존의 A/R조건과 동일한데 담보위험을 열거하고 있다는 데 특징이 있다.

(2) ICC(B)

ICC(B)[Institute Cargo Clause(B) ; 협회적화약관(B)]와 ICC(C)[Institute Cargo Clause(C) ; 협회적화약관(C)]는 면책약관에 의한 면책위험을 제외하고는 약관상에 열거된 모든 위험을 담보한다.

ICC(B)에서는 화재 또는 폭발의 위험, 선박의 좌초, 침몰 또는 전복위험, 육상수송용구의 전복 또는 탈선의 위험, 선박이나 그 이외의 타물건과의 충돌 또는 접촉의 위험, 피난항에서 화물을 하역할 때의 위험, 공동해손의 희생위험, 투하의 위험 등 이외에도 지진, 분화 또는 낙뢰의 위험, 파도의 위험, 해수 등의 침입위험, 추락 또는 낙하의 위험 등까지 열거되어 확장 담보되고 있다.

(3) ICC(C)

ICC(C)에서는 화재 또는 폭발의 위험, 선박의 좌초, 침몰 또는 전복위험, 육상수송용구의 전복 또는 탈선의 위험, 선박이나 그 이외의 타물건과의 충돌 또는 접촉의 위험, 피난항에서 화물을 하역할 때의 위험, 공동해손의 희생위험, 투하의 위험 등이 공통의 열거위험으로 되어 있다.

ICC(B)에서 열거되고 있는 지진, 분화 또는 낙뢰의 위험, 파도의 위험, 해수 등의 침입위험, 추락 또는 낙하의 위험 등은 제외되고 있다. 이에 따라 ICC(B)와 ICC(C)의 위험약관을 비교하여 볼 때 ICC(B)의 담보범위가 ICC(C)의 담보범위보다 더 크다는 것을 알 수 있다.

〈그림 9-2〉 신약관(1982)의 담보범위

ICC(A)

、ICC(B)와 ICC(C) 모두 포함
、일반면책, 불감항 및 부적합면책, 전쟁위험면책, 동맹파업면책 이외의 모든 위험

ICC(B)

、ICC(C) 포함
、지진, 분화, 또는 낙뢰
、갑판유실
、선박, 부선, 선창, 운송용구, 지게차, 보관소에 해수 또는 하천수의 유입
、추락 또는 낙하 위험

ICC(C)

、화재 또는 폭발
、선박 또는 부선의 좌초 교사, 침몰, 전복
、육상운송용구의 전복 탈선
、선박 또는 부선
、운송용구의 타물체와의 충돌, 접촉
、피난항에서의 화물의 양하
、지진, 분화, 낙뢰
、공동해손희생
、투하

제2절 해상보험계약의 체결

1. 해상보험계약의 당사자

1) 보험자

보험자(insurer, assurer, underwriter)는 보험계약자로부터 보험료를 받는 대신에 보험기간 중 보험사고가 발생할 경우 보험금을 지급할 것을 약속한 자이다. 즉 보험자는 거래객체에 발생하는 손해를 보상하는 자이다.

2) 보험계약자

보험계약자(policy holder)는 보험자와 보험계약을 체결하고 보험료를 지급하기로 약속한 자이다. 보험거래는 보험 보호용역의 생산자인 보험자와 보험 보호를 대가로 보험료를 지급 및 구입하는 보험계약자를 직접적인 당사자로 하여 법적으로 보호되는 계약의 체결로 행해진다.

3) 피보험자

피보험이익(insurable interest)은 보험의 목적인 선박이나 적화 그 자체가 아니라 보험의 목적에 대하여 발생하는 이해관계이다. 즉, 피보험이익은 보험의 목적이 멸실 또는 손상됨으로써 경제적 손실을 입는 특정인과 그 보험의 목적 사이에 존재하는 이해관계이다.

피보험자(insured, assured)는 피보험이익의 주체로서 보험계약에 의하여서 보호되는 자이다. 즉 보험계약의 당사자는 아니지만 보험 보호의 대상이 되는 이익을 갖는 주체이다. 피보험자는 이익의 주체가 되기 때문에 위험이 발생한 경우 그 이익에 손해를 입는 당사자가 된다.

일반적으로 이익주체가 스스로 보험자와 보험계약을 체결하는 경우가 많기 때문에 보험계약자와 피보험자는 보통 동일인이 된다. 이러한 경우의 보험거래를 자기를 위하여 계약하는 보험이라고 한다. 그러나 보험계약자가 보험상품의 이익주체인 피보험자를 위하여 보험계약을 체결하는 경우가 있다. 보험계약자와 피보험자가 서로 다른 경우의 보험거래를 타인을 위하여 계약하는 보험이라고 한다.

2. 해상보험계약의 특성과 원칙

1) 해상보험계약의 특성

보험계약은 다음과 같은 특성을 가지고 있다.

첫째, 보험계약은 한쪽의 당사자가 청약을 하고 다른 쪽 당사자가 이를 승낙함으로써 효력을 발생하는 낙성계약이다.[8] 둘째, 보험계약은 성립을 위하여 특별한 방식을 요구하지 않는 불요식계약이다. 셋째, 보험계약은 보험자의 위험부담이라고 하는 급부로서 보험계약자의 보험료 지불이라는 반대급부가 행해지는 유상계약이다. 넷째, 보험계약은 사행계약(aleatory contract)으로서 불확정한 사건에 의존한다. 다섯째, 보험계약은 보험사고의 발생여부를 전제 조건으로 하는 조건부계약이다. 여섯째, 보험계약은 보험의 목적과 일치해야 하는 부합계약이다.[9] 일곱째, 보험계약은 보험자가 보험사고가 발생한 경우에 소정의 계약조건에 따라 보험금을 지불할 의무를 부담하고 보험계약자는 이에 대하여 보험료를 지불할 의무를 부담하는 쌍무계약이다.

2) 보험계약의 기본원칙

(1) 피보험이익의 원칙

피보험자는 피보험이익의 원칙에 의하여 자기 자신에 생긴 손해를 증명해야 한다. 그렇지 않으면 보험사고가 발생하여도 자기에게 지급될 금액을 회수할 수

8) Mehr Robert I. & Cammack Emerson, Principles of Insurance, Irwin, 7th ed., 1980, p. 124.

9) Mehr Robert I., Fundamentals of Insurance, 2nd ed., Irwin, 1980, p. 102.

가 없다.10) 피보험이익에서의 문제는 피보험자가 손해를 입었는지 또는 입지 않았는지를 파악하는 것이다. 따라서 손해 발생하였을 때에 피보험자로 기명된 사람이 이미 재물에 이해관계를 가지고 있지 않다면 보험증권상으로 하등의 보상책임도 존재하지 않는다. 이에 따라 피보험이익 없으면 보험 없다라고 하는 것이다.

(2) 손해보상의 원칙

손해보상의 원칙은 손해가 발생한 부분에 대하여 해당 손해액만큼만을 보상한다는 원칙이다. 손해보상에 있어서의 문제는 그 손해의 사정을 행하는 것이다.

손해보상의 원칙은 손해를 받은 피보험자를 손해를 받기 전과 같은 상태로 복귀시키는 것을 목적으로 한다는 원칙이다. 따라서 피보험자가 보험을 이용하여 이익을 취할 수가 없다.

(3) 대위의 원칙

보험에서는 보험자가 손해를 입은 피보험자에게 손해를 보상한 후, 피보험자가 가해자에게 요구할 손해배상청구권을 비롯한 모든 권리를 피보험자로부터 대위한다.11) 즉 대위의 원칙에 의해서 보험자가 피보험자에게 보상을 하고 그 손해에 책임을 져야 할 제3자에 대하여 손해배상청구권을 대신 행사함으로써 피보험자가 보험자로부터 보상을 받고 손해배상청구권까지 행사하여 이중으로 보상을 받는 모순을 제거하는 것이다. 따라서 손해보상의 원칙을 성실하게 실행하게 만드는 역할을 한다.

(4) 신의성실의 원칙

보험은 최대 신의성실의 계약이라고 한다.12) 신의성실의 원칙은 사실의 표시로서 이행된다. 사실의 표시라는 것은 담보와 구분되는 것으로 계약의 일부분이 아니다.13) 계약이 체결되기 전에 보험계약의 청약인이 행하는 사실의 신고를

---

10) Greene, M. R.& Trieschmann J. S., Risk & Insurance, 6th ed., South Western Publishing Co., 1984, p. 148.

11) Mehr Robert I., Fundamentals of Insurance, 2nd ed., Irwin, 1980, p. 112.

12) Mehr Robert I., Fundamentals of Insurance, p. 104.

13) Bickelhaupt D.L., General Insurance, Irwin, 11th ed., 1983, p. 110.

의미한다. 사실의 표시는 서면으로 할 필요는 없으나 통상 보험청약서에 구체적으로 제시되어 있다.

3. 해상보험계약에서의 주요사항

1) 보험가액

보험가액(insurable value)은 피보험이익을 금전으로 평가한 가액이다. 즉 사고가 발생한 경우에 피보험자가 입게 될 손해액의 최고한도액이다. 보험가액은 통상적으로 보험목적의 시가라고 할 수 있다. 그러므로 보험가액은 손해가 발생한 장소에서 그 시기의 시가에 따라 평가되는 것을 원칙으로 한다. 따라서 피보험이익은 경제적으로 평가가 가능해야 한다. 이는 피보험이익의 경제적 가치가 보험가액이기 때문이다.

그런데 해상보험에서는 보험계약을 체결할 때의 목적물 시가를 보험가액으로 결정하는 것이 관행이다. 적화보험이나 운송보험에서와 같이 보험의 목적이 되는 선박과 화물이 광범위하게 이동하는 보험에서는 손해가 발생하였을 때, 시간과 장소에 따라 보험가액의 산정이 실제로는 곤란한 경우가 있다. 이에 따라 적화보험에서는 선적하는 시점 및 선적장소에서의 가액을 보험가액으로 하여, 보험기간 중에는 변하지 않는 것으로 한다. 이것을 보험가액 불변의 원칙이라고 한다.

2) 보험금액

보험금액(insured amount)은 손해가 발생하였을 때에 보험자가 부담하는 보상책임의 최고한도로서 보험계약에서 당사자가 정한 금액이다. 보험금액은 보험계약자가 보험계약을 체결하였을 때에 보험가액의 범위 내에서 임의로 설정할 수 있다. 그러므로 보험가액과 보험금액은 일치하는 경우도 있고, 일치하지 않는 경우도 있다.

3) 보험기간

(1) 보험기간의 의미

보험기간은 보험자의 위험부담책임의 존속기간이다. 보험자는 보험기간 내에 발생한 담보위험에 의하여 야기된 손해를 보상한다. 그러므로 손해가 보험기간 중에 발생하더라도 그 원인이 되는 담보위험이 보험기간 전에 발생하면 그 손해는 보상하지 않는다.

반대로 보험기간 중에 담보위험이 발생하면 그것에 의한 손해가 보험기간 이후 일정기간 내에 야기되었다면 그에 따른 손해를 보상하여야 한다.

(2) 보험기간의 결정방법

보험기간은 보험계약조건, 즉 보험약관 또는 당사자와의 특약에 의하여 결정한다. 적화보험에서는 보험기간을 선적지에서의 본선 선적으로부터 목적지에서의 하역까지로 한다. 운송보험에서는 보험기간을 수취장소에서 운송인에 의한 수취에서부터 인도장소에서 수화인에게로의 인도까지로 한다.

보험기간은 특별한 사정이 없는 한, 보험계약을 체결할 당시의 시간보다 후에 개시하는 것이 통례이다. 그러나 해상보험에서는 F.O.B.조건의 경우 수입업자가 선적통지를 받은 후에 보험계약을 체결하는 경우 보험자의 위험부담책임을 선적시점까지 소급시키는 수가 있다. 이것을 소급보험이라고 한다. 즉 보험계약체결 전의 시점까지 기간을 소급하여 보험자의 책임을 연장하는 것이다.

4) 보험증권

보험증권(insurance policy)은 보험계약의 성립 및 보험계약 내용을 명백하게 하기 위하여 보험자가 작성하여 보험계약자에게 교부하는 증서이다. 보험증권이 보험계약의 성립을 위한 필수조건은 아니지만, 보험사고가 발생한 경우에 문제를 해결하기 위한 기준으로서 중요한 것이다. 그러므로 보험계약자는 보험계약을 체결할 때에 보험계약 당사자 간에 합의된 사항이 보험증권에 정확하게 기술되어 있는가를 검토해야 한다. 보험증권의 내용을 검토하고 합의한 내용과 상이한 부분이 있으면, 이의제기를 통해 시정을 요구하고, 필요한 경우에는 보험증권의 해약까지 고려할 수 있다.

5) 보험약관

보험약관(insurance clause)은 일반보험계약을 체결할 때 공통으로 적용되는 표준적 사항을 보험자가 미리 정해 놓은 것이다. 보험약관에는 보험계약과 관련하여 보험계약자가 주의하여야 할 사항, 보험자가 인수할 사항 및 조건 등이 명시되어 있다. 따라서 보험약관의 내용이 보험계약조건과 일치하지 않으면 이를 정정하여야 한다.

제3절 해상보험자의 위험부담과 손해보상

1. 해상보험자의 위험부담

1) 담보

(1) 담보의 의의

담보란 보험자가 어떠한 사실이나 상황을 책임진다는 의미이다. 따라서 보험회사가 책임을 인수하기 전에 위험에 영향을 미치는 일정한 사실이나 상황에 대하여 파악하고 있어야 한다.

담보의 내용은 보험계약을 체결할 때에 결정하고 담보위반이 있게 되면 보험계약을 무효로 한다. 고지의무를 위반한 경우 보험계약내용에 중대한 영향을 주지 않는 것이라면 보험계약은 유효하다. 그러나 담보위반은 사소한 것일지라도 보험계약을 무효로 한다.

(2) 명시담보와 묵시담보

담보에는 명시담보와 묵시담보가 있다. 명시담보는 보험증권에 명기되어 있는 것이다. 묵시담보는 보험증권에 기재되어 있지는 않지만 계약당사자에 의하여 전제되어 있는 것이다. 묵시담보는 해상보험계약에 존재하고 있다.

(3) 확약적 담보와 확인적 담보

담보는 확약적이거나 확인적인 것일 수도 있다. 확약적 담보는 보험계약자가 계약의 유효기간 중에 존속한다고 인정하는 조건이나 사실 또는 상황을 기술한 것이다. 확인적 담보는 보험계약이 최초로 발효할 때에만 존재하는 것이다.

2) 담보위험

담보위험은 보험자가 보상을 하기로 약속한 위험이다. 적화보험에서는 보험자가 보험목적에 침몰, 좌초, 화재, 충돌, 그 밖의 해상위험에 의하여 손해가 발생하면 보상한다. 보험자의 담보위험은 항해에 관한 사고의 일체 혹은 침몰 등과 같은 일체의 해상위험이다. 따라서 해상위험은 항해에 관련한 우연적 사고나 항해에 기인하는 사고뿐만 아니라 항해에 부수하는 사고도 포함한다.

3) 면책위험

면책위험은 보험자가 손해를 발생시킬 수 있는 일정한 위험에 대하여 담보대상에서 제외한 위험을 의미한다.

전쟁, 변란, 폭발, 폭동, 원자핵 붕괴 등과 같은 위험은 예측이 어렵고 손해의 정도도 대부분 파멸적이기 때문에 면책위험으로 한다. 그리고 화물의 자연소모 또는 그 고유의 결함 또는 성질에 의한 손해 등은 우발적인 것은 아니지만 필연적으로 발생하는 것이기 때문에 면책위험으로 한다.

2. 해상손해의 유형

1) 손해의 유형

(1) 전손

전손(total loss)은 피보험이익이 전부 멸실된 상태로서 물리적 완전 멸실, 물건 고유성질의 상실, 보험목적의 완전회복 불능 등이 해당된다. 현실전손은 보험목적물이 현실적으로 멸실된 것으로 인정되는 물리적인 전손상태이다. 추정전손은 현실적인 전손은 아니더라도 손해의 정도가 너무 심하여 종래의 상태로 복구하더라도 복구비용이 보험목적물의 가액을 초과하는 경우이다.

(2) 분손

분손은 소유이익의 부분적 삭감으로 나타나는 손해로서 물리적 부분 손상, 물건 고유성질의 저하, 보험목적의 일부 회복 불능 등이 해당된다.

〈그림 9-3〉 손해의 종류

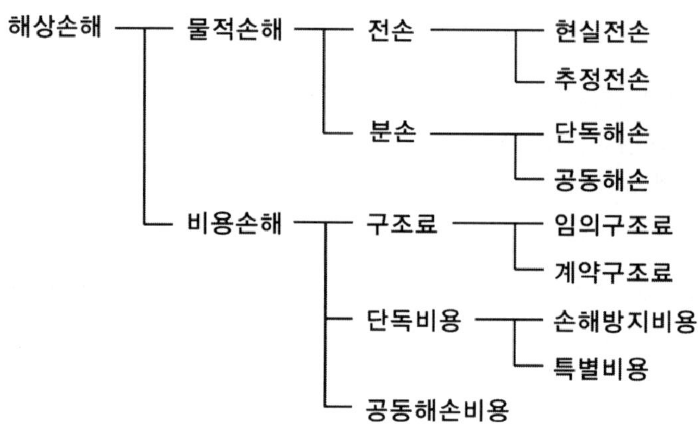

(3) 공동해손

공동해손은 공동해손행위로 발생하는 손해이다. 공동해손행위는 선박 및 화물을 공동의 위험으로부터 벗어나게 해주기 위하여 선박 또는 화물을 선장이 고의로 손상시키는 행위이다. 공동해손행위로 직접적인 손해가 발생하거나 공동해손행위의 간접적인 결과로 비용손해가 발생하기도 한다. 이에 따라 공동해손은 이해관계자의 공동부담에 속하는 분손이 된다.

2) 해상손해의 보상원칙

(1) 직접손해와 간접손해의 보상원칙

해상보험에서는 직접손해 보상의 원칙에 의하여 전손과 분손을 구분하지 않고 보험목적에 직접손해가 있으면 원칙적으로 보상책임을 진다.

간접손해는 손해방지비용, 손해조사비용, 책임이익의 손해에 해당하는 충돌손해배상료, 공동해손분담액 등을 보상한다.

(2) 소손해의 보상원칙

보험에서는 계약당사자가 일정금액 이하의 손해에 대하여 보험자가 면책된다는 소손해면책제도를 운용한다. 소손해면책(franchises)은 일정한 금액 또는 일정한 비율로 표시된 한도내의 손해에 대해서는 면책이 된다는 의미이다. 그러므로 소손해면책에서 정하고 있는 면책비율은 일종의 공제금액이 된다.

3. 위부와 대위

1) 위부

위부(abandonment)는 추정전손이 발생한 경우 피보험자가 그 피보험화물에 대하여 갖는 일체의 권리를 보험자에게 이전하고 보험금액 전액을 청구하는 것이다.

2) 대위

(1) 대위의 의미

대위(subrogation)는 보험자가 보험금을 지급한 경우 피보험자가 보험의 목적에 대하여 가지는 권리 및 제3자에 대하여 가지는 권리를 피보험자를 대신하여 보험자가 취득하는 것을 의미한다. 보험자의 대위는 잔존물 대위와 구상권 대위로 구분된다.

(2) 대위의 구분

① 잔존물 대위

잔존물 대위는 보험자가 적화에 대한 손해보상금을 지급한 후에 손해가 발생한 화물에 잔존하는 일체의 이익을 취득하는 권리이다. 잔존물에 대한 소유권은 보험자의 재산권으로서 보호를 받게 된다. 즉 적화에 손해가 발생한 후 보험금을 지급한 보험자는 잔존물에 관하여 대위권을 행사할 수 있게 된다.[14)]

② 구상권 대위

구상권 대위는 보험계약을 체결한 피보험자가 제3자에 의하여 손해를 당한 후 보험계약조건에 의하여 손해에 대한 보상금을 받고 제3자에 대한 손해배상 청구권을 보험자에게 이전시키는 행위이다.

제4절 수출보험

1. 수출보험의 개관

1) 수출보험의 의미

수출무역 및 기타 대외거래에서 발생하는 위험 중에는 해상보험에서 구제하기 어려운 비상위험과 신용위험 및 기업위험 등이 있다. 이러한 위험들은 손해가 발생하면 그 규모가 거대하기 때문에 일반적인 보험회사들이 기피하는 위험들이다. 따라서 이러한 위험에 직면하는 무역업자들은 무역에 소극적으로 대처할 수밖에 없다.

수출보험은 무역업자나 무역업에 종사하는 기업들이 이들 위험으로부터 발생하는 손실을 보상해 줌으로써 수출진흥을 도모하기 위한 비영리 정책보험이다.

14) 木村榮一, 海上保險, p. 163 참조; Goodacre J. Kenneth, Marine Insurance Claims, 2nd ed, London, Witherby & Co., Ltd,, 1981, p. 685 참조.

현재 한국무역보험공사(K-sure)에서는 16개의 보험제도와 2개의 보증제도 및 기타 서비스를 제공하고 있다.

2) 수출보험의 담보위험

(1) 비상위험

비상위험(political risk)은 수입국에서의 전쟁, 내란, 정변, 무역 및 환거래 제한 등의 조치로 인해 수출업자가 선적을 하지 못하거나 대금을 회수하지 못하게 되어 발생하는 위험이다.

(2) 신용위험

신용위험(commercial risk : credit risk)은 수입업자의 파산, 수출대금의 지급거절 등의 사유로 인해 수출업자가 선적을 하지 못하거나 대금을 회수하지 못하게 되어 발생하는 위험이다.

(3) 기업위험

기업위험(management risk : business risk)은 수출계획 및 실행상의 예측 착오로 인하여 수출업자, 수출물품생산업자, 해외투자자 등이 입게 되는 위험이다. 또한 수출금융을 지원하거나 보증을 한 은행들이 수출업자, 수출물품생산업자, 해외투자자 등으로부터 수출융자금을 회수하지 못하게 되는 위험도 이에 해당한다.

2. 수출보험의 종류

1) 단기수출보험

단기수출보험은 수출대금의 결제기간이 2년 이내인 단기상품 수출거래에서 비상위험 또는 신용위험으로 인해 발생할 수 있는 수출자의 선적 전 수출불능과 선적 후 수출대금회수불능에 따른 손실을 보상하는 보험이다.

2) 수출어음보험

수출어음보험은 외국환은행이 수출자가 발행한 결제기간이 2년 이내인 화환어음을 매입한 후 어음만기일에 당해 화환어음을 회수할 수 없게 된 경우의 은행의 손실을 보상하기 위한 보험이다. 신용장이 수반되지 않은 D/A, D/P 조건의 화환어음이 대상이다.

3) 농수산물수출보험

농수산물수출보험은 비상위험 또는 신용위험으로 인하여 발생할 수 있는 수출자의 수출불능과 수출대금회수불능에 따른 손실 및 수출물품의 국내가격 상승 등으로 인하여 발생하는 손실을 보상하는 보험이다.

4) 중장기수출보험

중장기수출보험은 자본재의 수출을 촉진하기 위한 보험이다. 수출대금의 결제기간이 2년을 초과하는 중장기 수출계약을 체결한 후 수출을 할 수 없게 되거나 수출대금을 회수할 수 없게 되어 발생하는 손실을 보상해 주는 보험이다.

5) 수출보증보험

수출보증보험은 플랜트수출이나 해외건설공사에서 필요로 하는 보증서를 발행한 외국환은행이 해외발주자로부터 보증채무의 이행청구를 받아 이를 이행함으로써 입게 되는 손실을 보상하는 보험이다.

6) 해외투자보험

해외투자보험은 해외에 투자한 주식이나 부동산에 대한 권리 등을 외국정부에 박탈당한 경우나 피투자법인이 전쟁, 혁명, 내란, 정변 또는 외국정부의 침해 등에 의하여 손해를 받아 사업을 계속할 수 없게 된 경우에 입게 되는 손실을 보상하는 보험이다.

7) 시장개척보험

시장개척보험은 수출자의 시장개척과정에서 불안제거와 적극적인 시장개척활동의 추진을 지원하기 위한 보험이다. 수출증대를 위하여 무역전시회 참가후 실제 수출이 예상수출에 미달됨으로써 입게되는 무역전시회 참가비용의 회수불능위험을 담보하며 수출대금 회수불능위험은 담보하지 않는다.

8) 해외공사보험

해외공사보험은 해외공사계약체결 후 비상위험이나 신용위험으로 인하여 당해 공사에 필요한 물품의 수출이 불가능하게 되거나 해외공사대금의 회수불능, 해외공사 사용장비의 권리박탈로 인하여 입게 되는 손실을 보상하는 보험이다.

9) 이자율변동보험

중장기 수출거래를 할 때 수출자금을 공급하는 금융기관의 대출금리와 조달금리 차이로 인하여 발생하는 손실 또는 이익을 한국무역보험공사가 보상 또는 환수하여 금융기관의 수출자금 공급을 촉진하는 보험이다.

10) 환변동보험

중장기수출거래를 추진하는 수출기업이 입찰시점에서 예상하는 결제시점의 환율과 실제 결제시점에서의 환율 간 차이로 인해 발생하는 손실 또는 이익을 한국무역보험공사가 보상 또는 환수하여 수출기업의 적극적인 수주활동을 지원하는 보험이다.

11) 수출용원자재 수입신용보증

수출용원자재 수입신용보증은 중소 수출기업이 수출물품의 제작에 필요한 원자재를 수입하기 위해 금융기관에 신용장 발급을 요청할 때 한국무역보험공사가 수출기업의 상환채무를 보증하여 중소수출기업의 담보력을 제고시키는 제도이다.

제10장 통관과 관세

제1절 통관

1. 세관과 통관

1) 세관

세관은 외국과의 통상무역과 관련하여 국경통과에 수반하여 발생하는 일체의 사무를 취급하는 관청이다. 세관은 통관과 관련한 업무를 취급하기 때문에 사람, 선박, 항공기 등이 자국의 국경을 출입하는 개항에 설치하는 것이 대부분이다.

2) 통관

(1) 통관의 의미

통관은 물품을 외국으로 수출하거나 외국에서 수입하는 경우 거치는 세관절차이다. 경제적 국경인 관세선을 통과하는 물품은 통관절차를 거쳐야 한다. 통관은 수출통관과 수입통관으로 구분된다.

(2) 통관절차의 이행자

① 화주와 통관업자

화주는 수출승인서에 기재된 수출업자이다. 법에 특별히 지정한 물품에 대해서는 화주가 직접 수출할 수 있다. 그러나 기타의 물품에 대해서는 화주의 물품의 통관만을 담당하는 관세사를 채용한 화주이어야 자기명의로 수출신고를 할 수 있다.

무역업자가 직접 통관을 이행하지 않는 경우 통관업자에게 대행을 의뢰할 수 있다. 통관업자는 관세사, 관세사법인, 통관취급법인 등을 지칭한다.

② 관세사

관세사는 관세사시험에 합격한 자나 관세행정경력에 의하여 관세사 자격을 취득한 자이다. 관세사는 화주로부터 의뢰를 받아 수출입 물품을 통관하게 된다. 이들을 통관사라고도 한다.

③ 관세사 법인

관세사 법인은 통관절차의 조직적 이행과 공신력을 높이기 위하여 3인 이상의 관세사를 사원으로 하여 관세청장으로부터 관세사 법인의 설립인가를 받은 법인이다.

통관취급 법인은 운송업, 보관업, 또는 하역업 등의 면허를 받거나 구법인이 50% 이상 출자하여 관세청장으로부터 설립인가를 받은 법인이다. 통관취급 법인이 행하는 통관업무는 타인으로부터 운송, 보관, 하역 등에 대한 위탁을 받은 물품에 한한다.

2. 수출통관

1) 수출통관의 의의

수출통관(export clearance)은 물품을 외국으로 수출할 때 거치는 세관절차이다. 수출통관은 EDI 수출통관 자동화 시스템에 의하여 이루어지고 있기에 수출업자가 수출물품을 보세구역에 반입하지 않고 EDI로 수출신고를 한 후 바로 선적할 수 있다. 이에 따라 물품제조 전 수출신고도 가능하게 되었다.

2) 수출통관 절차

(1) 수출신고

물품을 수출하려는 자는 세관장에게 수출신고(export declaration)를 하고 신고필증을 교부받아야 한다. 수출업자는 물품의 생산완료 전이라도 제조가공 5일 전까지 수출신고를 할 수 있다. 이를 사전수출신고라고 한다.

일반수출신고제도에서는 '수출신고수리 → 보세구역반입 및 반출 → 선적 → 출항보고서 및 적화목록 제출(선적확인)'의 단계를 거치게 된다. 그런데 사전수출신고제도에서는 '수출신고수리전 선적승인 → 선적 → 수출신고수리(출항 전, 후) → 보세구역 반입 및 반출(타소장치 포함) → 출항보고서 및 적화목록 제출(선적확인)'의 단계를 거치게 된다.

(2) 수출물품의 검사

세관은 수출신고가 있게 되면 먼저 신고서류에 대한 심사를 한다. 신고서류에 대한 심사가 종료되면 서류를 근거로 보세구역에 반입된 해당 수출물품을 검사하게 된다. 수출물품의 검사는 승인된 물품의 내역과 실제로 수출될 물품이 동일한가에 대한 검증 및 확인절차이다.

(3) 수출신고의 수리

세관장은 수출신고가 적법하게 이루어진 경우에는 신고서 및 첨부서류의 내용을 확인한 후 신고를 수리한다. 수출신고서 또는 제출서류에 미비사항이 발견되면 수리신고 후에 보완할 수 있다.

(4) 수출신고 서류의 보관과 제출

EDI에 의하여 수출신고를 한 후 세관으로부터 신고수리 사실을 통보 받은 경우에는 수출신고서, 송장, 첨부서류 등을 보관하고 1개월의 범위 내에서 세관장에게 제출하여야 한다. 세관장은 EDI에 의한 수출의 경우 화주로부터 매월 5

일까지 전월의 수출실적을 집계한 보고서를 받아 통관시스템의 수출통계와 대조하여 확인한다.

3. 수입통관

1) 수입통관의 의미

수입통관(import clearance)은 물품을 외국에서 수입할 때 거치는 세관절차이다. 수입통관은 EDI 수입통관 자동화 시스템에 의하여 이루어지고 있기 때문에 그 절차가매우 간소화되었다. 즉 종전의 수입통관단계는 '입항 → 보세구역반입 → 수입신고 → 관세납부 → 수입면허 → 화물반출'이었는데 EDI 수입통관 자동화 시스템에 의하여 '입항 → 수입신고(입항전 사전수입신고 가능) → 반출 → 관세납부(사후 관세납부 가능)'라는 과정으로 간소화되어 수입통관에 필요한 기간도 2~3일 정도로 단축되었다.

〈그림 10-1〉 수입화물의 입수절차

입항 → 하선 → 입항지 보세구역반입 → 보세운송 → 내륙지보세구역반입 → 수입신고 → 물품검사 및 서류심사 → 관세납부 → 수입면허

2) 수입통관절차

(1) 수입신고 준비

① 본선의 입항 및 하선작업

선박이 입항하면 입항보고서와 적화목록을 제출하고 '하역배정 보고 → 배정적화목록 제출 → 하선작업 신고 → 하선작업 완료 보고' 등의 절차를 완료한 후 관할내 간이보세운송과에 화물도착완료 보고를 하고 물품에 대한 부두 반출 및 운송을 하게 된다.

② 보세구역 반입

세관에 수입신고를 하기 위해서는 원칙적으로 화물을 적재한 선박 또는 항공기로부터 물품을 인수한 후 보세구역에 반입하여야 한다. 그래서 물품을 보세구역에 반입하고자 하는 경우에는 물품반출입신고서를 작성하여 세관장에게 제출하여야 한다. 물품을 보세구역에 반입하는 이유는 수입대상 물품을 정확하게 하고 검사 및 과세가격결정을 확실하게 하여 관세 채권을 확보하기 위한 것이다. 세관장이 특별히 인정하는 물품에 대해서는 타소장치를 허용하고 있다. 그리고 보세구역이나 타소장치에도 반입하지 못하는 경우에는 본선 또는 항공기에 적재한 상태에서 선상 통관절차를 이행할 수 있다.

물품이 보세구역에 반입되거나 타소장치장에 장치되면 그 반입일 또는 허가일로부터 30일 이내에 세관장에게 수입신고를 하고 신고필증을 교부받아야 한다.

(2) 수입신고

수입신고는 수입을 하겠다는 의사표시로서 과세물건의 확정, 적용법령의 확정, 납세의무자의 확정이라는 기능을 갖는다. 수입신고를 각하하는 경우는 부과고지물품을 신고납부물품으로 신고하는 경우, 신고납부물품을 부과고지물품으로 신고하는 경우, 부당한 방법으로 신고하는 경우, 수입신고의 형식적 요건을 갖추지 못하는 경우 등이다.

EDI 수입통관 자동화 시스템에 의하여 수입화물이 도착하기 전에 통관지 세관에 사전수입신고를 할 수 있도록 하고 있다.

(3) 수입물품의 검사

수입물품의 검사는 승인된 물품의 내역과 실제로 수입될 물품이 동일한가에 대한 검증 및 확인을 하는 것이다. 즉 수입물품검사는 수입신고된 물품 이외에 은닉된 물품이 있는지를 2인 이상이 복수로 정밀검사를 하는 조사성격이다. 또한 수입 신고된 물품에 대하여 과세표준을 합리적으로 결정하는 동시에 수입승인의 여부를 판단하는 중요한 역할을 한다.

EDI에 의한 수입통관제도가 시행되면서 모든 수입화물을 통제하는 범위를 벗어나 우범화물만 선별하여 검사를 하고 그 이외는 수입신고 즉시 수입화물의 반출을 허용하고 있다.[15] 세관의 우범화물 선별시스템(cargo selectivity system ; C/S)은 위장 및 불법화물 등 범죄의 발생가능성이 높은 것으로 예측되는 물품을 선별하여 집중적으로 조사하는 관리시스템이다.

(4) 관세의 확정과 납부

① 관세의 확정

과세가격은 세액결정의 기준이 되는 과세물건의 가격인데 수입신고일 현재의 가격과 수량에 의하여 부과한다. 과세가격의 요건을 구비한 경우에는 신고가격을 과세가격으로 인정한다. 과세가격의 요건을 구비하지 않은 경우에는 관세법에 따라 최근의 실적가격, 국내판매가격, 조정가격 등을 참고로 하여 세관에서 과세가격을 결정한다.

② 관세의 납부

관세납부는 수입면허를 받는 전제조건이다. 관세납부는 신고납부와 부과고지에 의한 방법중 해당방법을 따르면 된다. 신고납부는 납세의무자가 세액을 결정하여 세관장에게 신고하고 납부하는 제도이다. 부과고지는 세관장이 세액을 결정하여 납세의무자에게 고지하면 고지된 금액을 납부하는 방식이다.

③ 관세사후납부제도

수입통관을 할 때 세금납부 절차의 까다로움으로 인해 화물의 인수과정이 원활하지 못한 경우가 있다. 이러한 폐단을 감소시키고자 세금을 납부하기 전에 일정한 납세담보만 제공하면 수입면허를 할 수 있도록 한 것이 관세사후납부제도이다.

(5) 수입신고 수리와 반출

세관장은 수입신고가 적법하게 이루어진 경우 이를 수리하고 신고인에게 신고필증을 지체없이 교부한다.[16] 수입업자는 관세 및 기타 내국세를 납부하고

15) 관세법 제113조 참조.
16) 종전에는 관세 및 기타 내국세에 해당하는 특별소비세, 방위세 및 부가가치세를 부하고 그 영수증을 세관에 제시하면 수입면장의 교부, 즉 수입면허를 받을 수 있었다.

그 영수증을 세관에 제시하면 수입면장(import permit)을 교부한다. 이것이 수입면허이다. 수입면장이 교부되면 물품은 내국물품이 되어 보세구역에서 반출할 수 있다.

EDI 수입통관 자동화 시스템에 의하여 보세구역을 거치지 않고 부두에서 직접 반출하는 경우도 있다. 그리고 특별한 사유가 있는 경우에는 수입업자의 신청에 의하여 수입신고수리 전에 관세상당액을 담보로 제공하고 세관장의 승인을 얻어 물품을 보세구역으로부터 반출할 수 있다.[17] 수입신고수리 전 반출승인에 의하여 반출된 물품은 내국물품으로 간주된다. 이후 관세가 결정되어 관세를 납부하면 수입면장이 교부되고 담보는 해제된다.

4. 반송통관

1) 반송의 사유

반송은 외국물품의 상태 그대로 외국으로 돌려 보내는 것이다. 반송사유가 발생하면 수출업자에게 이와 같은 사실을 통보하고 계약의 충실한 이행을 촉구하게 된다. 그러나 수출업자가 불응을 하는 경우에는 수입된 상태의 물품을 보세구역 내에서 국내 반입없이 반송하게 된다. 일반적인 반송의 사유는 다음과 같다.

첫째, 수입의 경우 수입자의 귀책사유가 아닌 운송업자의 과실로 인하여 원래 수입하고자 하는 계약상의 물품이 도착한 경우이다. 둘째, 수출업자의 과실로 인해 품질, 규격 등이 계약내용과 다른 물품이 도착한 경우이다. 셋째, 운송인의 과실로 운송도중에 파손된 물품이 도착하는 경우이다. 넷째, 수입면허를 받지 못한 경우이다. 다섯째, 중계무역물품이나 보세전시물품인 경우이다.

2) 반송절차

반송을 하기 위해서는 반송물품이 보세구역에 반입된 상태에서 반송신고를

17) 관세법 제143조 1항.

하여야 한다. 반송신고인은 화주·관세사·통관 법인 또는 관세사 법인이 된다. 수출신고를 할 때에는 반드시 수출허가서 또는 신청서를 제출하여야 하지만 반송신고의 경우에는 수출허가서가 필요 없다. 단지 반송사유를 입증할 수 있는 통신문, 운송기관의 운송착오 경위서와 같은 서류 등을 첨부하면 된다. 세관장은 신고된 서류를 심사하여 사실을 확인한 후에 반송신고를 수리하게 된다. 반송신고가 수리되면 반송신고인에게 반송신고필증을 교부하게 된다.

제2절 보세구역

1. 보세구역

1) 보세구역의 의의

보세는 관세유보 또는 관세미납으로 간주되는 것이지만 수입신고 이전의 상태를 의미하는 것으로 해야 한다. 왜냐하면 무세품을 수입신고 수리 이전에는 보세물품이라고 하기 때문이다. 보세제도는 관세징수권의 확보, 통관질서의 확립, 통관업무의 효율화, 보세공장의 수출지원 등과 같은 측면에서 중요한 역할을 한다.

보세구역은 보세상태로 외국물품을 일정기간 장치하거나 또는 가공, 제조, 전시, 건설할 수 있는 일정한 구획을 갖춘 토지나 그 위의 건조물 또는 수면으로서 세관장이 지정하거나 특허한 장소이다.

2) 지정보세구역

지정보세구역은 외국물품을 일정기간 장치하거나 또는 가공, 제조, 전시, 건설할 수 있도록 세관장이 지정한 장소이다. 지정보세구역에는 지정장치장과 세관검사장 등이 있다. 지정장치장은 통관을 하고자 하는 물품을 일시 장치하기 위한 장소로서 세관장이 지정한 구역이다. 세관검사장은 통관을 하고자 하는 물품을 검사하기 위한 장소로서 세관장이 지정한 구역이다.

3) 특허보세구역

특허보세구역은 영리를 목적으로 세관장의 설영특허를 받아 설치한 보세구역이다. 특허보세구역에는 보세창고, 보세공장, 보세전시장, 보세건설장, 보세판매장 등이 있다. 보세공장은 외국물품 또는 외국물품과 내국물품을 원료로 하거나 재료로 하여 제조 · 가공, 기타 이와 유사한 작업을 하기 위한 구역이다. 보세전시장은 박람회 · 전람회 · 견본시 등의 운영을 위하여 외국물품의 장치 · 전시 또는 사용을 하는 구역이다. 보세건설장은 산업시설의 건설에 소요될 외국물품인 기계류, 설비품, 공사용 장비를 장치하거나 사용하여 당해 건설공사를 하는 구역으로 세관장이 승인한다. 보세판매장은 외국물품을 반출하거나 외교관 면세규정에 의하여 관세의 면제를 받을 자가 사용하는 것을 조건으로 물품을 판매하는 구역이다.

4) 자율관리보세구역

자율관리보세구역은 지정보세구역 또는 특허보세구역 중에서 물품의 관리와 세관의 감시에 지장이 없다고 인정된 보세구역에 대하여 화물관리를 보세구역 운영인에게 위임하여 자율적으로 운영하도록 세관장이 지정한 보세구역이다.

5) 종합보세구역

종합보세구역은 보세창고, 보세공장, 보세전시장, 보세건설장 또는 보세판매장의 기능 중 둘 이상의 기능을 수행할 수 있는 장소이다.

2. 타소장치

수입하고자 하는 물품은 지정장치장이나 보세장치장에 장치하여야 한다. 그러나 화물의 특성이나 화주의 사정상 보세구역에 반입할 수 없는 경우가 있다. 이러한 경우에는 보세구역 이외의 장소에 장치하는 것을 허가하고 있으며, 이를 타소장치라고 한다.

3. 보세운송

보세운송(bonded transportation)은 외국물품을 국내 통로에 의하여 다른 특정지역으로 운송하는 것이다. 즉 외국물품을 개항, 보세구역, 타소장치의 허가를 받은 장소, 세관관서, 통관역, 통관장 등에 한해 운송하는 것을 의미한다. 보세운송은 세관장이 지정한 기간 내에 종료되어야 한다. 보세운송을 통하여 화주에게 경비의 절감, 수출입절차의 간소화, 경비절감 등과 같은 혜택을 주려는 것이다.

제3절 관세

1. 관세의 의의

관세(tariff 혹은 custom duties)는 한 국가의 관세선을 통과하는 물품에 대하여 부과하는 세금을 의미한다. 관세선은 무역에서 의미하는 경제적 국경을 말한다. 관세는 수입에 대한 직접적인 통제가 가능하기 때문에 시행시기와 시행방법에 따라서는 그 효과가 매우 크다. 이것은 관세가 그 성격상 물품세이며 수시세이기 때문이다.

관세는 과세가격에 관세율을 곱한 액수이고 과세가격은 CIF가격기준의 거래가격에 관세환율을 곱한 액수이다. 관세의 적용순위는 협정세율, 탄력세율, 잠정세율, 기본세율 순이다.

2. 관세의 유형

1) 이동방향기준

관세는 물품의 이동방향을 기준으로 할 때 수출세, 수입세, 통과세로 구분할 수 있다.

수출세는 상품을 외국으로 수출될 때 부과하는 관세이다. 수입세는 상품을 수입할 때 부과하는 관세이다. 통과세는 무역당사국이 아닌 제3국가에서 관세선을 통과하여 수송되는 상품에 대하여 부과하는 관세이다.

2) 시행목적기준

관세는 시행목적을 기준으로 할 때 재정관세, 보호관세로 구분할 수 있다.

재정관세는 정부의 재성수입을 획보히기 위하여 수출입 상품에 부과하는 관세이다. 즉 수입상품에 부과하여 재정수입을 도모한다. 보호관세는 국내의 유치산업을 보호, 육성하고 기존산업을 유지, 발전시킬 목적으로 외국 상품에 부과하는 관세이다.

3) 과세기준

(1) 과세표준기준

관세는 과세표준을 기준으로 할 때 종가세, 종량세, 선택관세, 복합관세로 구분할 수 있다.

종가세는 수입상품의 가격을 과세표준으로 부과하는 관세이다. 종량세는 수입상품의 수량을 과세표준으로 하여 부과하는 관세이다. 선택관세는 한가지 수입품에 대하여 관세율을 종가세와 종량세 두 가지 세율로 정해 놓고 수입상품의 수입상태, 가격변동상태, 재정상태 등을 감안하여 그중 한가지 세율을 선택적으로 적용하는 관세이다. 복합관세는 동일 상품에 대하여 종량세와 종가세 두 가지를 결합한 상태로 적용하는 혼합세이다. 수입되는 상품의 일정수량까지는 종량세를 적용하고 일정수량이상에 대하여는 가격에 따라 종가세를 적용하는 관세이다.

(2) 과세적용률기준

관세는 과세적용률을 기준으로 할 때 단일관세, 복수관세로 구분할 수 있다.

단일관세는 동일상품에 대해서는 국가를 구분하지 않고 법률이 정한 일정률을 적용하는 관세이다. 복수관세는 동일한 상품에 대해서 두 가지 이상의 세율을 적용하는 관세이다. 즉 국가별로 차등을 두어 부과하는 관세이다.

(3) 과세법령기준

관세는 과세법령을 기준으로 할 때 국정관세, 협정관세로 구분할 수 있다.

국정관세는 한 국가의 법령에 의해 자주적으로 세율을 부과하는 관세이다. 협정관세는 외국과의 협약 내지 통상조약 또는 관세조약에 의해 부과하는 관세이다.

(4) 과세탄력기준

관세는 과세시점을 기준으로 할 때 차별관세, 보복관세, 덤핑방지관세, 긴급관세, 조정관세 등으로 구분할 수 있다.

차별관세는 동일한 상품에 대하여 국가별로 관세율 적용에 차이를 두는 것이다. 특혜관세는 일부 교역상대국에 대해서는 관세율을 인하하여 적용하는 할인관세를 의미한다. 보복관세는 교역상대국이 자국상품에 대하여 불리한 관세율을 적용하는 경우 이에 상응하여 교역상대국으로부터의 수입품에 대하여 관세를 부과하는 것이다. 덤핑방지관세는 외국에서 정상가격이하로 판매되는 물품의 수입으로 국내시장이 교란될 때 부과되는 할증관세인데 덤핑에 해당하는 비율만큼 관세를 부과한다. 긴급관세는 특정물품의 수입을 긴급히 억제할 필요가 있는 경우에 그 수입품의 관세율을 인상하여 부과하는 관세이다. 조정관세는 산업구조의 변동 등으로 상품간의 세율이 현저히 불균형하여 시정할 필요가 있는 경우에 부과하는 할증관세이다.

이외에도 농림축산물에 대한 특별긴급관세, 상계관세, 편익관세, 물가평형관세, 차액관세, 활척관세, 계절관세, 할당관세 등이 있다.

제4절 관세환급

1. 관세환급의 의의

관세환급은 수출용 원재료를 수입할 때 납부한 관세, 임시수입부가세, 특별소비세, 교통세, 주세, 농어촌 특별세, 교육세 등과 같은 제세금을 당해 원재료가 수출물품의 제조에 사용되어 수출된 것으로 확인된 경우에 반환하는 것이다. 이것은 원재료를 수입할 때에 부과되는 관세의 부담을 경감시키려는 것이다. 관세환급 승인권자는 산업통상자원부장관이나 당해 물품을 관장하는 중앙행정기관의 장에게 위탁되어 있다. 관세환급 승인신청은 사후관리기관의 장에게 해야 한다.

관세환급에는 수입물품이 수출에 갈음하여 멸각, 폐기가 인정되어 수입신고일로부터 1년 내에 보세구역에 반입하여 수입지 세관장이 승인을 얻어 멸각한 경우에 이루어지는 멸각물품환급, 세관장이 과다세액 납부액을 납세자에게 환급하는 과오납환급, 위약물품에 대한 관세를 환급하는 위약물품환급 등이 있다.

2. 관세환급의 방법

1) 정액환급

정액환급은 수입을 할 때 관세를 납부하였거나 또는 징수유예를 받은 원료로 제조, 가공한 물품을 수출하였을 때 수출품목별로 환급하여야 할 금액을 사전에 정한 정액환급률표에 따라 환급하는 방식이다. 물품을 수출하면 수출신고필증만 제시받아 소요원재료별 납부세액의 계산없이 정액환급률표에 따라 환급금액을 환급하는 방법이다.

2) 개별환급

개별환급은 정액환급률표에 게기되지 않은 물품을 수출하였을 때 그 물품생산에 소요된 원재료의 종류와 수량을 소요량증명서에 의하여 확인하고, 그 원재료 수입 시 납부한 세액이 얼마인가를 수입면장에 의거 산출하여 해당 세액을 환급하는 방법이다.

3. 관세환급의 신청과 지급

1) 관세환급 신청자

관세환급을 신청할 수 있는 자는 관세환급 대상물품을 수출하였거나 국내에서 외화를 획득하는 용도에 제공한 자이다.

2) 관세환급금 지급

(1) 관세환급금을 세관에 신청한 경우

관세환급 대상자가 관세환급금을 세관에 신청한 경우, 세관장은 이를 심사하여 환급액을 결정한다. 관세환급금이 결정되면 지급지시서를 환급신청인이 정한 환급은행에 송부한다. 환급신청인에게는 환급금 및 환급방법을 기재한 환급통지서를 교부한다. 환급신청인은 환급통지서를 지참하고 해당 은행에서 직접신청을 하면 은행은 지급지시서와 대조 확인을 한 후 관세환급신청자에게 지급한다.

(2) 관세환급금을 환급은행에 신청한 경우

관세환급 대상자가 관세환급금을 환급은행에 신청한 경우, 환급은행의 장은 신청내용을 심사하고 환급액을 결정하여 신청인에게 지급한다.

4. 관세환급 관련 제도

1) 환급에 갈음하는 관세율인하제도

무역거래상 국내조달이 불가능한 원재료로서 관세환급이 이미 확정적인 경우가 있다. 이런 경우 관세환급의 절차를 취하게 되면 시간과 경비면에서 비효율적이다. 따라서 국산화가 어려운 수출용원자재를 수입할 때 관세를 인하하여 징수하는데 이것을 관세율인하제도라고 한다.

2) 평균세액증명제도

평균세액증명제도는 복잡한 규격의 원재료를 HS 10단위로만 구분하여 HS 10단위 내에 포함되는 모든 원재료는 동일한 것으로 간주하고 규격별로 각각 다르게 납부한 세액의 평균치를 산정하여 그 평균치를 환급하는 제도이다.

3) 사후정산제도

사후정산제도는 1997년도부터 도입된 제도이다. 일정한 요건을 갖추어 일괄납부업체로 지정받은 자가 수출용원재료를 수입할 때에 일정기간 이내에 수출 등에 제공할 것을 조건으로 관세 등을 부과한다. 그러나 징수는 하지 않은 상태에서 통관시켜 물품을 생산하도록 하고 그 물품이 수출된 후 환급받아야 할 금액과 관세 등을 상계 처리하는 것이다. 수출용원재료 수입에 따른 관세부담을 완전히 제거시켜 수출을 촉진하기 위한 제도이다.

제11장 화물의 선적과 양륙

제1절 화물의 선적

1. 개품운송계약 화물의 선적절차

화물을 선적할 때에는 선박회사로부터 본선의 선장 앞으로 당해 화물의 선적을 지시한 선적지시서(shipping order ; S/O), 선박회사의 화물인수목록(booking note), 부선의 경우에는 부선송장(cargo boat note)등을, 세관으로부터 교부받은 수출면장과 함께 본선의 승선 세관원에게 제시한다. 승선 세관원이 현물과의 대조확인을 거친 후 적재 허가를 하면 선적한다.

선적이 종료되면 화물의 수령자인 일등항해사가 본선수취증(mate's receipt ; M/R)을 발행한다. 선적할 때에 화물의 상태에 이상이 있는 것이 발견되면 본선수취증의 Remark란에 그 사실을 기재하고 기명, 날인하게 된다. 화주는 M/R을 선박회사에 제시하여 선화증권을 발급받는다.

2. 용선운송계약 화물의 선적절차

용선계약에 의한 선적은 일반적으로 자가 적재방식에 의한다. 용선계약된 선박의 입항검사가 끝나면 선장은 화주에게 하역준비완료 통지(Notice of Readiness)를 해 준다. 용선운송계약에 의한 선적은 보세구역으로부터 접안 선적이나 정박지 선적의 방식으로 선적하는 경우는 적다. 대부분은 보세구역 이외에서 이루어진다. 그러므로 출장검사 신청 및 타소장치 장소로부터의 선적에 대한 승인을 받아야 한다.

선적이 완료되면 정박일수 계산서(laytime statement)가 작성된다. 정박일수 계산서는 선박회사, 선주, 화주가 각각 서명하여 작성한 것으로 정박기간 산정의 기초자료가 된다.

3. 컨테이너 화물의 선적절차

1) FCL화물의 선적절차

FCL화물인 경우에는 화주가 CY(Container Yard) operator에게 기기수도증(equipment receipt or interchange receipt ; E/R)을 접수시키고 기기의 사용이 허용되면 필요한 공컨테이너를 인수한다.

컨테이너를 확보한 화주는 화물 적입장소인 보세구역 또는 타소장치 허가를 받은 장소에서 세관원의 파출을 요청하여 통관절차를 거친 후 화물을 컨테이너에 적입시키고 봉함한다.

FCL화물의 적입이 종료되면 CY에 반입한다. 이때 화주는 컨테이너내의 화물의 명세를 기재한 컨테이너 적부표(container load plan ; CLP)와 부두수취증(dock receipt ; D/R) 또는 창고증권을 준비하여 세관의 수출허가인이 날인되어 있는 수출신고서 원본을 첨부한 후 CY operator에게 제출한다.

CY operator는 화물이 이상없이 인도되었다는 것을 확인하면 화주가 제출한

D/R에 서명하고 화주용 D/R 1부를 화물인수증으로 화주에게 교부한다.

화주는 D/R을 선박회사에 제출하고 운임 및 제비용을 지급한 후 선화증권을 교부받게 된다. D/R은 재래선의 본선수취증(M/R)에 해당하는 것이다.

2) LCL화물의 선적절차

LCL화물이면 화주가 선박회사에 선복을 신청한다. 신청이 수리되면 화주는 직접 선박회사가 지정하는 CFS(container freight station)까지 수출화물을 운송한다. 이때 화주는 D/R과 수출신고서 원본을 CFS operator에게 제출한다.

CFS operator는 CFS에 반입된 화물을 인수하고 이상유무를 확인한다. 확인이 종료되면 CFS operator는 D/R에 인수물품의 이상유무에 대한 확인내용을 기재한 후 서명하여 화주에게 교부해 준다.

CFS operator는 CFS에 반입된 물품을 동일목적지로 향하는 다른 LCL화물과 함께 혼재하여 봉합된디. 컨테이너에 적입되는 수출화물의 적부표는 CFS operator가 작성한다. 적입이 종료되면 봉합된 컨테이너는 CY로 인도된다.

화주는 CFS operator가 서명하여 교부해 준 D/R을 선박회사에 제출하고 운임 및 제비용을 지급한 후 선화증권을 발급 받는다.

4. 항공화물의 선적절차

화주는 항공화물대리점이나 운송주선인에게 선적신청서를 기재한 후 상업송장, 포장명세서, 수출승인서를 첨부하여 제출한다. 운송주선인은 해당 화물을 화주로부터 인수하여 적재 공항의 Air Cargo Terminal로 운송하여 보세창고에 반입한다. 보세구역에 반입된 화물은 검량업체의 검량을 받은 후 수출통관절차를 거쳐 적재된다.

제2절 화물의 양륙과 손해구상

1. 화물의 양륙절차

1) 본선 입항의 확인

화물의 양륙절차는 선적절차와 차이가 있다. 수입업자는 본선이 입항되었다는 것이 확인되어야 화물의 인수절차를 이행할 수 있다.

2) 선적서류의 입수

본선의 입항이 확인되면 수입업자는 추심되어 온 환어음을 취결하고 선적서류를 입수한다. 선박서류 중에서 선화증권에 배서하여 선박회사에 제출하고 제비용을 지급한다. 즉 신용장에 의한 경우이면 추심되어 온 환어음을 결제한 후 선적서류를 은행으로부터 인수한다.

3) 화물인도지시서의 입수

수입업자는 선화증권을 선박회사에 제출하고 화물인도지시서(delivery order ; D/O)를 입수해야 한다. 화물인도지시서는 선박회사 또는 대리점의 책임자가 본선선장으로부터 제출된 적화목록을 화주가 제출한 선화증권과 대조하여 확인한 후 기재된 화물을 화주에게 인도하라고 본선 선장 또는 현장 책임자에게 지시한 서류이다. 그런데 화물은 도착하였으나 선화증권이 도착하지 않은 경우에는 선박회사에 수입화물선취보증서를 제출하고 D/O를 교부받는다.

4) 화물의 인수

(1) 개품운송화물의 인수

① 일괄양륙

일괄양륙은 선박회사가 지정한 하역업자가 모든 화물을 일괄 양륙한 후 보세구역에 반입하여 장치하는 방식이다. 이후 세관의 현품검사와 함께 통관절차를 마치면 하역에 대한 비용을 지급하고 D/O와 상환하여 화물을 인수하게 된다. 즉 창고반입인도의 형태로서 화주가 하역업자의 창고에 가서 D/O와 상환으로 화물을 인수하는 것이다.

② 자가양륙

자가양륙은 수입업자가 직접 양륙대리인을 지정하여 본선 선측에서 화물을 인수하는 방식이다. 즉 착선인도의 형태로서 선박회사에서 선장 앞으로 발행한 D/O를 교부 받아 본선에 제출하고 화물을 인수한다.

(2) 용선운송화물의 인수

본선의 입항절차가 종료되면 선박회사 또는 그 대리점은 화주에게 선장 명의의 하역준비 완료통지서(Notice of Readiness) 2통을 교부한다. 화주는 그중 1통에 날인하여 반송한다. 이때 화주는 선화증권 또는 수입화물선취보증서를 선박회사에 제출하고 D/O를 입수해야 한다. 그리고 선박회사로부터 보내온 적재도면(stowage plan)을 하역업자에게 제시하여 하역계획을 세우도록 한다.

이에 의하여 하역업자의 하역작업이 시작되면 매일의 작업상황보고서를 본선의 일등항해사의 서명을 받아 화주에게 송부한다. 이것은 정박일수 계산서를 작성하는 기초자료로 사용된다.

하역이 완료되면 화주는 본선 책임자와 함께 선박회사 또는 그 대리점에 가서 선박회사가 미리 작성해 둔 정박일수 계산서에 따라 하역비를 정산하면 된다. 즉 실제 하역일수가 계약일수와 일치하고 잘못된 점이 없으면 선박회사, 선장 및 화주가 서명하고 모든 절차는 종료된다.

(3) 컨테이너 화물의 인수

컨테이너를 적재한 본선이 입항하여 양륙을 하게 되면 컨테이너는 즉시 CY에 반입된다. 이때 FCL 화물 또는 LCL 화물 여부에 따라 화물의 인수방법이 다르게 된다.

FCL 화물인 경우에는 CFS에서 각각 선박회사가 발행한 D/O와 상환으로 화물을 인수하게 된다.

LCL 화물인 경우에는 컨테이너가 CFS로 인계되어 화물이 devanning(unstuffing)되면 수화인 별로 분류한 후 인수하게 된다.

2. 수입화물의 손상과 구상

1) 손해의 발생과 책임규명

수입물품에 손상이 발생한 경우에는 손해의 발생시각 및 발생위치, 책임소재 등을 규명하기가 어렵다. 따라서 물품에 발생한 손해에 대하여 수출업자, 해상운송인, 보험회사에 손해가 발생하였다는 사실을 통보해야 한다. 조사를 통하여 손상에 대한 책임부담자로 판명되는 경우에는 정식으로 구상할 것이라는 내용의 사고통지서를 서면으로 발송한다.

수출업자에게는 매매계약서상에 합의된 클레임의 발생과 관련한 규정을 근거로 신속하게 통보해야 한다. 선박회사에도 해상운송계약을 전제로 한 책임관계를 규명하여 줄 것을 요청하여야 하며, 보험회사에도 보험계약을 전제로 한 손해보상문제를 조사하여 줄 것을 요청하여야 한다.

2) 선박회사에 대한 구상

선적화물이 불착인 경우나 지연 또는 손상된 상태로 도착한 경우에는 선박회사에 서면으로 사고가 발생하였음을 통지하여 손해배상청구의 권리를 유보하고 있음을 알려 주어야 한다.

해상운송인의 귀책사유는 상업과실이고 면책사유는 항해과실이다. 그러므로 선박회사는 선화증권상의 책임조항을 근거로 항변을 하게 된다. 만약 선박이 해난보고서를 작성하여 보유한 경우에는 근거자료가 되기 때문에 책임을 규명하기가 용이해진다. 따라서 무역업자도 책임소재를 규명할 수 있는 입증자료를 확보하여야 한다.

선박회사에 구상을 할 때 필요한 서류는 손해배상청구서, 상업송장, 검정보고서, 기타 선박회사가 요구하는 서류이다.

3) 보험회사에 대한 구상

(1) 전손 및 단독해손인 경우

화물이 전손된 경우에는 그 여부를 정확하게 파악하여 추정전손이면 위부의 신청을 통하여 해결을 하고 현실전손이면 보험회사에 보험금을 청구하면 된다.

화물의 손상이나 멸실이 단독해손 보험사고로 확인되면 화물의 인수 전에 즉시 보험회사에 보험증권에 기재된 양륙지의 보험회사 또는 보험대리점에 통지하고 입회검사를 요구한다. 손해에 대한 사정이 종료되면 보험회사에 보험금을 청구하게 된다.

(2) 공동해손인 경우

공동해손이 발생하면 선박회사는 검정인을 선임하여 선박 및 적화에 대한 손해를 평가한다. 그리고 화주에 대하여 공동해손의 발생사실을 통지하고 정산지의 지정, 정산인의 선정 등에 대하여 화주의 동의를 얻기 위하여 공동해손계약서(general average bond)에 서명을 요구해 온다. 이후 정산인의 정산에 따라 책임을 분담하거나 보험에 공동해손이 담보되어 있으면 보험회사에게 구상하면 된다.

제12장 선적서류와 무역대금결제

제1절 무역대금결제

1. 무역대금결제의 의의

무역대금결제는 수출업자와 수입업자간의 거래물품에 대한 대금결제이다. 무역거래가 2국간의 거래이기 때문에 다양한 대금결제 유형이 존재한다. 무역대금결제는 수출업자의 대금결제와 수입업자의 대금결제와도 관련이 있다. 수출업자의 입장에서는 선적서류를 준비하여 외국환은행에 환어음과 함께 매입을 의뢰하는 행위로 나타난다. 수입업자는 수입대금을 결제함으로써 선적서류를 입수하여 수입화물을 인수하는 행위로 나타난다.

2. 무역대금결제의 유형

1) 결제수단 기준

(1) 현금결제

현금결제는 상품인도와 동시에 대금을 현금으로 결제하는 방법이다.

(2) 어음결제

어음결제는 무역거래에서 채권자인 매도인이 매수인을 지급인으로 하는 어음을 발행하여 이를 매각 또는 추심을 하여 수출대금을 회수하는 방법이다. 무역거래에서 쓰여지는 어음은 화환어음이 원칙이지만 무담보어음에 의하는 경우도 있다.

(3) 환결제

환결제는 전신환(telegraphic transfer ; T/T)이나 우편환(mail transfer ; M/T)에 의하여 송금함으로써 대금을 결제하는 방법이다.

(4) 물품결제

물품결제는 수출입 대가로 다른 물품을 수입 또는 수출하는 물물교환방법(barter trade system)이다. 구상무역에서는 화폐의 개념을 개입시켜 그 이동을 수반하면서 거래가 이루어지고 있으나, 물품결제는 자원과 상품의 교역이라는 측면에서 이용된다.

2) 결제시기 기준

(1) 선지급

선지급은 물품이 선적이나 인도되기 전에 미리 대금을 지급하는 방법이다. 선지급에는 상품의 구매를 위한 주문과 동시에 현금결제가 이루어지는 주문동시지급(cash with order ; CWO) 방식과, 주문과 함께 전신환 등을 송금하는 방식 및 선대신용장(red clause L/C, packing L/C) 방식 등이 있다.

(2) 동시지급

동시지급(concurrent payment)은 물품의 선적 또는 인도나 물품을 상징한 운송서류의 인도와 동시에 대금결제가 이루어지는 방법이다. 동시지급에는 현물상환 지급방식과 운송서류상환 지급방식이 있다.

현물상환 지급방식(cash on delivery ; COD)은 수출업자가 상품을 선적한 후 선적서류를 수입업자에게 발송하고, 상품이 목적지에 도착하면 수입업자가 품질이나 수량을 직접 검사 후에 상품을 인수하면서 대금을 현금으로 결제하는 방식이다.

운송서류상환 지급방식(cash against documents ; CAD)은 수출업자가 상품을 선적 후 선화증권을 위시한 보험증권, 상업송장 등과 같은 선적서류를 수출업자가 수입업자의 대리인 또는 거래은행에 제시하여 대금을 결제하는 방식이다.

(3) 후지급

후지급은 물품의 선적이나 인도나 운송서류의 인도가 있은 후 일정한 기간이 경과되어야 대금결제가 이루어지는 조건이다. 즉 외상거래조건은 연불 혹은 후지급조건인데, 이를 연지급(deferred payment)이라고도 한다.

3) 결제방향기준

(1) 송금결제

송금결제(remittance basis)는 수입업자가 상품의 인도 전·인도 후 또는 인도와 동시에 수출업자에게 물품대금의 전액을 외화로 송금을 하여 지불함으로써 결제를 완료하는 방법이다.

(2) 추심결제

추심결제(collection basis)는 취소불능 화환신용장 없이 단순히 매매당사자간의 계약에 의거하여 수출업자가 상품을 선적한 후 관련서류를 첨부한 화환어음을 수입업자에게 제시하면 수입업자가 그 어음에 대한 지급 또는 인수를 하여 결제하는 방법이다. 추심결제방식에는 인수인도조건(D/A)과 지급인도조건(D/P)이 있다.

4) 신용장개설 여부 기준

(1) 신용장결제

신용장 결제(payment basis with L/C)는 신용장을 개설하여 수출업자가 신용장조건에 일치하는 선적서류와 상환으로 발행하는 환어음을 은행간 추심에 의하여 결제하는 방법이다.

(2) 팩토링결제

팩토링(factoring)결제는 신용장의 개설없이 신용을 바탕으로 결제하는 방식이다. 전세계의 회원들을 대상으로 수입업자의 신용을 근거로 이루어지는 무신용장방식의 결제이다.

(3) 포페이팅결제

포페이팅(forfating)결제는 수출거래에 따르는 환어음이나 약속어음을 수입업자에게 상환청구없이 고정이자율로 할인하는 결제방법이다.

(4) EDI에 의한 결제

EDI에 의한 결제는 물품의 매매에 수반되는 채권, 채무의 대가관계의 자료를 입력하여 그 자료가 수정, 보완됨이 없이 일괄적으로 수입업자로부터 수출업자에게로 전자결제수단을 통하여 결제하는 것이다.

제2절 수출업자의 무역대금결제

1. 선적서류의 준비

1) 기본서류

(1) 선화증권

선화증권은 선박회사와 송화인과의 해상운송계약에 의하여 선박회사가 화물을 수령 또는 선적한 경우 송화인의 요청에 의하여 해상운송인이 작성, 교부하는 증권이다. 그러므로 선화증권은 운송인이 화물을 운송계약조건에 따라 목적항까지 운송하고 선화증권의 정당한 소지인에게 증권과 상환으로 당해 화물을 인도할 것을 약속한 유가증권인 동시에 권리증권이다.[18]

(2) 상업송장

상업송장(commercial invoice)이란 수출업자가 작성하여 수입업자에게 발송하는 화물의 명세서이며 대금청구서 및 화물의 계산서이다. 상업송장의 법적 형식은 존재하지 않으나 관습적으로 사용하던 것이 일정한 형식이 되었다.

(3) 보험증권

보험증권(insurance policy)은 보험계약을 체결하였을 때 보험자가 작성, 교부하는 증권이다. 신용장통일규칙에서 규정하고 있는 보험서류는 보험증권, 보험증명서 등이다. 보험증권은 수출업자가 신용장에 의한 거래를 하였을 때 은행에 제출하는 기본서류 중의 하나이다.

18) 선화증권이 갖는 유가증권으로서의 법률적 성질은 요인증권, 요식증권, 유통증권, 지시증권, 문언증권, 상환증권, 처분증권, 인도증권으로 설명될 수 있다.

2) 부속서류

(1) 포장명세서

포장명세서(packing list)는 선적화물의 포장방법, 각 포장단위별 내용명세, 순중량, 총중량, 용적 등을 명시한 것이다. 포장, 운송, 통관상의 편의를 위하여 수출업자가 수입업자 앞으로 작성한다.

(2) 원산지증명서

원산지증명서(certificate of origin)는 당해 화물이 확실히 그 수출국에서 생산 또는 제조되었다는 사실을 증명하는 공문서이다. 일반적으로 원산지증명서는 특정한 수입상품에 대하여 유리한 세율의 적용을 받으려고 할 때 특정한 국가나 지역이 원산지라는 것을 증명하려고 발행한다.

(3) 검사증명서

검사증명서(inspection certificate)는 수출화물에 대하여 권위있는 검사기관이나 수입업자가 지정한 자의 검사에 합격하였음을 증명하는 서류이다. 검사증명서는 수출업자의 부정을 방지 할 목적으로 요구하는 경우가 많다.

(4) 용적 · 중량증명서

용적 · 중량증명서(certificate and list of measurement and/or weight)는 화물의 용적 · 중량에 대한 증명서이다. 선적지에서 공인검량업자가 발행한다.

(5) 위생증명서

위생증명서(certificate of health)는 화물에 대한 위생상태를 점검한 증명서이다. 동물의 수출입에 활용되는 증명서이다. 즉 축산품, 육류 등에 대해서 병균에 오염되지 않았다는 것을 증명하는 서류이다. 식품의 경우에도 요구할 수 있다.

2. 수출업자의 환어음 발행

1) 환어음의 의의

환어음은 채권자가 채무자에게 그 지급기일에 어음 면에 기재된 금액을 자기 또는 제3자에게 지급하도록 위탁한 일종의 지급지시서이다. 수출업자가 발행인이 되며 수입업자나 수입지의 개설은행이 환어음의 지급인이 된다.

2) 환어음의 종류

(1) 일람출급어음

일람출급어음(sight bill)은 지급인에게 어음을 제시한 날을 지급기일로 하는 것을 조건으로 발행하는 어음이다. 즉 어음이 지급인에게 제시되었을 때 즉시 지급되는 조건의 어음이다.

(2) 기한부어음

기한부어음(time bill ; usance bill)은 발행 또는 제시후 일정기간이 지난 후 지급하기로 약속한 어음이다. 어음의 지급은행은 어음의 제시가 있으면 이를 인수하게 된다.

(3) 화환어음과 무담보어음

화환어음(documentary bill)은 화환신용장에 의하여 발행되는 어음이다. 환어음의 매입을 의뢰할 때에 선적서류를 담보로 하는 어음이다. 무역거래에서는 대부분 화환어음이 유통된다.

무담보어음(clean bill)은 클린신용장에 의하여 발행되는 어음이다. 환어음의 매입할 때에 선적서류를 담보로 하지 않는 어음이다.

(4) 인수인도 조건부어음과 지급인도 조건부어음

인수인도 조건부어음(documentary against acceptance ; D/A)은 수입업자가 은행으로부터 화환어음의 제시를 받았을 때 어음대금을 지급하지 않고 이를 인수함으로써 선적서류를 인도 받을 수 있는 조건이다.

지급인도 조건부어음(documentary against payment ; D/P)은 화환어음의 송부를 받은 은행이 어음대금의 지급과 상환으로 서류를 인도하는 조건이다.

3. 외국환은행의 환어음 매입

1) 신용장부 환어음의 매입

신용장이 있는 경우에는 환어음 및 관계 운송서류 등을 구비하여 외국환은행에 매입신청을 한다. 은행에서는 제출된 선적서류와 환어음 및 기타 서류가 신용장 조건과 일치하는가를 확인하고 아무런 하자가 없으면 이를 매입하게 된다. 일람출금어음인 경우는 외국환은행에 제시하는 즉시 대금이 지급되며 기한부어음인 경우에는 만기일에 이르러 지급하게 된다.

2) D/A 및 D/P 조건의 환어음 매입

신용장이 없는 D/A어음 및 D/P 어음의 경우는 어음 면에 D/A(documents against acceptance) 또는 D/P(documents against payment)라고 표시하고 여기에 선적서류, 은행용 수출신고서 등을 첨부하여 은행에 제출하게 된다.

D/A어음 및 D/P 어음의 경우에는 외국환은행이 환어음을 매입하는 대신에 이를 추심 하게 된다. D/A어음 및 D/P 어음을 직접 개설은행이 결제하여 주기를 요구한다. 그런데 D/A어음 및 D/P 어음의 경우는 외국환은행의 환어음 매입에 대한 확약이 없으므로 주의하여야 한다.

제3절 수입업자의 무역대금결제

1. 수입대금의 결제

1) 수입대금결제

화물을 인수하기 위해서는 선적서류를 입수해야 한다. 수입업자가 결제대금을 확보하고 있다면 신용장에 의하여 추심되어 온 대금을 결제한 후 선적서류를 은행으로부터 인수하여야 한다.

2) 수입화물 대도

수입화물 대도(Trust Receipt : T/R)는 은행이 수입업자에게 선적서류를 대여하여 수입어음대금 결제이전에 화물을 수령, 처분할 수 있도록 하는 방법이다. 무역거래에서는 선적서류와 화물이 도착하였으나 수입업자가 자금이 부족하여 수입절차를 적기에 실행하지 못하는 사례가 있다. 이러한 자금부족의 문제를 해결해 주고자 활용되는 것이 수입화물 대도이다.

3) 수입화물 선취보증서

수입화물 선취보증서(Letter of Guarantee : L/G)는 수입화물은 도착하였으나 선적서류가 도착하지 않았을 때 선적서류 없이 수입화물을 인수할 수 있도록 수입업자와 개설은행이 연대 보증하는 보증서이다. 즉 수입업자가 수입화물 선취보증서를 선박회사에 선화증권 원본 대신에 제출하고 수입화물을 인도받는 것이다.

2. 환어음 결제

1) 신용장부 환어음의 결제

(1) 일람출급 환어음의 결제

일람출급 환어음의 결제에서는 환어음을 매입한 은행이 거래은행을 통하거나 직접 지급은행에 어음을 제시한다. 지급은행은 지급요청을 받는 즉시 지급하고 개설은행에 차변표를 송부한다. 개설은행은 차변표를 받는 즉시 수입업자에게 대금지급을 요구하게 된다. 이에 따라 수입업자는 대금결제를 하고 선적서류를 입수하게 된다.

(2) 기한부 환어음의 결제

기한부 환어음의 결제에서는 수출업자가 선적서류의 매입을 요구할 때 기한부 환어음을 은행이 인수하게 된다. 인수은행은 개설은행 앞으로 어음인수통지서(Acceptance Advice)를 송부한다. 개설은행은 어음인수통지서를 받으면 수입업자에 대하여 그 어음과 동액, 동기일의 외화표시어음을 발행하여 인수시킨다. 수입업자는 만기일에 어음금액을 전신환매도율로 환산한 원화를 지급하여 결제한다.

인수은행은 기한부 환어음 만기일에 어음 상당액을 지급하면 개설은행계정에서 만기된 금액을 인출한 후 개설은행에 차변표를 송부한다.

2) D/A 및 D/P 조건의 환어음 결제

(1) D/A 조건의 환어음 결제

D/A계약인 경우는 수출업자로부터 추심 의뢰를 받은 수출지의 외국환은행이 어음대금을 추심하기 위하여 환어음과 담보물인 선적서류를 수입지의 은행에 우송한다. 수입지의 은행은 당일로 수입업자에게 환어음의 인수를 요구하게 된다. 수입업자는 어음의 배면에 Accepted라는 문언과 인수일자를 기재한 후 서명하여 은행에 반송한다. 이후 수입업자는 선적서류를 받아 선박회사로부터 화

물을 수령한다.

(2) D/P 조건의 환어음 결제

D/P계약인 경우는 추심 의뢰를 받은 수입지의 은행이 서류인도를 조건으로 수입업자에게 수입환어음의 결제를 요구하게 된다. 이 경우 수입업자로서는 환어음대금을 지급한 후 선적서류를 받을 수 있다. 수출금융으로 수입대금을 결제할 경우에는 은행에 T/R을 제출하고 선적서류를 인도받게 된다.

제13장 무역클레임과 해결방법

제1절 클레임의 발생

1. 클레임의 의의

1) 무역클레임의 의의

무역클레임(claim)은 무역계약 당사자의 일방이 계약의 내용을 충실히 이행하지 않았을 경우에 그로 말미암아 손해를 입은 당사자가 권리의 회복을 요구하거나 또는 손해의 배상을 청구하는 것을 의미한다. 즉 무역클레임은 무역계약 당사자 중 일방의 계약불이행이나 계약위반에 대하여 상대방이 제기하는 계약의 해제 또는 해지, 인도 또는 인수의 거절, 가격인하 요구 또는 손해보상의 요구 등을 말하는 것이다.

2) 클레임의 발생원인

클레임의 발생원인으로는 다음과 같은 것을 들 수 있다.

첫째, 언어의 이해 및 소통의 부족에 의한 경우이다. 둘째, 신용조사의 미비에 의한 경우이다. 셋째, 무역실무 지식의 결여에 따른 계약이행의 차질이다. 넷째, 계약조건 상에 무역에 관한 사항들을 명확하게 명시하지 않아 발생하는 경우이다. 다섯째, 국제상관습과 국제조약에 대한 무지로 인해 클레임이 발생할 수 있다. 일곱째, 운송과 관련하여 발생하는 경우를 둘 수 있다.

2. 무역클레임의 유형

무역클레임의 유형으로는 다음과 같은 것을 들 수 있다.

첫째, 품질상이, 색상상이, 규격상이 등으로 발생하는 품질클레임이다. 둘째, 수량부족, 중량부족, 용적상이, 면적상이 등으로 발생하는 수량클레임이다. 셋째, 환적금지 사항 불이행 등으로 발생하는 운송클레임이다. 넷째, 선적지연, 선적불이행, 선적불량 등으로 발생하는 선적클레임이다. 다섯째, 포장불완전, 포장파손 등으로 발생하는 포장클레임이다. 여섯째, 화인누락, 화인의 혼합 등으로 발생하는 화인클레임이다. 일곱째, 가격조정요구, 초과지급, 비용초과지출 등으로 발생하는 가격클레임이다. 여덟째, 대금결제지연, 대금결제거절 등으로 발생하는 대금결제클레임이다. 아홉째, 서류내용 부실, 기재사항의 상이, 서류의 통수 부족 등으로 발생하는 서류클레임이다. 열번째, 계약불이행, 계약불완전이행, 계약취소 등으로 발생하는 계약위반클레임이다.

제2절 무역클레임의 제기

1. 클레임 제기의 의의

무역클레임은 객관적인 타당성을 가지고 제기되어야 한다. 객관적 타당성이 없는 클레임이라면 법적 보호를 받을 수 없다. 클레임을 제기할 때는 제기방법에 대하여 당사자가 약정을 한 경우에는 합의한 바에 따른다. 약정이 없는 경우에는 클레임의 해당 당사자를 확인하여 클레임을 통지하고 클레임을 청구하게 된다.

2. 클레임의 제기절차

1) 클레임 대상자의 확인

클레임의 사유가 발생하면 클레임을 제기할 대상자를 확인해야 한다. 클레임의 대상자는 무역거래단계에서 이루어지는 각종의 내용에 따라 다르다. 무역계약관계에서는 매매당사자가, 운송계약에서는 화주와 운송인이, 보험계약에서는 보험자와 보험계약자가 이해당사자가 되기 때문에 문제가 발생하면 클레임의 상대자가 될 수 있는 것이다.

2) 클레임의 통지

국제무역규칙에 따라 물품을 검사 후 하자가 발생되면 지체하지 않고 가장 빠른 방법으로 클레임이 발생한 사실을 대상자에게 통보한 후에 서면으로 정식의 클레임을 제기한다. 여기서 지체하지 않는다는 의미는 각각의 물품에 대한 검사를 완료할 수 있는 합리적인 시기의 경과 후를 의미한다.

3) 클레임의 처리

클레임에 대하여 상대자가 이의 없이 승복을 하면 클레임은 쉽게 처리될 수 있다. 클레임을 승복하게 되면 손해배상청구에 대한 문제가 해결될 수 있으며, 경우에 따라서는 계약내용의 추가이행 내지 대체이행을 요구할 수도 있다.

3. 무역클레임의 대응

무역클레임을 제기 받은 당사자는 클레임 제기의 내용을 충분히 검토해야 한다. 이를 검토한 후 클레임제기에 대하여 관계당사자로서 갖는 입장과 해결방안에 대하여 신속하게 상대방에게 의사를 전달해야 한다.

클레임이 제기된 경우에는 처음의 대응방향이 가장 중요하다. 클레임이 제기되었다고 해서 당황하게 되면 분별력을 상실하여 올바른 판단을 할 수가 없다. 무조건 상대방의 의사에 따라야 할 필요도 없다. 그러므로 클레임의 제기이유, 제기시점 등을 면밀히 검토하여 대응해야 한다. 즉 클레임 무역계약과는 관계가 있는 것인가, 무역클레임의 손해배상 청구액수가 합당한 것인가, 무역클레임의 제기절차 및 시기는 합리적인 것인가 등에 대하여 살펴보아야 한다.

제3절 무역클레임의 해결방법

1. 직접 해결

1) 청구권의 포기

청구권의 포기(waiver of claim)는 클레임 제기자가 제기한 손해배상 청구액수가 소액이거나 다른 조건에 의하여 제기되었던 클레임에 대한 불만 요인이 제거되어 클레임을 철회하는 것이다. 즉 피해자가 상대방에게 청구권을 행사하지 않는 것이다.

2) 화해

화해(amicable settlement)는 당사자 쌍방이 직접 또는 중개인의 교섭을 통하여 청구액의 범위 및 구상방법을 합의하는 것이다. 당사자간의 자율적인 교섭과 양보로 분쟁을 해결하는 방법이다. 화해의 경우에는 당사자간의 양보, 분쟁의 종결합의, 화해의 내용에 대한 약정이 등이 필요하다.

2. 간접 해결

1) 알선

알선(intercession; intermediation)은 당사자 일방의 의뢰에 의하여 상업회의소(chamber of commerce) 등과 같은 제3의 기관이 사건에 개입하여 해결방안을 제시하거나 조언하는 것이다. 당사자 간의 비밀이 보장되고 거래관계를 지속할 수 있다는 장점이 있다. 알선은 쌍방의 협력이 있어야 한다. 알선은 강제력이 없다. 알선 수임기관의 역할이 가장 중요하다. 우리나라의 경우 대한상사중재원에 알선을 의뢰하여 해결되는 비중이 가장 높다.

2) 조정

조정(conciliation)은 양 당사사가 공정한 제3자를 조정인으로 선임하고 이러한 조정인이 제시하는 구체적인 해결안에 대하여 합의함으로써 클레임을 해결하는 것이다. 우리나라의 중재규칙에 의하면 중재신청 후 양당사자가 요청할 경우 상호협의에 따라 조정인을 선정하여 조정을 할 수 있다. 조정안이 성립하면 조정결정은 중재판정과 동일한 효력을 가진다. 실패를 하는 경우에는 30일 이내에 조정절차가 자동적으로 폐기되도록 되어 있다.

3) 중재

(1) 중재의 의의

중재(arbitration)는 분쟁당사자 간의 합의에 의하여 사법상의 법률관계를 법원 소송절차에 의하지 않고 사인인 공정한 제3자를 중재인으로 선임하고 이 중재인의 판정에 복종함으로서 클레임을 해결하는 방법이다.[19]

중재와 조정이 다른 점은 중재는 반드시 양당사자의 합의가 있어야 하나 조정은 일방의 요청으로도 가능하다는 것이다. 중재는 중재인의 중재판정에 절대

19) 우리나라에서는 대한상사중재원에서 중재를 처리하고 있다.

복종을 해야 하나 조정은 양 당사자의 자유의사에 맡기는 해결방법이다.

(2) 상사중재의 절차

① 중재의 신청

중재에 의하여 상사분쟁을 해결하려면 중재신청인은 중재신청서, 중재계약을 증명하는 서류, 청구의 근거를 입증하는 서류, 대리인인 청구하는 경우에는 위임장 등과 같은 서류를 첨부하여 는 대한상사중재원에 신청한다.

② 중재의 수리 및 통지

중재신청인이 중재신청에 관한 서류를 제출하면 사무국은 이를 접수하여 신청요건의 적정성 여부를 심사한 후에 그 결과를 당사자들에게 서면으로 통지하게 된다.

③ 답변서의 제출

중재신청에 대한 수리통지를 받은 피신청인은 통지를 받은 후 답변서를 작성하여 제출하여야 한다. 답변의 취지, 답변의 이유 및 입증방법 등을 내용으로 작성하면 된다.

④ 중재인의 선정

중재인 선정은 클레임 당사자가 직접 하거나 중재기관의 사무국에서 선정을 하게 된다. 사무국에서 선정을 하는 경우에는 중재인 후보자명단을 당사자에게 보내면 당사자들이 희망하는 중재인을 표시하여 반송한다. 사무국에서는 이를 근거로 중재인을 선정한다. 중재인은 제3국인 중에서 선정할 수도 있다.

⑤ 중재심판

중재판정부가 구성되면 사안의 파악 및 공정한 판정을 위하여 당사자의 심문, 증거조사, 검증 등의 방법으로 심문절차를 진행하게 된다. 심문의 순서, 일시, 장소 등은 중재판정부가 한다.

(3) 중재판정

중재판정은 중재인들의 다수결로 하며 일단 판정이 절차상으로 확정되면 효력이 발생한다. 중재판정은 법원의 확정판결과 동일한 효력을 발휘하게 된다.

(4) 중재와 국제협약

① UNCITRAL 표준국제상사중재법

국제연합은 국제무역법위원회(The United Nations Commision on International Trade Law ; UNCITRAL)를 설치하여 국제유채동산매매, 국제결제, 보험, 운송과 함께 국제상사중재에 관한 통일법인 UNCITRAL 표준국제상사중재법(UNCITRAL Model Law on International Commercial Arbitration)을 제정하였다. UNCITRAL 표준국제상사중재법에서는 이를 채택하는 국가는 중재에 관한 모든 국내법을 우선하여 적용하도록 규정하고 있다.

② 제네바협약

제네바협약은 외국 중재판정의 집행에 관한 협약(Covention on the Execution of Foreign Arbitral Awards)이다. 1923년의 중재조항에 관한 의정서(Protocol on Arbitration Clause)를 보완하여 외국 중재판정에 강제집행을 부여한 협약이다.

③ 뉴욕협약

뉴욕협약은 외국 중재판정의 승인 및 집행에 관한 UN협약(United Nations Covention on the Recognition and Enforcement of Foreign Arbitral Awards)이라고 한다. 뉴욕협약에 의하여 상사중재계약의 효력이 뉴욕협약 회원국 간에 보장받게 되었으며, 우리나라는 1973년에 가입하였다.

4) 소송

소송(litigation)은 당사자의 일방이 상대방에게 강제를 가하기 위하여 국가기관인 법원에 제소함으로써 국가공권력 발동을 요청하는 것이다. 국제간의 무역거래에 있어서는 상대자가 법역을 달리하기 때문에 우리나라의 재판권이 미치지 못하게 된다.

만약 외국과의 사법협정이 체결되어 있지 않는 경우에는 소송에 의한 판결과 결정은 해당 국가에서의 승인 및 집행을 보장받지 못한다.

참고문헌

1. 국내문헌

권 오, 국제무역실무, 청목출판사, 2012.
______, 국제무역보험, 두남출판사, 2011.
______, 무역대금결제론, 청목출판사, 2008.
______, 보험학원론, 청목출판사, 2011.
______, 국제무역운송론, 청목출판사, 2012.
______, 국제관습 및 협약론, 청목출판사, 2014.
______, 무역 관련 국내법규론, 청목출판사, 2014.
______, 국제무역분쟁해결론, 청목출판사, 2013
김선광 · 김재봉 · 이규훈 · 이호건, 국제통상학개론, 동성출판사, 1996.
박종수, 국제통상관계론, 두남, 1995.
______, 국제통상론, 동성사, 1991.
______, 관세론, 법문사, 1985.
서정두, 국제통상법, 삼영사, 1996.
송선욱, 국제운송론, 도서출판 두남, 2009.
오원석, 무역관습론, 동성사, 1992.
______, 무역계약론, 삼영사, 1992.
______, 국제운송론, 박영사, 1994.
옥선종, 국제운송론, 법문사, 1994.
______, 추창엽, 김웅진, 국제복합운송론, 두남, 1997.
이시환, 신무역실무강의, 신양사, 2006.
______, 무역계약론, 대왕사, 2005.
______, 무역보험론, 대왕사, 2005.
정도영, 국제경제, 박영사, 1986.
정인기, 수출입실무절차 해설, 조세통람사, 1999.
한의영, 수출마케팅론, 박영사, 1979.
한국무역보험공사, 수출보험제도해설 제1권, 2009.
________________, 수출보험제도해설 제2권, 2009.
한국무역상무학회, ISBP 국제표준은행관습, 2003.
홍승린(옮김), 무역실무테크닉 90(쿠로이와 아키라), 비즈니스 맵, 2009.

홍승린, 물류개론, 도서출판, 두남, 2012
______, 국제무역의 이해, 도서출판 두남, 2014
______, 무역 시뮬레이션, 도서출판 두남, 2015
______, 국제무역보험, 형지사, 2020.
______, 국제무역실무론, 형지사, 2020.

2. 외국문헌

木村榮一, 海上保險, 千倉書房, 1978.
浜谷源藏, 船荷證券と傭船契約書, 同文館, 1981.
________, 最新の損害とクレーム, 同文館, 1977.
山本敬三, 國際取引法, 學陽書房, 1984.
山田源次, シツピシグ實務總覽, 海文堂, 1979.
上坂酉三, 新訂 貿易實務, 東洋經濟新報社, 1973.
石田貞夫, 改訂 貿易實務, 自桃書房, 1981.
園乾治, 危險と保險, 文雅堂, 1978.
中村 弘, 貿易契約の基礎, 東洋經濟新報社, 1983.

Bickelhaupt D.L., General Insurance, Irwin, 11th ed., 1983.
Carver, T. G., Carriage by Sea, 12th ed., by Colinvaux, London, Stevens & Sons, 1979.
Caves, R. E. & Jones, R. W., World Trade and Payments, 4th ed., Boston: Little, Brown, 1985
Day, D. M, The Law of International Trade, London, Butterworths, 1981.
Dolan, J. F., Uniform Commercial Code, Boston, Little, Brown & Company, 1991.
Dover, V., A Handbook to Marine Insurance, London, Witherby & Co., Ltd. 1975.
Goodacre, J. K., Marine Insurance Claims, 2nd ed., London, Witherby & Co., Ltd., 1981.
Gordon, J. S. & Arnold, J. R., Profitable Exporting, New York, John Wiley & Sons, 1988.
Greenacre, C. T., & Templeman, F. Marine Insurance, Its Principles & Practice, London, 1984,
Greene, M. R. & Trieschmann J. S., Risk & Insurance, 6th ed., South Western Publishing Co., 1984, p.148.

Grime, R. P., Shipping Law, London, Sweet & Maxwell, 1978.
Kurkela, M., Letters of Credit under International Trade Law, New York, Oceana Publications, Inc., 1985.
Mehr Robert I., Fundamentals of Insurance, 2nd ed., Irwin, 1980.
Mehr Robert I. & Cammack Emerson, Principles of Insurance, Irwin, 7th ed., 1980,
Rubino-Sammartano, M., International Arbitration Law, Boston, Kluwer Law Taxation Publishers, 1990.
Williams C.A., Head G. L. and Glendenning, Principles of Risk Management and Insurance, American Institute for Property Liability Underwriters, 1978.

찾아보기

〈영 문〉

[저자 약력]

[약력]

- 경제학박사(Matsuyama Univ.)
- 한일경상학회 부회장
- 한국무역상무학회 부회장
- 한국무역학회 편집위원
- Matsuyama University 객원연구원
- University of Puset Sound(UPS) 방문교수
- 제주대학교 객원교수
- 산업통상자원부 무역위원회(KTC)전문가
- 문화체육관광부 전문경력관 채용 심사위원
- 기획재정부 제도운영위원회 평가위원
- 관세청 특허심사위원회 심사위원
- 경기일보 집필진
- 한성대학교 사회과학대학 무역학과 부교수
- 한국무역학회 부회장
- 한국관세학회 부회장
- OKTA-IICR 자문위원
- 한국무역연구원 편집위원
- 경제 · 인문사회연구회 평가위원
- 기획재정부 세제발전심의위원회 심의위원
- 보세사 전형 출제위원

[저서]

- 무역실무테크닉90
- 물류개론
- 국제무역의 이해
- 글로벌무역문화론
- 무역시뮬레이션
- 국제무역보험
- 국제무역실무론 등

[논문]

- A Study on Specialized Pattern of Trade in Service and Dynamic Change in Korea(KCI)
- Study on Influencing Factors of Port Logistics Development Based on Configuration Analysis QCA(SSCI) 외 다수

무역시뮬레이션 종합설계

2021년 9월 6일 초판인쇄
2021년 9월 10일 초판발행

저 자 홍 승 린
발행인 유 성 열
발행처 청목출판사
서울특별시 영등포구 신길로 40길 20
전화 (02) 849-6157/833-6091
FAX (02) 849-0817
등록 제318-2005-000030호

파본은 바꾸어 드립니다. 값 20,000원

http : //www.chongmok.co.kr

ISBN 979-11-5908-050-0